中华传世藏书

【图文珍藏版】

孔子家语

通解

[春秋]孔子·原著　马博·主编

线装书局

八、孔子说"天命"

天命观,是关于人与天地、人与自然关系的问题。天命观反映了人类认识水平高低,它影响人类在改造自然和利用自然活动中所采取的方式和方法,影响人类认识自然和征服自然的深度和广度,它也决定人类文明进步的轨迹,规范人类文明的文化模式。孔子是中国的圣人,是儒学的先师,由于他的思想是儒学的主导思想,因此他的天命观也影响了中国文化的各个方面,成为人们认识中国历史、评价中国历史的重要参考。长期以来,由于中国古文表达的模糊性和多义性,学人们对孔子关于天命的论述理解多歧,见仁见智,褒讥贬绝,在所难免。这里,我们希望通过对孔子天命言论的排比综合,客观地理出一个头绪,以帮助读者了解和评价孔子的天命思想,同时也向读者进行哲学思考时提供一个有益的资料。

(一)从"子罕言"说起

《子罕》篇第一句话即说:"子罕言利与命与仁。"说孔子很少说"命"和"仁"、"利"这类的话题。孔门"十哲"之一的子贡也说:"夫子之文章可得而闻也,夫子之言性与天道不可得而闻也。"(《公冶长》)此语意即孔子未谈过"性"与"天道"问题,似乎孔子丝毫不关心天道(或天命)这一有关自然和社会规律以及人类本性的问题,只注重具体的礼乐规范、冗文繁节等枝叶末节的问题。黑格尔也说:"孔子只是一个实际的世间智者,在他那里思辨的哲学是一点也没有的——只有一些善良的、老练的、道德的教训。从这里,我们不能获得什么特殊的东西。"(《哲学史讲演录》第一卷第119页)

诚然,孔子是一位世间智者,其注意力由于拯救乱世的需要而集中在人伦和政治方面,对宇宙的本体、自然的规律以及逻辑的思辨言之甚少,更无具体的论证,以至于从保留下来的孔子的所有言行中很难找到有关这些方面的完整答案。但是,作为一位世间智者,孔子以他那天纵的智慧、好学不倦的精神、深思熟虑的态度而闻名,不难想象他在从事广泛的学习、积极的实践之后,对具体知识背后的普遍性,对天、地、人的规律性(即道)也有所体验,有所认识。事实上,孔子本人正是把学习分成两大阶段,即"下学"和"上达"。"上""下"即《周易·系辞》所谓"形而上者谓之道,形而下者谓之器"的"道"和"器"。道与器的关系,即普遍规律和具体事物的关系。"下学"即学习以人事为主体的具体知识,这是"博学";"上达"即闻道,是参知以天道为主体的普遍规律。孔子自云"下学而上达"(《宪问》)、"五十而知天命"(《为政》),并且十分推崇"上达"

寓鼎

(即闻道),认为"朝闻道,夕死可矣"(《里仁》),进而以"上达"与否,作为君子、小人的分水岭。他一则曰:"君子上达,小人下达。"(《宪问》)一则曰:"不知命无以为君子。"(《尧曰》)一则曰:"君子有三畏:畏天命,畏大人,畏圣人之言。小人不知天命而不畏也,狎大人,侮圣人之言。"(《季氏》)可见,他对"知天命""闻道"再三致意,倾注了极大热情,甚至不惜以生命殉之!这自然不能说孔子不重视对规律的探索和闻知。

至于《子罕》所谓"罕言"、《尧曰》所谓"不闻",当从孔子因材施教法上加以解释。孔子认为"上智与下愚不移"(《阳货》),故"中人以上可以语上(道、天命),中人以下不可以语上"(《雍也》)。孔门弟子三千,智愚不齐,其中不得与闻于命与天道(即"上")者,当然就不乏其人。事实上,从今天保留下来的孔子言论中,不仅言仁、言性,亦言利,而且谈天称命,也屡见不鲜。

（二）孔子的天道自然观

墨子曾批评儒家说："儒以天为不明，以鬼为不灵，天鬼不说。"与墨家的天道鬼神说不同的是，儒家的天道观更具有物质性。"天道"，在孔子的语言词典中，又称"天""道"或"天命""命"。"天""道"同义，是"天道"的简称或异名。"天命"是"天道"的分殊，《大戴礼记·本命》说："分于道谓之命，形于一谓之性。"《礼记·中庸》说："天命之谓性，率性之谓道。"此二语即是说："命"或"天命"是道（或天道）分化出来作用于人的内容；"性"则是受天道统帅支配而形成的人类个性。天命即是天道的人文化，人文化的天道即谓之"天命"（或命）。在今传《论语》中，孔子虽然很少或根本没有对天道、天命是什么加以解释，更无准确的界定，但透过孔子使用这些概念的具体场景，我们不难归纳出它们的基本特色和基本内容。孔子使用"天命"（或命）、"天道"（或天、道)，主要有下列场景：

一是处于逆境，自坚自慰。那是孔子以大司寇为鲁摄相之时，孔子推荐子路作季孙氏的家宰，堕三都，尊公室，事业蒸蒸然大有希望。公伯寮却向季孙氏告子路的状，挑拨季氏与孔子师徒之间的关系。这事关孔子新政能不能得到季氏的支持，事业是否能顺利进行下去，因此，当子服景伯将这一不好消息告知孔子时，孔子说："道之将行也与？命也。道之将废也与？命也。公伯寮其如命何！"（《宪问》）一切都是命中注定，公伯寮能把我怎么样呢？

孔子流亡途中，险象环生。自卫适陈，途经于匡，被匡人当成阳虎围了起来，五天五夜不得脱身，生死难卜。孔子曰："文王既没，文不在兹乎？天之将丧斯文也，后死者不得与于斯文也；天之未丧斯文也，匡人其如予何？"（《子罕》）上天已将复兴斯文的使命赋予我了，匡人是奈何不得的。

继而到宋，习礼于大树之下，跋扈的宋国权臣桓魋率众赶来把大树拔倒，并扬言将加害孔子。弟子劝其速行，孔子曰："天生德于予，桓魋其如予何！"（《述而》）上天生就我美德,桓魋是无法干扰的。

二是被人误解,指天以发誓。孔子寄居卫国,不得已谒见风流的南子,子路不悦,孔子发誓说:"予所否者,天厌之! 天厌之!"(《雍也》)相同的观念另有二事。卫臣王孙贾问孔子:"与其媚(取悦)于奥(室内西南角之神),宁媚于灶,何谓也?"孔子曰:"获罪于天,无所祷也!"(《八佾》)孔子病,子路使门人为臣,孔子曰:"无臣而为有臣,吾谁欺? 欺天乎?"(《子罕》)老天正直无私,明白无欺。

三是困惑之时,责问于天。在现实生活中,许多不合逻辑的事情令人不能理解,孔子遂浩然长叹,责问于天。他喜爱的弟子冉耕(伯牛)患有恶疾,孔子探望,"自牖执其手,曰:'亡之,命矣夫? 斯人也而有斯疾也! 斯人也而有斯疾也!'"(《雍也》)孔子曾说过"仁者寿",可"三月不违仁"的高足颜回却英年早逝(40岁),孔子号啕恸哭,连呼:"噫,天丧予! 天丧予!"(《先进》)颜回一生追随孔子,兢兢习道,但却终身穷困,四壁萧然;子贡常常中途辍学,弃文经商,不从正道而家累千金。"德润身,富润屋","周有大赉,善人是富"这些古训一点也不能兑现,孔子惑之,曰:"回也其庶(近道)乎! 屡空。赐(子贡)不受命,而货殖焉,亿则屡中。"(《先进》)

四是用天为则,以天为法。孔子认为天行有度,人可以效法天行,上古帝尧就是法天的典型:"大哉尧之为君也! 巍巍乎! 唯天为大,唯尧则之。"(《泰伯》)他转述尧命舜的话说:"咨尔舜! 天之历数在尔躬,允执厥中。四海困穷,天禄永终。"(《尧曰》)法则天行,不限帝王,有心者为之,人皆可以为尧舜。孔子曾对子贡说:"予欲无言。"子贡曰:"子如不言,则小子何述焉。"孔子曰:"天何言哉? 四时行焉,百物生焉。天何言哉!"(《阳货》)他认为,一个人一旦认识了天道,明乎利钝穷通,就成了一个无怨无尤、不忧不惧的自由自在的人了:"不怨天,不尤人,下学而上达,知我者其天乎?"(《宪问》)人若知天,天亦知人,天人交往,人天合德。这大概是孔子知道的最高境界,即《礼记·中庸》所谓"赞天地之化育","与天地参"。

(三)不知命无以为君子

由上面的罗列可知,第一种情况是孔子将天道(或天命)当作力量的源泉和成功的后盾,认为天道(或天命)不可抗拒,具有所向披靡的威力,是最终的、必然的决定力量。第二种情况是孔子将天道(或天命)视为正义、善良的化身,具有标准的、权威的、最后的仲裁力。第三种情况是在天道(或天命)之必然性或可能性得不到实现,甚至向相反方面发展时,孔子对天道(或天命)提出了一种质问和慨叹。第四种情况是孔子对天道(或天命)的物质性、规律性(或天所具有的自然特征和必然趋势)的认识,即孟子所谓:"莫之为而为者天也,莫之致而至者命也。"(《孟子·万章上》)这是孔子最基本的、最本质的天道(或天命)观念。《礼记·哀公问》:"公曰:'敢问君子何贵乎天道也?'孔子对曰:'贵其不已,如日月东西相从(续)而不已也,是天道也。不闭(塞)其久(恒久),是天道也。无为而物成,是天道也。已成而明(明照万物),是天道也。'"在此提出天道的规律性(日月东西相从)、永恒性、必然性(不闭其久)、自然性(无为而物成)的特征,与孟子的解释完全相同。虽然这段话不一定是孔子所说,但与孔、孟天道自然的思想并不相违。将天道视为自然规律,具有客观性、必然性,是儒家思想的主要特色。前三种情况的种种议论、感慨和质问,都是以第四种认识为基调和出发点的,若将这一观念套入前三种情况的每一次论述中,都若合符节,无不贯通。

于此,我们可以大概勾勒出孔子天命观的思想轨迹:孔子通过博学、体验、深思和归纳,认识了天道所具有的物质性("天何言哉")、规律性("四时行焉")和必然性("百物生焉"),并体会到天道对人这个天之骄子具有决定和强制的作用,这就是"分于道"的天命。伴随孔子对天命的感知,他敏锐地认识到作为天地造化精灵的人,具有体会天道,效法天道,并且赞成天道("赞天地之化育")的责任,这就是法天制行、替天行道的使命。他认为,一个君子就是要善于体会天道,认识天命,用天道来完善自己,并行道以完成使命。这就是孔子"畏天命""不知命无以为君子"诸说的命意孔子在"五十而知天命"后,出于对使命的敏锐感受,再也不安于"隐居以求其志,行义以达其道"的淡泊生涯,积极人世,汲汲救世,甚至不嫌叛臣公山不狃之召,不弃中都宰之微,勤勤恳恳,兢兢求治,终于位至大司寇兼摄相,干出了一番轰轰烈烈的事业。在鲁国失意后,他不惜抛家弃口,背井离乡,辗转数千里,历时十四年,历干七十余君而无所遇……所有这些,无非是他受天命的驱使,欲求立足和用武之地,以便替天行道,以"行其义"而已。

出于对天道(或天命)的客观必然趋势的认识和体验,孔子对自己确定的使命——通过"克己复礼"实现有人性(仁)、有秩序(义)的和谐社会——的正确性和可行性,也坚信不疑!在他看来,既然使命是天命之所赋,天命又是分之于道而作用于人的("分于道之谓命")必然力量,那么,他的使命也就具有客观必然性和现实可行性。因此,无论在乱中求治的过程中遇到多么大的阻力,多么大的打击,多么严峻的危险,孔子都坚信自己这位替天行道的使者一定会逢凶化吉,转危为安;自己的使命也一定会实现(或在他的现世,或寄诸子弟和来人)。在周游列国时,尽管屡屡受挫,畏于匡,逼于宋,困于陈蔡,他都信念坚定,毫不动摇;虽粒不入口,面有饥色,仍讲学论道不已,弦歌之音不绝!他以闻道为极至,以行道为归宿,以追求道的实现为乐趣,"发愤忘食,乐以忘忧,不知老之将至"!这表现了其崇高的以身殉道、舍生取义的自我献身精神。

出于对天道(或天命)这个自然规律的必然趋势的认识,孔子认为天道是公正无私的,是一切真善美的力量源泉,从而把天道作为人间善恶的尺度和是非曲直的最后裁决。建立在天道公正无私观念基础上的另一个结果是:他自己体现了天命的使命也是正确无误的,因此,当主张一次又一次碰壁后,他从不反躬自省"自己的主张是否正确""是否合乎实际",而是责怪世人"莫我知矣乎"!孔子甚至认为上天要我去替天行道、乱中求治,这是天命的安排。于是,他进入一个"不怨天、不尤人""乐天知命故不忧"的境界。

可是,当时的现实违反孔子的想象和主张的事太多了,不合乎他所认识的天命的东西太多了,于是,他不能不对这种局面有所困惑,不能不对天命可行而未行发几多感慨和一番浩叹!

这就是孔子从认识天道这个自然规律所具有的物质性和必然性始,进而体会天命和使命,并坚信其使命的正确性、必然性和可行性,到身体力行,孜孜以求,希望将这种可能性转化为现实,最终却在理想与现实的严重冲突下,以"莫我知也"而告终的思想轨迹和行动逻辑。

(四)继承与发展——孔子思想特殊的东西

孔子的天道观(或天命观)具有两大显著特征,即历史继承性和历史创造性的统一,天道客观性与人类能动性的统一。前一个特点促成了中国思想界从神学阶段向理智思考阶段的转化,孔子思想正好具有划时代的意义,成了中国思想史上的一座巍峨丰碑。后一个特点,促成了天人的合亲,是中国天人合一思想之滥觞,成为影响中国文化至深的主要观念。

根据当代哲学界比较公认的看法,人类思想的发展经历了三个阶段,即神学阶段、形而上学阶段和实证阶段。神学阶段本身又包括三个时期:拜物教或万物有灵论的时期,多神论时期和一神论时期。拜物教相信物质对象都具有感觉和意志,这是尚未从自然界区分出来的原始人(或野蛮人)将自己的形象幻化和移赠给物质对象的共同特征。多神论相信有众多的神灵统辖着各个不同的领域,分别干预着不同的事情,并影响人的生活。流传至今的山神、河伯、风神、雷公、雨师之类,以及有关三皇五帝时期的种种造物的神圣,当是这多神论观点的孑遗。一神论认为在众神中有一个绝对权威的上帝(或天神)统治着人们活动和理念所达的一切领域,殷人的帝(上帝)、周人的天(或皇天上帝)即是这一观念的集中反映。形而上学的阶段,人们不再将世界理解为神圣(或人格的上帝)的创造,也不受它的统治。取而代之的是对产生万物的第一本原的假定,认为万事万物(包括天地)都是这个第一本原的产物。在中国,老子的"先天地生"的"道"即是这一阶段的宠儿。实证的阶段,即是用科学的方法论证现实并揭示改造现实的支点,用孔德的话说:这是达到完美的阶段,它要除破形而上学的解释,更重要的是,显示了人类要达到绝对的和必然的真理的雄心! 这就是以现代科学为主要代表的认识阶段。如果说在神学阶段思维是宗教狂热的,形而上学阶段是思辨的,这一时期的思维则是理智的或理性的。

在中国,虽然完全意义上的科学阶段的到来是 20 世纪的事情,但作为对天道自然规律的朦胧认识和运用理智(或理性)的思维,却早在春秋社会就产生了。与孔子同时偏早的子产即提出"天道远,人道迩,不相及也"(《左传》昭公十八年)。这表明人类已自觉地从自然界中分离出来,有了独立自觉的自我意识,并且还表明人类已认识到自然(天)以及人类社会的运行和发展是有规律(道)可循的。正是孔子及时将人类的这一自觉意识转化为理智的思维,避开了老子"道"这个形而上学观念的泛滥,使中国提前进入理智思维时期,在一定程度上避免了形而上学观念的统治之苦,这不能不说是孔子对中国文化的伟大贡献!

孔子是怎样实现这一历史的继承与创造之统一的呢? 首先是继承历史上旧有的名词和表达形式,并对旧名词的内涵加以改造。作为哲学概念的"天命""天""命",在孔子以前,都表现为人格神和上天,是超人的意志、力量和权威的综合体。《尚书·召诰》说:"惟不敬厥(其)德,乃坠其命","皇天上帝,改厥元子兹大国殷之命"。《泰誓上》:"民之所欲,天必从之。"康王时的《大盂鼎》亦曰:"不(丕)显文王,受天有大令(命)。"《诗经·大雅·文王》:"天命靡常。"无不如此。孔子继承和沿用了这些名词(或符号),也沿用了这些表达方式(如"天生德于予""天厌之""天丧予"等),但却对这些概念灌注了新的内容,那就是用天道来充实和统率天命("分于道之谓命"),天命是分之于天道而作用于人的内容,天命成了自然性(天)和必然性(命)的代名词,《孟子·万章上》所谓"莫之为而为者天也,莫之致而至者命也"即是孔子这一思想的确诂。旧瓶装新酒,旧形式盛新内容,这是《周易》所谓"神武而不杀"的智慧的杰出妙用。匡亚明先生说:"(孔子)以旧观念(应作旧名词——引者)肯定和安慰人们的宗教情感,用新观念论证和指导人的现实行动,力求两者的并存与协调。"(《孔子评传》第 211 页)此可谓知人之谈!

伴随着历史继承性与创造性的实现,孔子天道观又实现了天道客观性与人类能动性的统一。孔子一方面借用先前天命决定人事的表述形式,给天道(或天命)赋予自然性、客观性和必然性的内容,认为天道的客观规律性通过"天命"的形式影响和决定人的活动,认为这种客观性和必然性,具有不可欺、不可犯、不可违背,更不可逆转的性质和威力,从而克服了子产"天道远,人道迩,不相及也"将天道与人道绝对分开以导致违背自然规律的倾向。孔子将天道和人联姻,使天道与人道结合,实现了人与天的合作与和谐。但是,在天面前,人又不是天的奴仆,而是具有认识天道、效法天道、利用天道,促成人事以赞成天道的主观能动性。在强调天道客观性的同时,孔子又高扬起人的能动作用的旗帜:"人能弘道,非道弘人。"(《卫灵公》)认为:"唯天为大,唯尧则之。"(《泰伯》)并自誓要法天之"无言"(自然性),循其规律以生成万类,成就事业。在具有绝对权威的天命面前,孔子从来不是宿命论者,决不坐享其成,或坐以待毙。他积极进取,奋斗不息,竭尽人事,乐以忘忧。

相传,鲁哀公问孔子:多智慧的人长寿吗? 孔子曰:"然。人有三死而非命也者,自取之也。居处不理,饮食不节,劳过者,病共杀之;居下而好干(犯)上,嗜恣无厌,求索不止者,刑共杀之;少以(而)敌众,弱以侮强,忿不量力者,兵共杀之。故有三死而非命者,自取之也。"(《韩诗外传》一,亦见《说苑·杂言》)富贵寿夭,传统的观念皆以为有一定的天分,但孔子却对寿夭问题做出了新的解释,认为人不正当的行为(即过劳、多欲、不自量力地逞强)是减寿的三种死因,乃自取灭亡,完全与命运无关。反之,如果劳逸有度、少嗜寡欲和谦和处世,那就可以获得永年了。固然有命的存在,但善

孔子家语 通解

孔子学说

于认识而把握之,尽人事,顺天道,那么,必然福禄寿禧自天而降,这样既实现了人与天的统一,也充分肯定了人的主观能动性。实得天人相与之三昧!

孔子不仅重视天道,而且懂得天道,那就是懂得自然性、规律性和必然性。由于当时以强凌弱,以众暴寡,上篡下替,伦理荡然,礼坏乐崩,秩序大乱的社会实际,人们要求知道的不是为什么,而是怎么办? 也由于孔子本人所受社会文化熏染的缘故,他没有对天道、规律是什么做出深入探讨,因而留下在了解自然、研究自然方面的许多空白,并对后来的中国社会和中国思想界产生了一些消极影响。这当然是他的不足,也是中国文化史的一大遗憾。但是,孔子幽然地感知了天地自然有一种必然性、规律性(即天道),敏锐地察知天人之间有某种联系,即天道以天命的形式作用于人,朦胧意识到人类社会也有某种必然性、规律性(即人道),并认为人可以认识天道、效法天道、利用天道,并赞成天道。天与人是一个系统,天人相互作用。人的价值就在于及时而准确地察知天道、天命("不知命无以为君子"),将天命化为使命,替天行道,以身殉道。人是天地造化的宠儿,人又是天地造化的赞成者;人是"分于道"的"天命"的化身,人又是"弘道"的精灵! 如果说,在孔子的天道观中,天道是权威的、绝对的,也是正义的、善美的力量的话,那么,人就是驾驭这些权威、绝对,实现这些正义和真善美的活泼泼的精灵。既不失天道客观性,又不能没有人类灵活的能动性,这与其说是对上天造物之赞美,不如说是人类精灵的颂歌! 这就是孔子天道观(天命观)的优秀价值。这正是孔子贡献给人类的"特殊的东西"!

九、孔子说"德"

《易传》早就有关于"德"的记述。《系辞下传》说:

精义入神,以致用也。利用安身,以崇德也。过此以往,未之或知也。穷神知化,德之盛也。

这段话的意思是,人们观察宇宙,能够发现它的变化之奥妙和致用。人们利用它得以安身,而达到崇德的效果。将崇德发挥到最大限度,就能够于神化而无所不知了。人们穷尽对宇宙的认识,就能够达到"德"的最崇高、最完满的境界了。

《系辞上传》说得更简单明了:"日新之谓盛德。"我们能跟随时代的发展而进步,这就是"盛德"。

《易传》在阐述宇宙观和人生观的关系时,是将知识、利用、德性三者联系在一起加以考察的。

《易》是卜筮的书,《易传》多是《易》的《卦辞》《爻辞》的解释和引申推论。它对知、用、德的阐释,有玄虚的成分。孔子说"德",就注意剔除《易》的卜筮迷信的内容,视"德"为伦理道德。

子曰:"为政以德,譬如北辰居其所而众星共之。"(《为政》)

翻译成白话是,孔子说:"用道德来治理国家,君王就会像北极星一样,在一定的位置上,其他众多星辰都环绕着它。"

是以德治国,还是以法治国,这是先秦诸子争论不休的两条截然相反的治国路线。孔子是主张德治的。他把德治比作受"众星共(拱)之"的"北辰",可见它的重要性。

孔子议论了怎样才能使百姓归服。

哀公问曰:"何为则民服?"孔子对曰:"举直错诸枉则民服,举枉错诸直,则民不服。"(《为政》)

针对鲁哀公的提问,孔子答道:"把正直的人提拔起来,安排在邪曲的人之上,百姓就会归附。倘若提拔重用邪曲的人,把他们放在正直的人之上,百姓就不会归服。"这是孔子对鲁国最高统治者的答问,他建议国君起用正直的人,制约那些邪曲的人。"直"便是"德"。"枉"指谋反篡位的人。

子张问崇德辨惑。子曰："主忠信,徙义,崇德也。爱之欲其生,恶之欲其死。既欲其生,又欲其死,是惑也。"(《颜渊》)

子张是孔子的弟子,他问老师如何去提高自己的道德修养,以及如何辨别人世间的疑惑。孔子说,只要坚持以诚实和信誉为主导,唯义是从,就能提高自身的道德水平。至于辨惑,要靠理性的判断,不能感情用事——爱一个人,就希望他长寿;恨一个人,就希望他赶快死去。这就是"惑"。

根据春秋后期鲁国纷乱的政局,孔子意识到要施行德治是很艰难的,因为在贵族阶层中已经很少有人关心自身的道德修养。

子曰:"已矣乎! 吾未见好德如好色者也。"(《卫灵公》)

这是孔子在卫国期间,孔子跟随卫灵公和夫人南子乘车招摇过市的时候发出的感慨。孔子说他没有见过贵族们喜欢美德(注重道德修养)就像喜欢女色那样。可见"好德"者之少。而"已矣乎"——完了呀! 是孔子周游时对列国失望的表示。

孔子言"德"的最高标准是什么呢?

子曰:"周之德,其可谓至德也已矣。"(《泰伯》)

周代的道德是至高的、完美的道德。然而,这"周德"其实就是奴隶主的道德。孔子所说的"德",其中同样有着复古的倾向。

周桂钿在《讲稿》一书中重复着历代儒家"治世以大德"的"德治"的观点。他说:"实行儒家所说的大德,首先要解决全体人民的温饱问题,其次要重视教育工作,全面提高人民的文化素质,知道如何正确处理人际关系,维护社会伦理,稳定社会秩序,构建和谐社会。与此同时,要健全法制,严格执法,惩治罪犯,清除腐败,保护人民的根本利益。这是历代儒家政治理论中共有的观点。"

看来作者是推崇儒家治国的政治路线的。然而我的质疑有三:

其一,作者把"德治"放在首位,"法治"次之。这是颠倒了二者的位置。我以为,一个成熟的国家,靠的是健全的法律制度去稳定社会秩序。如对待吸毒者,必须采取强制性法规使瘾君子戒毒,改过自新;对待酒后驾车者,按交通法规处置。仅靠道德教育是无济于事的。教育并非万能。

其二,构建和谐社会,其先决条件是要有完善的和健全的各项法律制度,而且还要以公、检、法等司法机关为保障,绝非如作者所说地解决了公民的温饱、重视教育、提高文化素质就能达到的。胡适曾经设计过"好人政府",靠清廉的政府去建立一个稳定的社会秩序,然而它并没有实现。"好人政府主义"乃是"乌托邦主义"。

其三,作者心里明白,想要"惩治罪犯,清除腐败",需要依靠"健全法制,严格执法",也就是依法治国,然而作者却痴迷于"治世以大德",这也许是作者尊儒的精神在作祟。全国人民代表大会年年开会,年年讲"反腐倡廉",然而腐败之风愈演愈烈,这是为什么呢? 一句话,执法不严,打击不力,迷信"德治"。

周桂钿在《讲稿》一书中,关于"对外德治"的一段话,也很值得玩味。他说:

德治应该有内外之分:对内,当政者应该提高道德水平,以身作则,引导人民求真、向善、爱美,移风易俗,向文明进步方向发展,给人民带来幸福安康;对外,应该主持公道,与大小各国和平共处,友好往来。这两方面都不可忽视。

作者把"和平共处,友好往来"的外交政策,说成是"对外德治",显然是不妥的。在霸权主义猖獗、全球性军备竞赛日趋激烈的今天,宣扬"对外德治"是很危险的。诸如,西方一些长期敌视中国的右翼势力,一直在支持流亡海外的达赖喇嘛叛乱集团,参与策划"藏独"的分裂活动。又如,美国国会的某些议员,近来以霸主身份,指责中国是"货币操纵国",强迫人民币升值。还有,流亡在外的"东突"分子,同样得到西方反华势力的援助与支持,曾经在新疆制造的打、砸、抢、烧的反革命事件,就是里应外合的结果。试问,面对外来的种种无理的干涉和野蛮的挑衅,中国政府倘若一味地"对外德治",后果会是什么样子呢? 正在富强起来的中国,奉行独立自主的外交政策,当然不会对西方某些敌对势力有丝毫的妥协和让步。中国人敢于向霸权主义者说"不"!

十、孔子说"忠恕"

孔子所说的"忠",是忠诚、竭尽全力的意思。《左传》庄公十年载,公曰:"小大之狱,虽不能察,必以情。"对曰:"忠之属也,可以一战。"意思是,曹刿对鲁庄公说,"已经竭尽全力了,可以同齐国一战。"正如曾子说到"吾日三省吾身"的时候,其中一省"为人谋而不忠乎?"(《学而》)——替友人谋事是否竭尽全力了?意思相同。

子曰:"爱之,能勿劳乎?忠焉,能勿诲乎?"(《宪问》)

意思是,孔子说:"你关爱他,能不叫他劳作吗?你对他忠诚,能不教诲他吗?"此处"忠"指忠诚,对友人或对晚辈讲"忠"。

定公问:"君使臣,臣事君,如之何?"孔子对曰:"君使臣以礼,臣事君以忠。"(《八佾》)

翻译成白话是,鲁定公问:"国君使用臣子,臣子侍奉国君,君臣双方应该是什么样子?"孔子回答道:"国君依礼使用臣子,(不可粗暴)臣子侍奉国君要忠心耿耿。(不得叛逆)"

上对下施礼,下对上尽忠,这是维持社会稳定所必需的正常的君臣关系。"忠"字同样纳入了孔子的"正名"说的范畴。

子张问曰:"令尹子文三仕为令尹,无喜色;三已之,无愠色。旧令尹之政,必以告新令尹。何如?"子曰:"忠矣。"曰:"仁矣乎?"曰:"未知。焉得仁?"

"崔子弑齐君,陈文子有马十乘,弃而违之。至于他邦,则曰:'犹吾大夫崔子也。'违之。之一邦,则又曰:'犹吾大夫崔子也。违之。何如?"子曰:"清矣。"曰:"仁矣乎?"曰:"未知。焉得仁?"(《公冶长》)

翻译成白话是,子张问道:"楚国的子文三次登上令尹这个官位,没有表现高兴的颜色;三次被罢官,没有流露怨恨的颜色。而且每次移交,一定把自己的一切政令告诉给接位的新官。这个人怎么样?"孔子答道:"对国家尽忠(是个忠臣)。"子张又问道:"算不算仁呢?"孔子答道:"不知道。——这怎么能算是仁呢?"

子张问道:"崔杼杀掉了齐庄公,陈文子有四十匹马,舍弃不要,离开了齐国。他到另一个国家以后说:'这里的掌权者很像我们的崔子。'于是离开了。又到另一个国家,仍然说:'这里的掌权者很像我们的崔子。'又离开了。这个人怎么样?"孔子答道:"很清白。"子张问:"算不算仁呢?"孔子答道:"不知道。——这怎么能算是仁呢?"

这段语录叙说了两件事。其一是楚国宰相(令尹)子文。他对官位的升迁与罢黜,完全服从君主的政令,决不意气用事,可谓忠臣。孔子称赞他"忠矣"。其二,陈文子之所以舍弃富有的产业离开齐国,是因为他不满于崔杼杀了国君齐庄公,这是谋反篡位的"臣不臣"的行为。陈文子先后去过两个国家,都因为"犹吾大夫崔子也"而离开,说明当时各国正处在变革、动乱之中。孔子因此称赞陈文子的"清"。"清"即是"忠"。

关于"忠恕"。

子曰:"参乎!吾道一以贯之。"曾子曰:"唯。"

子出。门人问曰:"何谓也?"曾子曰:"夫子之道,忠恕而已矣。"(《里仁》)

翻译成白话是,孔子说:"参呀!我的学说贯穿着一个基本的观念。"曾参说:"是的。"孔子走出去以后,其他弟子便问曾参道:"这是什么意思呢?"曾参说:"老师的学说,只是忠和恕罢了。"

朱熹注:"尽己之谓忠,推己之谓恕。而已矣者,竭尽而无馀之辞也。"(《论语集注》)《礼记·中庸》也以"忠"和"恕"作为做人的道德原则。"忠恕违道不远,施诸己而不愿,亦勿施以人。君子之道四,丘未能一焉。所求乎子,以事父未能也。所求乎臣,以事君未能也。所求乎弟,以事兄未能也。所求乎朋友,先施之,未能也。"做人的原则就是"尽己"和"推己"。作为自己的行为准则,凡事出乎自己,而不在于他人。

"忠恕"是孔子思想体系的核心。"忠"和"恕",概括起来便是"仁",也就是"仁"的实践。"忠"的积极层面,是"己欲立而立人,己欲达而达人";"恕"的消极层面,是"己所不欲,勿施于人"。冯友兰说,"仁"的实践,"引导人去完成对社会的责任和义务。其中就包含了'义'这种为人的品质。因此,'忠'和'恕'乃是人的道德生活的开头,也是它的完成。"(《中国哲学简史》)

十一、孔子说"孝悌"

儒家讲"孝",《孝经》便是儒者专门论孝的一部典籍。孔子说:"夫孝,德之本也,教之所由生也。"(《孝经·开宗明义》)孝被认为是道德教育的根本。正如孔子的弟子有子所言:"君子务本,本立而道生。孝弟也者,其为仁之本与。"(《论语·学而》)"德之本","仁之本",都说明"孝"在儒家学说中的重要位置。

孟懿子问孝。子曰:"无违。"

樊迟御,子告之曰:"孟孙问孝于我,我对曰:无违。"

樊迟曰:"何谓也?"子曰:"生,事之以礼;死,葬之以礼,祭之以礼。"(《为政》)

翻译成白话是,孟懿子向孔子请教孝道。孔子说:"不要违背礼仪制度。"有一回,樊迟替孔子赶车,孔子告诉他说:"孟孙向我问孝道,我答复说,不要违背礼仪制度。"樊迟问道:"这是什么意思呢?"孔子说:"父母健在的时候,儿辈要依照规定的礼节服侍他们;死了,要依照规定的礼节埋葬他们,祭祀他们。"这里的"孝",仅指儿辈对父母在世或去世以后所应执行的孝道。

孟武伯问孝。子曰:"父母唯其疾之忧。"(《为政》)

翻译成白话是,孟武伯向孔子请教孝道。孔子答道:"父母只忧虑儿子(孝子)生病。"王充《论衡·问孔篇》："武伯善忧父母,故曰:唯其疾之忧。"

然而孔子要深究"孝"的内涵,怎样做才算是尽孝。

子游问孝。子曰:"今之孝者,是谓能养。至于犬马,皆能有养;不敬,何以别乎?"(《为政》)

翻译成白话是,子游向老师请教孝道。孔子说:"现在的所谓孝,认为只要能够养活父母就可以了。对于狗马一类牲口都能够饲养。如果不存有孝敬父母之心,养活父母和饲养狗马又有什么区别呢?"区别在于"敬"与"不敬"。然而怎样去衡量"敬"或"不敬",这仍是一个悬而未了的问题。

子夏问孝。子曰:"色难。有事,弟子服其劳;有酒食,先生馔,曾是以为孝乎?"(《为政》)

翻译成白话是,子夏请问孝道。孔子说:"儿子在侍奉父母跟前经常有愉悦的容色,但这是很难做到的。父母有事,晚辈就要效劳;有酒有肴,要让长辈食用。难道这些竟可以算是孝吗?"这些内容比上引"能养"复杂一些。然而孔子对这些举止以为是孝却提出了质疑("曾是以为孝乎?")

虽然如此,孔子言"孝",已经扩大了它的道德范围:它不仅事亲,还要事君。

夫孝,始于事亲,中于事君,终于立身。(《孝经·开宗明义》)

儒家将执孝分为三个阶段:早年在家侍奉双亲;中年步入仕途以后,以孝心服侍上级长官直到国君;到了晚年便实现了道德的自我完善。孝成了男人立身之本。

儒家以孝事君,君以孝治天下,孝成了治国平天下的工具。而且,尽忠与尽孝,成了臣事君的两个方面,所以"孝"仍然囊括在孔子"正名"说的范围之内。

季康子问:"使民敬,忠以劝,如之何?"

子曰:"临之以庄,则敬;孝慈,则忠;举善而教不能,则劝。"(《为政》)

翻译成白话是,季康子问:"要使百姓敬重,尽心竭力加以劝导,怎么样?"孔子说:"你对待百姓的事严肃认真,百姓对待你以及你的政令就会敬重。你孝敬父母,慈爱幼小,百姓对你也就会尽心竭力了。你能够起用好人,教育那些能力弱的人,百姓也就会努力劝勉自己了。"

季康子是鲁哀公时的正卿。孔子不仅要求臣以孝事君,而且也要求君以孝育民。这里说的孝慈,已经越出了道德的范围,有着明显的政治含义了。

关于三年之丧。

三年之丧,是先秦儒家规定的丧葬制度,《论语》有翔实的记载。

宰我问:"三年之丧,期已久矣。君子三年不为礼,礼必坏;三年不为乐,乐必崩。旧谷既没,新谷既升,钻燧改火,期可已矣。"

子曰:"食夫稻,衣夫锦,于女安乎?"

曰:"安。"

孔子逝世,诸弟子守墓

"女安,则为之! 夫君子之居丧,食旨不甘,闻乐不乐,居处不安,故不为也。今女安,则为之!"

宰我出。

子曰:"予之不仁也! 子生三年,然后免于父母之怀。夫三年之丧,天下之通丧

也。予也有三年之爱于其父母乎?"(《阳货》)

这是师生之间一次严肃而生动的对话。看来,宰我是一位改革家。他认为,三年之丧,为期太长了。君子三年不习礼仪,礼仪制度必然被废弃;三年不奏乐,音乐必然失传。譬如旧谷子既已吃完,新谷子也上市了;又如取火用的燧木又经历了一个轮回,所以守孝一年也就可以了。宰我主张将三年之丧的古制改为一年之丧,这在当时是很有见地的。

孔子反驳道:"(按你一年之丧的说法,后两年)你吃白米饭,穿花缎衣裳,你心里安不安呢?"宰我坦然回答道:"安。"这更是对旧礼俗大胆的挑战。

孔子气愤地说:"你心安,就这样去做吧。须知,君子守孝期间,吃美食不觉得甜,听音乐不觉得快乐,住在家里不会感到舒适,所以才不这样做(即不"食旨"、不"闻乐"、不"居处")。如今你既心安,你就做去吧!"孔子对这位弟子的言论很不以为然。

宰我走后,孔子慨叹道:"予这样做是不仁不义呀! 要知道,儿女出生,三年以后才能离开父母的怀抱。替死去的父母守孝三年,是天下通用的丧礼。宰予就没有过从他父母怀抱里得到三年的抚爱吗?"孔子站在保守派的立场上,坚定地维护三年之丧的古制。

孔子于鲁哀公十六年(公元前 479 年)逝世,弟子们为他行"三年之丧"礼。《史记·孔子世家》载:"孔子葬鲁城北泗上,弟子皆服三年。三年心丧毕,相诀而去,则哭,各复尽哀;或复留。唯子赣庐于冢上,凡六年,然后去。弟子及鲁人往从冢而家者百有余室,因命曰孔里。"

对待丧葬,儒、墨两家持有相峙的观点和态度。

墨者之葬也,冬日冬服,夏日夏服,桐棺三寸,服丧三月,世主以为俭而礼之。儒者破家而葬,服丧三年,大毁扶杖,世主以为孝而礼之。夫是墨子之俭,将非孔子之侈也;是孔子之孝,将非墨子之戾也。今孝戾、侈俭俱在儒、墨,而上兼礼之。(《韩非子·显学》)

孝与戾，侈与俭，孰是孰非？钱穆认为："儒家极重丧葬之礼，为其可以教孝、教忠、教仁。儒家认为唯有对于已死的人尽力，最可发明人类自有的孝弟忠仁之内心。墨家则站在贫民劳工经济的观点上看，觉得贵族的丧礼和葬礼，最为浪费，最属无谓。"（《国史大纲》）一个持贵族立场，一个持贫民劳工立场；立场不同，就有着相峙的观点和态度。

虽然，子贡等弟子对孔子行三年之丧的礼节，然而，直到孟子时代，三年之丧并没有通行，并非如孔子所言，"天下之通葬"。

《孟子·滕文公上》载，滕定公（滕文公之父）死了，滕文公让他的师傅然友向孟子请教有关的丧礼和葬礼。孟子说："三年之丧，齐疏之服，飦粥之食，自天子达于庶人，三代共之。""三代"，即夏、商、周三代，听了然友的转达，滕文公决定行三年之丧礼。然而"父兄百官皆不欲，曰：'吾宗国鲁先君莫之行，吾先君亦莫之行也，至于子之身而反之，不可。'"为什么会遭到滕国父老官吏们的反对呢？就因为三年之丧礼，并非"天下之通葬"。

关于孝慈。

孝顺父母为孝，慈爱幼小为慈。《论语·子路》记述了一个故事：

叶公语孔子曰："吾党有直躬者，其父攘羊，而子证之。"

孔子曰："吾党之直者异于是：父为子隐，子为父隐。直在其中矣。"

按照杨伯峻《论语译注》的译文是：叶公告诉孔子道："我那里有个坦白直率的人，他父亲偷了羊，他便告发。"孔子道："我们那里坦白直率的人和你们的不同：父亲替儿子隐瞒，儿子替父亲隐瞒——直率就在这里。"父子相隐，直在其中。这就是孔子主张的"孝慈"。

然而，"子为父隐"被儒家称之为"孝"，"父为子隐"被儒家称之为"慈"，可见儒家提倡孝道的虚伪性。而这种虚伪的孝道成了维系封建宗法制度的道德伦理观念。

有的学者对此做了剀切的分析："'孝'这一道德伦理观念，主要是用来维系宗法制的。因为周代奉行嫡长子继承制,在此基础上确立了'大宗''小宗'的宗法制。因此,'孝'不仅仅局限于家族伦理范围。子女对父母的义务,已扩大为'小宗'对'大宗'的义务,并且在政治上延伸为卿大夫对诸侯、诸侯对天子的义务。血缘上的'追孝'、'尊祖',则成为维系统治阶级内部的纽带。于是,由家族到国家,达到了伦理与政治的统一。西周在意识形态上的这一特点,对后世封建社会具有深刻影响。"(步近智、张安奇《中国学术思想史稿》)这就是儒家鼓吹孝道的阶级本质,在为实现伦理与政治统一这一目标上,它为封建宗法制度效力二千多年。

十二、孔子说"仁政"

德治主要强调统治者的政治修养,认为社会应由道德觉悟很高、并能按道德原则办事的人来管理,通过统治者优秀的表率作用来正人心,治理天下。仁政则主要强调施政纲领。前者告诉人们一个合格的统治者应当具备什么样的政治修养,它既是好官、好君、好政府完善自我的指南,也是人民衡量政府、君主和百官好坏的尺度。后者则告诉统治者应该怎样行政,是实现清平政治的蓝图。那么,这幅蓝图孔子是怎样绘制的呢? 归纳起来主要有以下几点:足食、足兵,重教、轻刑,正名,选贤才。

(一)足食、足兵

子贡问政,子曰:"足食;足兵;民,信之矣。"子贡曰:"必不得已而去,于斯三者何先?"曰:"去兵。"子贡曰:"必不得已而去,于斯二者何先?"曰:"去食。自古皆有死,民无信不立。"(《颜渊》)

子适卫,冉有仆(驾车)。子曰:"庶(人口稠密)矣哉!"冉有曰:"既庶矣,又何加焉?"曰:"富之。"曰:"既富矣,又何加焉?"曰:"教之。"(《子路》)

前文为足食、足兵、立信,后文为庶、富、教,前后互补,构成孔子的治国方略。庶即人口繁衍;富即足食,发展生产;足兵是保证在和平环境中实现庶、富、教的必要措施;信和教,属于上层建筑领域的事情,自上对下而言,要立信,自下对上而言,要受教。要发展人口(庶),增加生产力,使国民具体从事生产,加强国防的人力;大力进行物质生产,增加财富,让人民有富裕的生存条件(富之、足食);要具有强大的国防(足兵),使人民在无忧无虑的环境中生活;还要搞好上下关系,加强阶级团结(信),进行教育教化,提高人民的文化素质和道德修养(教),使他们过文明的生活。从物质到精神,从阶级关系到道德修养,孔子都考虑到了。一个二千五百多年前的古人,能做出这样系统全面的考虑,确实是难能可贵的,也是不多见的。

在具体施政上,食、兵、信、庶、富、教,虽然都很重要,但也有主次之分和先后之别。

就食、兵、信而言,食居于首要地位。俗话说,国以民为本,民以食为天。国家的稳定、社稷的存亡,首先必须解决人民的温饱问题,解决人民的生存问题。汉朝的晁错说过:"人情,一日不再(两餐)食则饥,终岁不制衣则寒。夫腹饥不得食,肤寒不得衣,虽慈母不能保其子,君安能有其民哉!明主知其然,故务民于农桑。"(《汉书·食货志上》)富贵知礼仪,饥寒起盗心。对于修养高的人来说,为了人格,为了仁义,可能在饥寒之下还能坚守气节,做到"贫贱不能移"。但对于一般老百姓来说,无衣无食,就难免啸聚山林,铤而走险。因此,自古明君圣主,无不重视农业,重视粮食的生产。《洪范》"八政":"一曰食,二曰货。"将粮食置于财货之首。一生最推崇大丈夫浩然之气的孟子,虽然曾劝君王"何必曰利,亦有仁义而已矣",但对待老百姓,他也承认首先要"制民之产",曰:"无恒产而有恒心者,惟士为能。若民,则无恒产,因无恒心,苟无恒心,放辟邪侈,无不为已。""是故明君制民之产,必使仰足以事父母,俯足以畜妻子。乐岁(丰年)终身饱,凶年免于死亡,然后驱而之善。"(《孟子·梁惠王上》)恒产,即固定不动、长期使用的产业,如田土、山川等生产资源。恒心,即常久不变之善心。孟子认为，天下人民，士农工商，只有读书人知道礼义廉耻，在没有固定产业的情况下，还能保持一定的人格，不至于称乱。若是一般平民，不知礼义，没有固定财产，就不可能有恒久不变的善心，什么犯上作乱的事都干得出来。此即孔子"君子固穷，小人穷斯滥矣"（《卫灵公》）之名言在政治上的应用。为了安定人心，就得分配给人民产业，让他们能够自食其力。解决了生存问题，然后才谈得上礼义廉耻，引导他们向高尚的境界发展（引而之善）。

据《尧曰》篇记载，孔子"所重：民、食、丧、祭"亦将民和食摆在丧祭等礼仪之前。基于对粮食的重视，孔子看见庄稼就格外亲热："夫子见禾三变也，滔滔（快活）然曰：'狐向丘而死，我其首禾焉。'"（《淮南子·缪称》）禾三变，指庄稼经历了发芽、抽穗、成熟三次变化。狐死首丘，不忘其本。人也如此，人之本即粮食，故孔子将枕禾而死，示不忘其禾。念念以民食为重。孔子著《春秋》，其他灾祸多有未记，而麦禾不熟，却书之不倦（《汉书·食货志上》董仲舒说），其中的微言大义，亦在重粟而已。手里有粮，心中不慌，汉贾谊所云："苟粟多而财有余，何为而不成？以攻则取，以守则固，以战则胜。怀敌附远，何招而不至？"古今成败，多与粮食有关。诸葛亮六出祁山，又六次退却，无成而归，究其根本原因，乃蜀道千里，转输不易，军中乏粮，难以持久作战。曹操官渡之战，曹军以数千兵力战胜袁绍十万大军，其诀窍乃是烧毁袁军粮草于乌巢……因此，自古兵家以"兵马未动，粮草先行"为座右铭，自古政治家也以发展生产为改革的中心议题。李悝的"尽地力之教"，商鞅的"为田开阡陌封疆"，王莽的"王田制"，魏孝文帝的"均田制"，王安石的"农田水利法"等等，虽然形式不同，性质各异，但其政策思维不外"足食""富之"而已。谁把土地问题解决好了，谁的改革就成功，否则，必败无疑。

足兵。孔子一生提倡仁义礼智信，从来不宣传战争，甚至连讨论也不愿意。周游列国来到卫国，卫灵公向他请教战阵之事，孔子曰："俎豆之事，盖尝闻之矣；军旅之事，未之学也。"他觉得卫灵公无聊，不向他问礼，却向他问兵，次日便离开了卫国

左丘明传春秋

（《卫灵公》）。何以这里又将"足兵"作为政治方案中仅次于"食"的重要内容提出来呢？其实，这是孔子出于实际需要的考虑。孔子所处的春秋社会，以强凌弱，以众暴寡成了家常便饭，其间"弑君三十六，亡国五十二，诸侯奔走不得保其社稷者不可胜数！"（《史记·太史公自序》）那是一个人欲横流、礼义扫地的社会，人类和平共处的公德早已被抛到九霄云外了！经学家称这个时代为"据乱之世"。在这样的乱世中要治国安民，无武备怎么可以呢？纵然要在国内举礼作乐，也需要强大实力作为保证才行。面对这样的现实，实际的孔子无论如何也不会忘记武备的。

那么，孔子是怎样看待军事问题的呢？曰：注重防御，反对侵略，教而后战，以战去战。

注重防御。上文所引"足兵"即是从防御意义上讲的。孔子为大司寇时，齐鲁二公相会于夹谷，孔子相礼。行前，鲁定公相信了齐国友好会盟的鬼话，满心欢喜，毫无戒备，准备乘着普通车子前往赴约。孔子曰："臣闻有文事者必有武备，有武事者必有文备。古者诸侯出疆，必备官以从。请具左右司马（掌兵官）。"（《史记·孔子世家》，亦见《谷梁传》）后来，齐国果然背信弃义，想在盟会时挟持鲁公，幸好鲁国事先做了准备，才有惊无险。"有文事者必有武备"，正是加强防御的意思。

反对侵略。正如孔子的仁义思想是为了让大家共同快活、普天同庆一样,孔子搞武备的目的也是为了保卫人民安居乐业,而不是掠夺和侵略。"己所不欲,勿施于人。"自己国家不愿被别人侵略,孔子也绝不将侵略施之他国。因而,他坚持反对侵略战争。《季氏》载季孙氏为政,将侵略附庸小国颛臾,在季家做家臣的冉有和子路将此事告诉孔子,孔子说:"丘也闻有国有家者,不患寡而患不均,不患贫而患不安。盖均无贫,和无寡,安无倾。夫如是,故远人不服,则修文德以来之。既来之则安之。今由(季路)与求(冉有)也,相夫子(指季孙氏),远人不服,而不能来也;邦分崩离析,而不能守也。而谋动干戈于邦内。吾恐季孙之忧,不在颛臾,而在萧墙之内也。"在这里,孔子提出了均贫富、和人民、安邦国的治国原则,和"远人不服,则修文德以来之,既来之则安之"的外交政策。这与他回答叶公问政时所谓的"近者说(悦),远者来"(《子路》)的命意相同。他认为,只要国内搞好了,文治灿然,安定团结,外国人就自然而然地感其风化,顺服于你,否则,内政不修,民怨沸腾,外人哪里肯服? 就是兴师征讨也不起作用。更有甚者,如果国内未安定,却去穷兵黩武,发动侵略战争,必然后院起火,祸起萧墙。

教而后战。战争有时是必要、不可避免的;战争又是残酷的、流血的,有国有家者,不可不慎。故《老子》曰:"夫佳(唯)兵者,不祥之器也。"孙子曰:"兵者,国之大事,死生之地,存亡之道,不可不察也。"(《孙子兵法·计篇》)孔子出于仁者之心,又怎忍随便将人们推入战争这个血与火的深渊呢?故《述而》云:"子之所慎:齐(斋)、战、疾!"孔子对战争是慎重的,不轻易提及。他反对穷兵黩武,反对"不教使战",认为将未加训练和教导的士兵草率推进战场,这是非常不负责任的:"子曰:'以不教民战,是谓弃之。'"(《子路》)主张对人民加强战争教育和战术训练,并须之以时,方可从征:"子曰:'善人教民七年,亦可以即戎(从征)矣!'"善于指挥的人对人民要进行七年的训练,才可以从事战争;在不战不已的时候进行战争,以训练有素的士兵驰骋沙场,这就是孔子的战略思想。孔子出身武士之家,其父叔梁纥即以勇力闻于诸侯,

孔子学说

立有战功，他本人也体质魁梧，力大无比，《吕氏春秋》："孔子之劲，举国门之关而不肯以力闻。"（《慎大览·慎大》）又知兵知战，曾经成功指挥过粉碎费人暴乱的战争；他传授门徒，子弟也多通军事，《史记·孔子世家》："冉有为季氏将师，与齐战于郎，克之。季康子曰：'子之于军旅，学之乎？性（生就）之乎？'冉有曰：'学之于孔子。'"孔子不与卫灵公议兵，非真不知兵，只是示其不以武力为重罢了。

以战去战。战争有时是乱之源、祸之根，但有时也是剔除社会肌体腐败势力的手术刀，是迎接和平之神降临的助产婆，因此，自古圣王也不得不利用它。故楚庄王说："止戈为武"（《左传》宣公十二年）。孔子曰："人生有喜怒，故兵之作，与民皆生，圣人利用而弭之，乱人举之丧厥身。"（《大戴礼记·用兵》）"利用而弭之"，即以兵去兵。齐田氏弑其君，孔子斋戒沐浴，要求鲁哀公吊民伐罪；公叔氏以蒲叛卫，孔子建议卫灵公讨而伐之。这与一生讲仁义礼让的孔子似乎有些不协调，其实，孔子的以战去战思想，正是仁义礼让精神的体现。《大戴礼记·用兵》载："（鲁哀）公曰：'用兵者，其由不祥乎？'子曰：'胡为其不祥也？圣人之用兵也，以禁残去暴于天下也。'""禁残去暴"是孔子用兵的目的，是以战去战的具体说明。只有禁残去暴，才能保证人民的正常生活，才能保证国家的平安和稳定，这样，战争是保证推行仁义之政、实行礼乐教化的必要手段。从事战争正是出于爱民的仁人之心，并不与仁义相悖。鲁哀公十一年，鲁国抗击齐兵的入侵，孔子对战斗中牺牲的鲁国将士称赞有加。其中有未成年的牺牲者，按礼祭奠时只能采用"殇礼"，但孔子却说："能执干戈以卫社稷，可无殇也！"（《左传》）孔子弟子冉有在这次战斗中表现出色，孔子就称许他有"义"。可见，孔子反对不义之战，而赞扬正义之战。义与不义，是决定孔子战争的态度的界标，这正是他仁义情怀的表现。战国大儒荀子对此也有非常深刻的思考。有人问："仁者，爱人；义者，循理。然则又何以兵为？"荀子曰："非女（汝）所知也。彼仁者爱人，爱人，故恶人之害之也。义者循理，循理，故恶人之乱之也。彼兵者，所以禁暴除害也，非争夺也。"（《荀子·议兵》）仁者爱人，故不忍心人民被暴力所害；义者循礼，故不容许公理被人所贼。军事，就是禁暴除害的。同样主张以兵除害，这是爱好和平的中国人民的优良传统。经孔子为首的儒家提倡，已经深入人心，成为人类共同接受的外交原则。

就"庶、富、教"言之，庶是人口增殖，富是丰衣足食，教是礼乐教化。将"庶、富"排在"教"之前，与将"足食"摆在"足兵、信之"之前具有同样道理，即《管子》所谓："仓廪足而知礼节，衣食足而知廉耻。"告子曰："食、色，性也。"（《孟子·告子上》）《礼记·礼运》曰："饮食、男女，人之大欲存焉。"人有求得生存的需要，也有求得繁衍的本能。天下皆然，古今同理。马克思主义"两个再生产"理论也告诉人们："人们能够创造历史，必须能够生活。但是，为了生活，首先就需要衣、食、住以及其他东西。因此第一个历史活动就是生产满足这些需要的资料。"又说："每日都在重新生产自己生命的人们开始生产另外一些人，即增殖。"（《德意志意识形态》）将两段话归纳起来，前者为物质资料再生产，后者为劳动力资源再生产，用告子的话即是"食、色"，用《礼记》的话即是"饮食、男女"，用孔子的话即是"庶、富"。告子、《礼记》立足于人的需要，认为人有需食需色的本性；孔子立足于统治者的政策考虑，认为应当对人民实行庶之、富之的政策。其着眼点只有一个，即解决人类生存、生产的起码要求。富民思想，一直是中国传统治国理想。《尚书·康诰》曰："惟文王之敬忌，乃裕民。"孔子亦将利民爱民的惠心作为仁德之一（《阳货》），盛赞子产"其养民也惠"（《公冶长》），子产死后，孔子潸然出涕，曰："是古之遗爱也！"（《左传》昭公二十年）那么，孔子认为怎样才能惠民、利民，使其富裕起来呢？他认为只要善于为政，就可做到"惠而不费"，能够"因民之所利而利之，斯不亦惠而不费乎"（《尧曰》）。君王在上，自己又不能生产，怎样才能惠民、利民呢？那便是实行对人民真正有利的政策。汉代晁错说得好："圣王在上而民不冻饥者，非能耕而食之，织而衣之，为开其资财之道也。"（《汉书·食货志上》）

怎样的"资财之道"呢？孔子提出轻徭、薄赋、厚施三原则。轻徭，即减轻徭役。孔子不反对人民从事必要的劳徭："爱之，能勿劳乎？"（《宪问》）但他主张要爱惜民力，"使民以时"（《学而》），即使用得时，征调徭役不违农时。《尚书·尧典》曰："食哉唯时。"此语意即应在农闲时抽调徭役，"岁月日时无易（错乱）"，于是"百谷用成"（《尚书·洪范》）。让人民在保证生产的前提下服役，虽劳之而无怨："择可劳而劳之，又谁怨？"（《尧曰》）薄赋，即反对超经济剥削。在生产力十分低下的古代社会，统治者食税过多，聚敛无度，必然造成人民的饥饿。《老子》曰："民之饥也，以其上食税之厚。"如果劳动人民生活成问题，就不能进行两种再生产，因此孔子要求统治者用薄赋以养民力："薄赋敛则民富。"（《说苑·理政》）与老子一样，孔子也认为统治者的多欲是造成盗贼公行和社会不安的原因之一："季康子患盗，问于孔子，孔子对曰：'苟子之不欲，虽赏之不窃。'"（《颜渊》）可是，贪鄙的季孙氏还是不知道这个道理，虽"富于周公"，还叫冉有为之聚敛，难怪孔子要号召弟子们"鸣鼓而攻之"了。厚施，即重施恩惠于民。"博施济众"是孔子的远大理想（《雍也》），而厚施就是他实现这一理想的手段。《左传》哀公十一年记载季康子欲增加赋税，叫冉求问问孔子行不行，孔子三问而不答，最后才说："君子之行也，度于礼。施取其厚，事举其中，敛从其薄。""施取其厚"，既可结恩于民，又可培养民力，还可藏富于民。人民富裕了，国家还有不富裕的吗？有若曰："百姓足，君孰与不足；百姓不足，君孰与足？"（《颜渊》）荀子曰："下贫而上贫，下富而上富。"（《荀子·富国》）先富民而后富国，是中国儒家的传统思想。

（二）重教、轻刑

重教，即重视礼教。上文所引的"信之""教之"即其事。信之，使人民相信统治者，这是身教。教之，则可归属于言教。儒家认为，人是有理性的动物，社会应是有秩序的社会，人民应该在秩序中过文明的生活。教，正是帮助人民认识自己的理性，理解社会的秩序，明白文明的规范的必要措施。孔子说："君子学道则爱人，小人学道则易使。"（《阳货》）孟子曰："人之有道也，饱食暖衣，逸居而无教，则近于禽兽。圣人有忧之……教以人伦，父子有亲，君臣有义，夫妇有别，长幼有叙，朋友有信。"（《孟子·

滕文公上》)荀子曰:"不富无以养民情,不教无以理民性。故家五亩宅、百亩田,务其业而勿夺其时,所以富之也。立大学,设庠序,修六礼,明七教,所以道(导)之也。《诗》曰:'饮之食之,教之诲之。'王事具矣。"(《荀子·大略》)人是有食色本性的动物,故首当足食和富之。但是,人又是具有爱类、和群等社会性的高等动物,故需要教之诲之,让他们在人格上自觉、在道德上自律。教,正是在"足食、富之"基础上,提高人们个性修养、增强人的道德觉悟的积极措施。孔子出于"己欲立而立人,己欲达而达人"的仁者情怀,主张积极施教,向人民晓谕事理,从积极意义上讲,可以促成人们知礼知节、知规知矩,过合乎道义、合乎礼教的文明生活;从消极意义讲,可以规劝人们遵纪守法,循规蹈矩,避免陷于刑律。孔子反对那种"不教而杀""不戒视成"的愚民、惘民作法,尖锐指出:"不教而杀之谓之虐,不戒视成谓之暴。"(尧认为不对人民进行教育,却实行严刑峻法,这无异于坑民、害民。孔子的这一思想可以用他自己的两句名言来概括:

民可使,由之;不可使,知之。(《泰伯》)

"可使","不可使"的"使",即"小人学道则易使"的"使","易使"是人民大众知晓"义"之后达到的遵纪守法、循规蹈矩的状态。孔子认为,如果人民知道规矩,依礼而行,那就可以放手让他们去自由行使权利;如果还不知道规矩,不能依礼而行,那就要开导他们,使其知道。这是"教之"的准确表述。轻刑,即不以刑罚为重,这一思想体现在下列格言之中:

导之以政,齐之以刑,民免而无耻;导之以德,齐之以礼,有耻且格。(《为政》)

(三)为政在人——选贤才

政治是管理科学,是人管理人的科学,没有好的管理者,怎么进行政治呢?故找到理想的管理人选是政治最重要的事情。孔子曰:"其人存则其政举,其人亡则其政息。""故为政在人。"(《中庸》)人才是政治兴衰的保障之一,是事业成败的关键所在!

因此,当鲁哀公问政于孔子,孔子曰:政在选贤(《韩非子·难三》)。当仲弓为季氏宰,问计于孔子,孔子曰:"选贤才。"(《子路》)当子路问治国之术于孔子,孔子还是说:"尊贤!"(《说苑·尊贤》)

孔子认为,得贤可以立政,得贤可以治国,得贤可以王天下。他对古代养贤尊贤之人,知贤用贤之君,佩叹有加。卫灵公是有名的"无道"之君,"其闺门之内,姑姊妹无别",孔子反而称他为贤君(《说苑·尊贤》)。鲁哀公、季康子困惑不解,孔子回答说:"仲叔圉治宾客(外交),祝鮀治宗庙(礼仪),王孙贾治军旅(军事)。夫如是,奚(怎么)其丧?"(《宪问》)任用贤才,纵然是昏君庸主也可长保国祚。介子推年方十五,为楚国相,孔子甚感奇怪,派人前往考察,回来的人说:"廊下有二十五俊士,堂上有二十五老人。"孔子听后说:"合二十五人之智,智(聪明)于汤武;合二十五人之力,力(强劲)于彭祖。以治天下,其固免矣!"(《说苑·尊贤》)得贤合众,集思广益,虽毛头小伙也可治理天下,而况一国乎!齐景公曾问孔子曰:"秦穆公国小处辟(僻),其霸何也?"孔子曰:"秦,国虽小,志大;处虽辟,行中正。身举五投(百里奚),爵之大夫,起累(缧)绁(拘捕)之中。与语三日,授之以政。以此取之,虽王可也,其霸小矣。"(《史记·孔子世家》)秦穆公任用贤人而称霸西戎,孔子认为虽王天下也是办得到的,何况才称霸诸侯呢?其渴贤求贤之意,溢于言表。鲁国孟献子"以畜贤为富","孔子曰:孟献子之富,可著于《春秋》。"(《新序·刺奢》)而臧文仲不举贤者柳下惠,孔子斥之为"窃位"(《卫灵公》)。凡此,无不体现出他敬贤、爱贤的热切之心。

孔子的人才思想可归纳为:先德后才,德才兼备;量才录用,不求全责备;不避亲疏贵贱,唯才是举;注重实际,不为表象所惑;信之任之,大胆用人。

先德后才,德才兼备。《说苑·尊贤》:"孔子曰:'人必忠信重厚,然后求其知(智)能焉。……是故先其仁信之诚者,然后亲之;于是有知(智)能者,然后任之。故曰:亲仁而使能。'""忠信重厚""仁信之诚"为品德修养,属于德。"知能",为才干本领,属于才。对同一个人,应当先考察他的德,然后考察其才:"人必忠信重厚,然后求其知能焉。"对于一群人,应首先注意有德者("仁信之诚者"),然后注意有才者("知能者")。对有德者采取亲近的态度,而对有才者则采取使用手段。可见,孔子在考察人才时,是先德后才,亲德使才。最好是德才兼备,其次是亲近有德之人而使用有才之人。这种思想在另一则故事中表达得十分清楚:鲁哀公问孔子:"请问取人。"孔子对曰:"无取健,无取詌(gān),无取口哼(tùn)。健,贪也;詌,乱也;口哼,诞(夸张)也。故弓调(正)而求劲焉。士不信悫而多能,譬之其豺狼也,不可以身迩(近)也。"(《荀子·哀公》)倘若一个人不诚、不信,而有才干,那犹如有尖牙利爪的豺狼,是千万不能够接近的。这就是先德后才的必要性。

哀公问曰:"何为而民服?"孔子对曰:"举直(有德)错(置)诸枉(歪邪),则民服;举枉错诸直,则民不服。"(《为政》)

子曰:"举直错诸枉,能使枉者直。"(《颜渊》)这个道理与"负且乘致寇至""政者正也"的道理相同。

量才录用,不求全责备 在个人才能方面,孔子主张用人如用器,有一分长用一分长,有一分才用一分才:"君子……及其使人也器之;小人……及其使人也求备焉。"(《子路》)又曰:"无求备于人。"(《微子》)人各有长,用其所长,弃其所短,则世不乏才。

不避亲疏,唯才是举 春秋之时,世卿世禄,位势津要皆为贵族所把持。孔子主张受过教育、德才优秀的平民子弟也可以进入仕途,参加管理。他说:"先进于礼乐,小人也;后进于礼乐,君子也。如用之,则吾从先进。"(《先进》)又说:"犁牛(耕牛)之子辛(赤色)且角(角形周正),虽欲勿用(祭神),山川其舍诸?"(《雍也》)孔子有个弟子名仲弓,有才有德,"可使南面"统治天下,可惜他出身贱微,按礼制,是没有资格从政的。孔子说:耕牛的儿子长得毛色瑰丽,角形周正,山川之神难道不喜欢它吗?于人亦然。因此,孔子对选伊尹于厨师之林的汤、举五羖于缧绁之中的秦穆公,赞佩有加。与之相联系的是,孔子还鼓励人们出于公心,唯才是举,不避亲仇之嫌,这集中表现在他对祁黄羊的赞赏上。《吕氏春秋·去私》云:晋平公问于祁黄羊曰:"南阳无令,其谁可而为之?"祁黄羊对曰:"解狐可。"平公曰:"解狐非子(你)之仇邪?"对曰:"君问(孰)可,非问臣之仇了。"平公曰:"善。"晋平公遂用之,果然不错,国人称善。后来平公又问祁黄羊曰:"国无尉,其谁可而为之?"对曰:"午可。"平公曰:"午非子之子邪?"对曰:"君问可,非问臣之子也。"平公曰:"善。"又用之,国人称善。孔子闻之曰:"善哉! 祁黄羊之论也,外举不避仇,内举不避子。祁黄羊可谓公矣!"解狐本是祁黄羊的私仇,当晋平公要求祁黄羊推荐人才时,祁黄羊毫不犹豫地推荐了他;祁午乃祁黄羊之子,祁黄羊也举荐了他。"外举不避仇,内举不避亲",这就是出以公心,唯才是举,《尚书·洪范》曰:"无偏无党,王道荡荡。"祁黄羊可谓得古之良训。后来,《礼记》将这一美德定为儒者的优良品质,曰:"儒有内称(举)不避亲,外举不避怨;程功积事,推贤而进,达之不望其报;君得其志,苟利国家,不求富贵。其举贤援能有如此者!"(《儒行》)

注重实际,为表象所惑　孔子认为对人才有一个考察过程,要其注重言行,不要为表面现象所惑。"君子不以言举人,不以人废言。"(《卫灵公》)不要仅仅根据其言论的好坏而定其去取。主张"如有所誉,其有所试。"对一个人的称誉,应先考察他的试用情况。他曾经谈自己的亲身体会云:"始吾于人也,听其言而信其行;今吾于人也,听其言而观其行。"(《公冶长》)先时,孔子听人说了那样的话就相信他会有那样的行动,后来孔子是听了说话后还要考察他是怎么做的。因为光听其言往往是靠不住的。他举了两个实际的例子:"吾以言取人,失之宰予;以貌取人,失之子羽。"(《史记·仲尼弟子列传》)孔子说,如果以言取人的话,他差点让宰予蒙蔽了;如果以貌取人,他差点失去了高才生子羽。为什么呢? 据记载,宰予"利口辩辩",能说善道,但不接受孔子教诲,竟然想改掉为父母行三年之丧的礼制;又懒怠嗜睡,白日昼寝,被孔子斥为"朽木不可雕也"。子羽,即澹台灭明,"状貌甚恶",孔子初以为材薄,后来他教授生徒,弘扬孔子之教,有弟子三百人,"名施乎诸侯"。可见,要认识一个人不能单听他的好言好语,也不能单凭他的长相外表,而应注重实际,注意真才实学。

信之任之,大胆用人 选贤举能,目的是用贤,让贤才发挥才干,起到"治国平天下"的作用,成就"博施济众"的伟业,而不是叶公好龙似的假尊贤,也不是储藏珍宝似地将贤才束之高阁,置之不用。有贤不用与无贤相同。据《说苑·尊贤》记,子路问于孔子曰:"治国何如?"孔子曰:"在尊贤而贱不肖。"子路曰:"范中行尊贤而贱不肖,其亡何也?"孔子曰:"范中行氏尊贤而不能用也。"治国的要务在尊贤,但范中行氏尊贤而不用,达不到尊贤的目的。孔子认为,人君发现了贤才,就应当信之任之,大胆用之。要做到这一点,首先须在心理上放心,大胆放权,让贤才有充分的自主权,以便施展才华。郑简公好乐,但他任用子产,信任子产,子产没有掣肘,就将郑国治理得很好,小小郑国让诸侯各国也敬它三分。他曾对子产说:"饮酒之不乐,钟鼓之不鸣,寡人之任也。国家之不义(安宁),朝廷之不治,与诸侯之不得志,子之任也。"孔子曰:"若郑简公之好乐,虽抱钟而朝可也。"(《尸子·治天下》,见《群书治要》)郑简公与子产分工明确,自己管饮食、歌舞、享受,子产管国事、朝纲、外交。结果,郑国大治。从郑简公的言论上看,他是昏庸荒淫得够过分的了,但从实际效应看,他大权下放,让贤者理政,这正是孔子称赞他的原因。孔子不主张革命,不主张夺权,但他希望平庸之君将权力交给贤人代管,哪怕他本人整天荒淫无度,抱着钟鼓登朝,也是可以的,这样就减少了可能给天下人民带来的灾难。其次,要很好地做到信之任之,大胆用之,还必须力排潛言,有始有终。相传尧欲传天下给舜,鲧出来反对,曰:"不祥哉!孰(怎么)以天下而传之匹夫乎!"尧不听,举兵诛杀鲧于羽山之郊。共工又以相同的理由阻拦,尧仍不为所动,又举兵诛共工于幽州之都。于是,天下再也没有人反对传贤的事。孔子评价说:"尧之知舜之贤,非其难,夫至乎诛谏者,必传舜,乃其难也!"(《韩非子·外储说右上》)知贤举贤困难,但得贤之后,不被诋毁所动,对贤者坚信不疑,更是难乎其难。三人成虎,众口铄金,虽曾子之母、汉文之君,犹自难免,何况他人乎!难怪历史上好人不寿、贤者落拓之事屡见不鲜了!

唐太宗是中国历史上最能够知人善任、举贤用贤的一代明君,他曾说:"有贤不用与无贤等,用而不信与不用等。"历史上许多昏庸之君有贤而不识,识贤而不用,用贤而不信……故亡国破家者有之。贤乎贤,家国之所系。生民之所望,岂可忽视!

十三、孔子说"刑"

孔子是仁人,是君子,还是圣人,仁人君子圣人谈刑吗? 我们说,根据社会的需要,孔子照谈不误。那么孔子是怎样谈刑的呢? 是在什么情况下谈刑的呢?

(一)"孔子诛少正卯"的是是非非

在先秦至两汉时期,盛传这样一则故事:话说孔子作大司寇,东折齐师,内堕三郡,赢得鲁国从上到下的一片喝彩,季康子也十分信任他,两人配合默契,"三月不违"。后来,季康子干脆将执政之事也交给孔子代理,这就是史称"由大司寇行摄相事"。出人意料的是,孔子听政才七天,就诛杀了鲁国的知名人士少正卯。门人弟子多惑而不解,子贡问曰:"少正卯是鲁国的知名人物,老师执政伊始,便杀了他,恐怕有些失策吧?"孔子说:"啊,我告诉你原因吧:人间有五种比盗贼还严重的罪恶:一是见识高深,明白事体,但居心险恶;二是行为乖僻,专走邪路,并且态度坚决;三是宣传谬说,而又能言善辩,影响极坏;四是对丑言丑行,博闻强记,泄露机密;五是行为虚伪,但却冠冕堂皇,影响很坏。少正卯兼有这五种罪恶。他居处足以聚集门徒,形成非法组织;言谈足以粉饰邪说,迷惑人心;顽固得可以倒非为是,劲挺难拔。这是小人中的奸雄,不可不诛。"(原文见《荀子·宥坐》:"一曰心达而险,二曰行辟而坚,三曰言伪而辩,四曰记丑而博,五曰顺非而泽。")

这条记载最早见于《荀子》,后来《尹文子·圣人》《说苑·指武》《刘子·心隐》

《孔子家语·始诛》都有相同记载。《史记·孔子世家》和《淮南子·氾论》也提及此事，《史记》云"于是诛鲁大夫乱政者少正卯"，称少正卯为"大夫"；《淮南子》云"孔诛少正卯而鲁国之邪塞"，将诛少正卯说成是孔子新政得以贯彻的重要措施。《论衡·讲瑞》又说："少正卯在鲁，与孔子并，孔子之门三盈三虚，唯颜渊不去。"在此少正卯被视为当时与孔子对着干的旗鼓相当的敌对势力。

综合数家资料可知：少正卯是鲁国大夫，观点与孔子相左。两人对设学宫，招徕听从。少正卯因才辩的雄奇和言论的新颖，夺走了孔子不少信徒。孔子执政推行新政，少正卯又出来捣乱。其人屡教不改，态度顽固，拉帮结派，成为比盗贼还凶恶的改革之大敌、前进之阻力。孔子为了推行新政，首诛少正卯，以杀一儆百，肃清异己！

关于孔子诛少正卯，先秦、两汉乃至魏晋六朝文献皆无异说。但自唐杨倞注《荀子》，怀疑《宥坐》"以下皆荀卿及弟子所引记传杂事"，从此遂开怀疑《宥坐》篇所记内容是否真实的论端。于是屡有人怀疑其中关于孔子诛少正卯的记载纯属子虚乌有。后来王若虚《滹南遗老集》、阎若璩《四书释地又续》、崔述《洙泗考信录》、梁玉绳《史记志疑》都有专文驳辩，今人陆瑞家等人还著成《诛少正卯辩》专著。以上诸人都主张《宥坐》关于"孔子诛少正卯"不真实。海外学者也十分关注这一问题的讨论，纷纷撰文参加论战。现在看来，以孔子诛少正卯之事来否定孔子一生及其思想，当然是愚蠢的、可笑的。但是，若认为讲孔子诛少正卯有损圣人完美的形象，就一概加以拒绝，也是不可取的。这些否定论既没有比《荀子》更过硬的否定材料，这种从观念出发来否定历史记载的方法，也有悖于实事求是这条基本的求知原则。

且看否定派代表崔述的理由：《论语》："季康子问政于孔子曰：'如杀无道以就有道，何如？'孔子曰：'子为政，焉用杀？'……圣人之不贵杀也如是，焉有秉政七日而遂杀一大夫者哉！""《论语》《春秋传》……未尝一言及于卯，使卯果尝乱政，圣人何无一言及之？史官何得不载其一事？""非但不载其事而已，亦并未有其名。然则其人之有无盖不可知，纵使果有其人，亦必碌碌无闻者耳，岂足当圣人之斧钺乎！""春秋之时，诛一大夫,非易事也,况以大夫而诛大夫乎!"结论是:"此盖申(不害)韩(非)之徒言刑名者,诬圣人以自饰,必非孔子之事!"

崔氏先从概念出发("圣人不贵杀"),然后列举了几条反驳的证据,但却不甚劲挺。从相反的角度看一下,这几条理由似乎都有破绽:孔子固然说过"子为政,焉用杀",但也说过"善人为邦百年,亦可以胜残去杀也"(《子路》);又说"王者必世(三十年)而后仁"。可见不用刑罚是有条件的,好人治国百年才能去掉刑罚,王者当政三十年才能广行仁政。以德化民,需要时间,非一朝一夕的功夫(参见刘宝楠《论语正义》卷十五)。孔子说"焉用杀",但并不是"不用杀";孔子"不贵杀"也不是"不要刑"。治国安邦,必要的刑法是不可避免的,何况孔子才为政七日呢?《论语》《春秋传》诸书未提此事,当别有隐情。二百四十二年间亡国破家之事甚多,《春秋》尚且不得一一俱书,疏漏此事,不足为奇,不能以诸书记载与否定其有无。况且,后来《礼记·王制》将少正卯五罪定为宪令,说明这一事件的用刑原则与儒家礼教并不相悖。至于说少正卯"亦必碌碌无闻者","岂足当圣人之诛",但却不是忘记了"少正卯鲁之闻人也","孔子之门三盈三虚"的记载了吗? 至于"以大夫诛大夫"并非易事,确乎其然。但大夫有数等,贵族有掌权与不掌权之分,以一个身望日隆、独掌大权的大夫,杀一个仅会摇唇鼓舌、无权无势、落拓在野的"大夫",不是易如反掌吗? 孔子曰:"攻乎异端,斯害也矣!"(《为政》)异端邪说一定要打倒,因为它影响真理(如果是真理的话)的贯彻,何况少正卯是个"言伪而辩""行僻而坚"的强劲对手呢? 他不仅与孔子唱对台戏,而且竟然弄得"孔子之门三盈三虚",是一个让孔子难堪恼恨的异端分子! 可见,崔氏的四条理由皆不值一驳。

对"孔子诛少正卯"这样一个两千多年前的悬案,在缺乏资料、没有佐证的情况下,要做出精确考订是何等困难。我们认为,对于孔子这样的思想家,大可不必去为一些说不清的事硬性表态,而应该注意对其思想宝藏的开发。这里,我们也只考察孔子的刑法思想。通过分析和归纳,孔子的刑法思想有以下四个特点:重礼轻刑,先教后刑,重生轻杀,宽猛相济。

(二)重礼轻刑——导之以德,齐之以礼

孔子有一则世人皆知的名言:

道(导)之以政,齐之以刑,民免而无耻;道(导)之以德,齐之以礼,有耻且格(正)。(《为政》)

此语意为用政令来引导,用刑罚来整治,人民畏刑免于犯法,但没有羞耻之心;用美德来引导,用礼教来规范,人民有羞耻之心,并且行为端正。政治法律的作用,在于先设禁,以严对人,人们知畏而免。子产云:"夫火烈,民望而畏之,故鲜死焉。"(《左传》昭公二十年)韩非谓:"夫严刑者,民之所畏也;重罚者,民之所恶也。故圣人陈其所畏,以禁其邪;设其所恶,以防其奸,是以国安而暴乱不起。"(《韩非子·奸劫弑臣》)但是峻法严刑虽然可以防止人民犯罪,但人们只知恐惧,不知是非,没有耻辱之心,人成了法的奴仆,没有丝毫个性人格可言。《说苑·杂言》亦载孔子曰:"鞭朴之子,不从父之教;刑戮之民,不从君之政。"从民主的角度讲,棍棒教育是出不了好后代的,严刑峻法也培养不出顺服的臣民。峻法的过分实施,有可能演变成苛刑,无罪而有罪,小罪而大罚,法繁刑重,在所难免,因此为孔子所不取。他理想的为政措施是导德齐礼,用一种理想的道德人格来引导人民,感化人民,使人民唤醒良知、自觉个性,增益善美之心,明于是非耻辱,人们依礼而行,个个由德而化,既不犯罪,又有人格的自觉与个性的尊严。这就是"有耻且格"。

怎样导德齐礼呢?首先是"正名",然后是劝善。正名,即调整社会各阶级、阶层的名分与行为之间的关系,使其吻合,名副其实;即孔子对齐景公的"君君、臣臣、父父、子子",亦即荀子的"贵贵、尊尊、老老、长长"。孔子特别注重统治者自身的表率作用,认为:"为政以德,譬如北辰,居其所而众星共之。"(《子路》)他主张不要立足于刑法,忽略治本,而以刑杀为威;更不要上行贪暴却责下清廉,上行残忍而责下忠孝。

季康子问政于孔子,曰:"如杀无道以就有道,何如?"孔子对曰:"子为政,焉用杀? 子欲善而民善矣。君子之德风,小人之德草,草上之风必偃。"(《颜渊》)又:季康子被盗贼弄得很苦恼,问计于孔子,孔子对曰:"苟子之不欲,虽赏之不窃!"(《颜渊》)这个道理很简单:上行下效,上梁不正下梁歪! 正如《说苑·贵德》所云:"天子好利则诸侯贪,诸侯贪则大夫鄙,大夫鄙则庶人盗。上之变下,犹风之靡草也! 然则民之盗贼,正由上之多欲!"国君好利,故屡禁奸而奸不止,屡倡廉而廉无踪! 无怪孔子要说:"其身正,不令而行;其身不正,虽令不从!"又说:"苟正其身,于从政乎何有? 不能正其身,如正人何!"(《子路》)

其次是劝善。劝善,即"齐之以礼","礼乐兴"。因为在孔子那里,礼以仁义为内容,代表善言善行,仁为爱人,义为尊贤;仁为推己及人,义为上下等级;仁是广泛的施爱,义是恰当和适度。以仁义为内容的礼功用特大,礼教让人"恭敬庄俭"(《礼记·经解》),故知礼无叛。"子曰:'博学于文,约之以礼,亦可以弗畔(叛)矣夫!'"(《颜渊》)礼教可以使人生慈善之心,"使之哀鳏寡,养孤独,恤贫穷,诱孝悌,选贤举能。修此七者,则四海之内无刑民矣"(《大戴礼记·主言》)。若让礼教形成风俗,那就更好了,否则,若无礼教之俗,虽重刑亦不可禁。相传孔子打了个比喻:

> 吴越之俗,男女同川而浴,其刑重而不胜(克服),由无礼也;中国之教,内外有分,男女不同椸枷(晾衣竿、衣架),不同巾栉(梳篦),其刑不重而胜,由有礼也。(《尚书大传》)

此中可见礼教有劝善防乱的功能。

但是,不能因重礼轻刑而引申出唯礼弃刑。重礼轻刑,只有主次、先后之分,而无取此舍彼之意。孔子说:"君子之道,譬犹防(堤防)与?"(《大戴礼记·礼察》)防,即堤岸。犹之乎水需要堤岸来约束,才不致泛滥一样,人的行为也需要君子之道来管束和引导。堤岸是水流之防,礼制即人行之防。防的设置是预先的、主动的、积极的,但水有时而溢岸,人亦有时而越礼。越礼的行为就会干涉和影响他人的权利和自由,必然加以整治。于是刑法生焉，赏罚作焉。《左传》说："礼，上下之纪，天地之经纬，民之所由生也。"（昭公二十五年）《管子·心术》云："杀戮禁诛谓之法。"礼是积极主动的，引导型的，劝人善行走正路；刑法是消极被动的，强制型的，惩罚式的。《大戴礼记》云："礼禁将然之前，而法者禁于已然之后。"（《礼察》）前者是牧师，后者是刽子手，前者是胡萝卜，后者是大棒……两者取长补短，相互为用。不过，礼的风化作用缓慢而微小，是无形之春风，是润物之雨露，不易被人察觉和注意；而法的惩治作用迅猛而明显，是有形的，雷厉风行似的，容易被人觉察和注意。许多统治者只看到法的威力，而看不到礼乐的潜移默化作用，虽然也能禁民为非，但并没有从根本上解决问题，此即"民免而无耻"。孔子之伟大之处，正在于看到了礼教风化的作用，于众人皆聱盲之处看到了细微的、事关全局、长治久安的内容，那便是礼教。这就是他主张重礼轻刑，先礼后刑的远见卓识，这就是他不肯定季康子以刑杀为威的原因。

孔子曰："古之刑者省之，今之刑者繁之。其教：古者有礼然后有刑，以是刑省也；今也反是，无礼而齐之以刑，是以繁也。"（《尚书大传》）先礼而后刑故刑省，无礼而齐之以刑故刑繁，多么平凡的道理！

孔子曰："听讼吾犹人也，必也使无讼！"（《颜渊》）

又曰："使吾听讼，与众人等。然能先以德义化之，使其无讼。"（《汉书·贾谊传》颜注引）

孔子曰："使我狱讼，犹凡人耳。然能先以德义化之，使其绝于争讼。"（《汉书·酷吏传》颜注引）

孔子谆谆教诲，反复明白，表达的是一个意思：让我听理狱讼案件，我也同众人一样，依法办事而已。但是要问我的特别处，就在于以德导之，以礼化之，最终做到没有刑狱。可惜，后人并不完全（或不愿意）了解孔子的原意，善良的学者只看明白后半句，将孔子说成只要礼不要刑的迂腐学究；而专制统治者又只读明白前半句，祭起子云"听讼吾犹人……"的亡灵。其实这都不是孔子刑法思想的全部内容！

（三）先教后刑——不教而杀谓之虐

《荀子·宥坐》有则故事说，孔子为鲁司寇时，有一位父亲控告儿子，孔子拘留之，三月不断案。其后原告撤诉，孔子就把被告（儿子）放了。季康子听了很不高兴，说："这老头子欺骗我，教我要以孝治天下，现在他却把一个不孝之子放了。"冉求把季氏的话告诉了孔子，孔子慨然长叹说：

呜呼！上失之，下杀之，其可乎？不教其民而听（治）其狱，杀不辜也。三军大败，不可斩也；狱犴（狱讼）不治，不可刑也。罪不在民故也。嫚（不肃）令而谨（严）诛，贼也；今生也有时，敛也无时，暴也；不教而责成，虐也。已此三者，然后可刑也。《书》曰："义刑义杀，勿庸以即，予维曰未有顺事。"言先教也。

孔子说，统治者治国有失误，却对因这种失误犯错误的下民严刑诛戮，这样行吗？不对人民进行教育却去听理因无知发生的犯罪案件，就是杀不辜。三军大败，能够全部斩掉吗？法制没有很好地提倡，就不可滥用刑罚。政治和教化有失，其罪不在人民。政令不严而诛罚严，这是成心害人；生产有时可聚敛无度，就是暴政；不进行教化却责成其事，这是残酷的做法。将这三者清除了，然后才可以对不听令者用刑。这里的对话，不一定是当时实录，但其中"不教其民而听其狱，杀不辜也"，"嫚令而谨诛，贼也"，"不教而责成，虐也"诸句，与《尧曰》孔子答子张问政时指出的"四恶"一致："子曰：'不教而杀谓之虐，不戒视成谓之暴，慢令致期（到时兑现）谓之贼……'"可见，这些言论并不与孔子思想相悖。而《尚书》所谓"义刑义杀"，就是孔子先教后刑说的思想渊源。

在孔子看来，帝王将相，百官公卿，他们的价值不在于骑在人民头上作威作福，腐化享受，也不在于养尊处优，用等级来维系特权。一个统治者之所以有价值，就在于他们能够为人民谋福利，能为老百姓想到可以开发的利源，能帮助老百姓防止灾难的发生。他对人民是组织者，是管理者，他可以调配好辖下的人力、物力来安定社会，造福于人民。《左传》上说："天生民而树之君，以利之也。"（文公十三年）因此，君主和百官在人民面前，犹师长，若父母，应当爱之护之，教之化之，教人民应做什么，应怎样做？他以身作则，教化天下，《尚书》有"型于寡妻，至于邦家"的话，正是统治者应该照办的。如果表率作用不够，才有刑罚和惩处。孔子曾论述表率与刑罚的关系说："先王陈之以道，上先服（力行）之。若不可（未见效），尚贤以綦（教）之；若不可，废不能以单（通惮，吓）之。綦（教）三年而百姓从风矣。邪民不从，然后俟（待）之以刑，则民知罪矣。""是以威厉而不试（用），刑错（废置）而不用，此之谓也。"（《荀子·宥坐》）先是以身作则，身体力行；其次是选贤举能，激励风俗；再次是废除不肖，警惧贪鄙；最后才对屡教不改的"邪民"施以刑罚。言教、身教，以百官教，正面教，反面教，不行，最后乃用刑罚来整齐之。

可是，"今之世则不然：乱其教，其民迷惑而堕焉，则从而制之，是以刑弥繁而邪不胜。"统治者自己把是非搞乱了，把教育搞垮了，自身腐败了，社会已无公理可讲，无是非可辨，统治者浑浑噩噩，人民惶惶恐恐，徘徊歧路，莫知所之。一旦这些无知的（但无罪）民众走入了邪途，却又用严刑峻法处治他们，这无异于统治者预设陷阱让老百姓跳，无异于统治者亲手把人民推入火坑。这种不治本（不教）而治标（用刑）的做法，岂不是扬汤止沸的蠢举吗？其结果必然是"刑弥繁而邪不止"。

东汉思想家王符说："是故上圣不务治民之事，而务治民之心。故曰：'听讼吾犹人也，必也使无讼乎！'"（《潜夫论·德化》）此可谓得圣人三昧！

（四）重生轻杀——古之听狱求所以生之

从前商汤，一天出巡，见罗鸟者设网四面，祝曰："从天坠者，从地出者，从四方来者，皆来触吾网。"汤说："嘻！这样就把鸟抓绝了。若非夏桀，有谁这样做呢？"于是撤掉三面，改辞祝曰："欲左者左，欲右者右，欲高者高，欲下者下，吾取其犯命者。"汉水以南的诸侯听到商汤如此仁慈，相率归附者四十余国。这便是"网开三面"的故事，见于《吕氏春秋·异用》及《史记·殷本纪》等书。网开三面,用意在于克服苛察缴绕的做法,实行宽惠之政,让人民在宽松自如的环境中生产、生活,避免动辄得咎,投足犯禁。在司法上与网开三面思想相一致的,是孔子提出了重生轻杀的慎刑主张。他说:"古之听狱者,求所以生之;今之听狱者,求所以杀之。"(《尚书大传》引)孔子认为"古""今"有两种截然不同的司法精神:"古"者立足于无罪,总是找理由设法让被告生存下来;"今"者立足于有罪,网罗周织,力图将被告送上断头台。两种司法精神的侧重点、立足点不同,在具体办案中就会导致完全相反的两种结果:前者可能巨网失吞舟,让犯人逍遥法外;后者又可能捕风捉影,深文周纳,造成冤假错案。汉高祖杀功臣,明太祖兴大狱……除了某些政治上的原因外,恐怕与最高领导人"疑人窃斧"的心态不无关系吧? 而在"刑不上大夫"的周代社会,贵族大夫逍遥法外,实行严刑峻法的结果,自然是庶民遭殃了。故孔子出于礼教的一贯思想,提出慎刑、省刑的主张,并认为省刑是本,繁刑是末:

孔子曰:"古之知法者能省刑,本也;今之知法者不失有罪,末矣。"(《汉书·刑法志》引)

他又说:

有虞氏不赏不罚,夏后氏赏而不罚,殷人则罚而不赏,周人则罚且赏。罚,禁也;赏,使也。(《太平御览》卷六三三载《慎子》引)

又说:

语曰:"夏后氏不杀不刑,罚有罪而民不轻死,死罚三千鍰(重量,六两)。"(《尚书大传》)

这里所说的历代赏罚情况不一定准确,但至少它们表明了孔子崇尚轻刑慎罚的愿望。孔子希望现实中从慎罚省刑开始,日益减少用刑数量,最终达到"有虞氏不赏不罚"的境界,实现其"善人为邦百年,亦可以胜残去杀","四海之内无刑民","必也使无讼"的理想社会。

(五)礼刑并用——宽猛相济

礼禁于未萌,刑施于已然。重礼也好,重教也好,省刑也好,只可求得社会的大体和谐和民众素质的相对提高,但不能彻底排除越礼犯法等奸诈之徒产生的可能。教化是一个收效缓慢的过程,"王者必世而后仁","善人为邦百年",才可以"胜残去杀"。但是"胜残去杀""无讼""无刑民",只是一个理想中的境界,是存之于人心的涅槃,是久困于狱事之中的统治者、挣扎于死亡线上的民众都向往的"大同世界",也是一个没有犯罪才不用刑罚的社会。由现实通往理想之路还是一个漫长的黑夜,那里还存在以强凌弱、以众暴寡、上篡下僭,礼坏乐崩,盗贼奸宄,无恶不作……它们是君之敌、民之贼、礼之蠹,是社会的害群之马,是教化的反动力量。对于这些,孔子不会熟视无睹,姑息养奸,过早地将理想搬之于现实,将有罪说成无罪。他也不会愚蠢地放下刑罚这把清除腐朽、保护社会肌体健康的手术刀,而过早地歌舞"刑措不用"的虚假升平。孔子有"无讼"的理想,但也有"听讼吾犹人"的实际精神。正如他在政治上内心向往着"大同",而脚底却立足于"小康",希望继续前进,实现"大同"一样。在刑罚问题上,孔子也是心想"无讼",实际执行着慎罚省刑,最后达到"胜残去杀"。他并不主张在现实生活中完全废除刑罚,而是主张倡之以礼,刑之以法,宽猛手段互济互补。这是非常实际的,也是非常可行的。

《左传》昭公二十年记云:郑子产死后,子大叔不忍猛政,仍行宽政,结果郑国多盗,啸聚山林。大叔悔之,兴兵攻盗,尽杀之,盗贼渐稀。孔子闻之曰:"善哉!"并发议论说:

政宽则民慢(无礼),慢则纠之以猛;猛则民残(蹂躏),残则施之以宽。宽以济猛,猛以济宽,政是以和(和谐)。

"宽",指放松统治,减轻控制,但如果不在礼教中进行,或者贯彻礼教有偏差,人民就会因不知规矩而越礼犯法,这就是"慢"。"猛"指雷厉风行,依法从事,这是惩治越礼犯法行为的补救措施。若用单纯猛政来治民，将使民不聊生。因此，当猛政足以纠偏时，要不失时机地改施宽政，以便使人民得到休养生息。以宽养民，以刑纠偏，礼法并用，这正是孔子刑法思想的灵活运用。

孔子用法，其特别处不在于借助具体条款来断理案件。《史记》说："孔子在位听讼，文辞有可与人共者，弗独有也。"(《孔子世家》)孔子在处理案件时，在判上并无与众不同之处。其特殊处在于善于利用刑法莫测的神圣威力，形成一种先声夺人、荡涤污泥浊水的庞大气势，起到未申而法已严、不刑而乱已禁的效果。

"唯名与器，不可假人"，刑法亦然。公元前513年，晋国铸刑鼎，将范宣子刑法铸在鼎上，公诸于世。孔子评议曰：

晋其亡乎？失其度(规矩法度)矣。夫晋国将(当)守唐叔之所受法度，以经纬(统治)其民，卿大夫以序守之，民是以能尊其贵，贵是以能守其业。贵贱不愆(越位)，所谓度也。……今弃是度也，而为刑鼎，民在(注意)鼎矣，何以尊贵？贵何业之守？贵贱无序，何以为国？

后人颇利用这段材料论证孔子反对成文法，其实不然。在孔子看来，人民的权利就是执行，就是遵守统治者合乎礼制的指教。贵族以及各级统治者的本钱，不仅仅是祖先遗传的爵禄和家产，而且更重要的是他们握有平民无从知道的量刑定刑的刑法，有教导人民做什么、怎样做的义务(即"导之以德，齐之以礼")，又有惩治不依教、不行礼者的权威。礼，教人该做什么，怎样做，这有明文规定。但当违礼犯禁后，定什么罪，量什么刑，却藏之于秘府(并非无成文)，断之于宸衷，让人民有一种莫测高深的畏惧感。可是晋国公开了，该当何罪，应受何刑，条条在款，章章在鼎，贵族和统治者把老底都交给了众人，还有何神秘和权威性可言？因此，孔子说，晋国的卿大夫失去了自己的神圣职权，人民都知道了刑法的内容，统治者失去了自己神威的资本，还有什么威信？明文在鼎，法总有漏洞，难免刁民钻法的空子。在上者无威信，在下者钻空子，天下还不乱吗？因此，孔子说晋国离灭亡不远了。

孔子善于运用刑法神秘性,灵活使用赏罚二柄,驱走天下,达到罚不行而奸已止的效果。相传鲁国都城附近的沼泽失火,北风呼啸,火势向南蔓延,威胁着都城曲阜的安全。鲁哀公亲自率众灭火,哪知人们追逐野兽去了,火势却越来越猛。哀公召见孔子,孔子曰:"逐兽者乐而无罚,救火者苦而无赏,此火之所以无救也。"哀公曰:"善。"孔子曰:"事急,不及以(用)赏;救火者尽(全)赏之,则国不足以赏于人。请徒(只)行罚。"哀公曰:"善!"于是孔子下令曰:"不救火者,比降北(战败逃跑)罪;逐兽者,比入禁(进入禁苑)罪。"令下还未传遍,火已经被扑灭了。(《韩非子·内储说上》"七术")这则故事可能系韩非假托,但却与孔子议刑鼎的思想一致。不救火者,当成投敌和逃跑处理;逐兽的,当成擅入禁苑处理。这在刑法上未必有此条文。如果当初鲁国也把刑法公诸于众,众人必然会以孔子之令为戏言,不予理会。但这样宣布,在当时却是十分必要的。也许这正是孔子反对将刑法公诸于众的妙用所在。

用不测之刑,行不测之赏,威重而民服,奸宄敛迹。相传鲁国有沈犹氏者,早晨将羊灌饱了水以欺市人;有公慎氏者,娶妻而淫荡不止;有慎溃氏者,奢侈骄佚;又有鲁国市场卖牛马者,多高抬物价……但一听说孔子当司寇,沈犹氏不敢朝起灌羊子以水了,公慎氏将妻子休掉了,慎溃氏越境远逃了,鲁国卖牛马的都不敢高抬物价……这段记载最早见于《荀子·儒效》,后来《史记》《新序》都有类似的说法。如果其说不虚,当与孔子一生提倡教化、主张行不测之刑有关。

在理想上是"无讼""胜残去杀",在现实中是省刑慎罚,用德政来感化人民,用礼教来移风易俗。民俗敦厚,人心向善,减少犯罪,减省刑罚。坚持不懈,长久努力,最后达到"刑措不用"的境界。着眼点在爱民、在生民、在教民,而不是残民、杀民、虐民,但又不放弃刑罚,姑息养奸。用礼、用教来积极预防,用刑用罚来纠敝补偏,这就是孔子灵活的刑法思想,值得后人深思汲取。

十四、孔子说"孝道"

1982 年,孔子 2533 年生辰纪念大会在旧金山金门公园举行,美国总统弗·里根专函祝贺,赞曰:"孔子高贵的行谊与伟大的伦理道德思想,不仅影响他的国人,也影响了全人类。孔子学说世代相传,提示全世界人类丰富的做人处世原则!"作为一个中国人,特别又是一个用不着阿谀的中国古人,孔子能在民主与科学都相当发达的美国,赢得合众国总统如此崇高的赞赏,这在世界历史上也属罕见。孔子的思想是多

美国前总统里根

方面的,总统先生单单举出孔子"高贵的行谊"和"伦理道德思想",想来作为孔子伦理道德基石的"孝道",当亦是深得这位年届古稀的异国总统所赞许的,也是不满于年轻人缺乏敬老爱老意识的美国老人们所乐闻的。可见,孝的情感是温馨的、令人陶醉的,由古代的东方浸润渐衍至于当代的西方,真不愧是超越时空的情感,具有永恒和普遍的价值!

孔子说:"立身有义焉而孝为本。"(《说苑·建本》)。将孝作为人伦的基点,作为立身之本;将孝作为一种社会公德,形成敬老爱老、以老为权威的社会风气;将孝作为立国之本,甚至以孝治天下……却是中国国粹,外国弗能有也! 这一国粹的形成,与孔子的提倡分不开。

（一）孝的释义

从词义上考察，"孝"字与老、教、敩、学、效、校古音相近，意义相关，可视为一组同源词。"孝"字从老从子，一则表示孝之事发生在青年（子）与老年（老）之间，孝与老同源。二则表示教育，其字老者居上，少者居下，意即"老年为典型，少年之师范"，故孔子曰："夫孝，德之本也，教之所由生。"（《孝经》）明确指出教育起于孝。《礼记·王制》："有虞氏养国老于上庠，养庶老于下庠。"《孟子·滕文公上》："庠，养也。"赵岐注："养者，养耆老也。"《礼记·礼运》："三老在学。"此皆可证，以老人居学以教弟子，乃中国上古教育之实况，而国学养老的目的即在于教育。教育是授受关系，是教者和学者互相活动，故自老者言之，为"教"为"敩"，为施教；自少者言之，为"学"为"效"，为受教。至于"校"，与"庠""序"皆同音声转，为施教之所。可见，孝与教、学、敩、效、校同源而近义。

从孝字到教、敩、效、校字形的演变，可以看出上古中国教育发展史，也可看出"孝道"演变与形成的简单历程。首先有"孝"，老年为青年之师长、楷模，身教言传，身教为品德方面的榜样，言传乃知识方面的教诲，身教为人伦，言传为道艺。后来，孝遂分出人伦和道艺两途。人伦方面仍称"孝"，知识方面改称"教"或"敩"。从青年人角度看，人伦的模仿为"效"，知识的吸收为"学"。民生之初，老年人兼具品德和知识的优势，足以成为后生之师范，在自由、平等的原始社会里，这老、少之间的言传身教、效法学习，是十分和洽愉快的。孔子曰："是故其教不肃而成，其政不严而治。"（《孝经》引）此语即是这种轻松教育的形象说明。随着剥削和压迫的产生，社会上世风日下，人心不古，老年人在知识和品德方面不再那么纯粹，不足以征服青年之心，于是人为的权威出现了，"孝""学"被加上"攴"（鞭扑），成了"教""敩""效"，教与学带有强制内容，不再那么和谐平等了。就像政治的本义是"正"（孔子曰："政者，正也"），即统治者先正自己，然后才能正天下。由于统治者不能正自己，不能以表率的作用正天下,故特加以鞭扑(支),成了"政"字。这里,哪还有"其教不肃而成,其政不严而治"的影子!

社会上坑蒙拐骗,弱肉强食,无恶不作。社会这个本来十分理想的大课堂,再也不能作为教育和培养青年的场所了。于是设立学校,用木栅栏围起来,外加一道泮水,让青年与世隔绝,去接受那种经过提纯了的经典化教育,产生了"校"(或庠、序)的形式,一代又一代传了下来(有趣的是古代刑具也称"校",《周易》"荷校灭趾")。"孝"也变成了青年人对老年人的绝对服从:"五刑之属三千,不孝为大?"(《孝经》)它原有的老年人做出榜样让青年人学习和效法的本义,便泯灭无存了。这亦是历史所迫,时势使然。

(二)孝道与鲁国政治特色

孔子之所以形成以孝为基础的思想,与他所处的历史背景和成长土壤有关,特别是与鲁国亲亲尚恩有直接关系。《吕氏春秋·长见》载:"吕太公望封于齐,周公封于鲁,二君者甚相善也。相谓曰'何以治国?'太公望曰:'尊贤上功。'周公旦曰:'亲亲上恩。'太公望曰:'鲁自此削矣。'周公旦曰:'鲁虽削,有齐者亦必非吕氏也。'"《汉书·地理志》亦有相同记载。这里揭示了齐鲁两国不同的治国原则。齐国以"举贤尚功"为基本国策,具有功利性质。鲁国则以"尊尊亲亲"为基本国策,重视伦理道德。鲁国重视伦理的结果是脱不掉沉重的人情关系,能人贤人不被重用,国力日益削弱;齐国尊贤尚功的结果是国力富强,称霸天下。但是,齐国尚功,给野心家可乘之机,而疏远亲旧,又无公族辅翼,故齐国传了二十四君之后,即被权卿田氏取代了。鲁国崇尚亲亲,故公族一直是辅政的力量,很少出现弑君现象,也没有被别姓移鼎,共传了三十四代。

《论语·微子》亦曰:

周公谓鲁公(伯禽):"君子不施(弛,疏远)其亲,不使大臣怨乎不以(用),故旧无大故则不弃也,无求备于一人。"

周公封于鲁,自己留在京都洛阳辅佐周王,派儿子伯禽赴任治国。临行,周公对伯禽传授四条治国方略:一是不要疏远亲属,不要冷落大臣,不要无故疏远故旧,不要求备于一人。其中"不施其亲"即《吕氏春秋》所谓"尊尊亲亲",周公将它置于四诀之首,充分体现了鲁国政治的伦理色彩。由于周公的提倡,鲁国从上到下都十分注重伦理,形成了以孝道为特征的民风民俗,强调对老人的尊敬和顺服。受父母之邦文化熏染,孔子的思想言行也打上了浓浓的孝的烙印。《荀子·儒效》曰:"孔子在州里,笃行孝道。居于阙党,阙党之子畋(猎)渔,分有亲者得多,孝以化之。是以七十二子自远方至,服其德也。"孔子受鲁国孝文化的影响,在州里亲身行孝,与阙党之子打猎,对有老亲的人多分一些,这样又影响了风俗,招来了弟子,促成了孝道公德的普及和推广。

(三)孝弟为仁之本——孔子论孝

孝,虽是鲁国传统,但将孝加以大力提倡,特别是对孝进行系统阐述者,却始自孔子及其弟子。孝的功能是什么,孝在人生修养中的地位怎样,怎样对待老人才是孝,行孝时有什么注意事项等等方面,孔子都做了简明扼要的说明。

孔子认为,孝是人伦之本,是德行之本,是为政之本。在个人修养上,他要求人们从行孝做起;在从政方面,他主张从倡导孝道上做起。孔子曾向弟子指示修身次第曰:

弟子入则孝,出则弟(悌),谨而信,泛爱众而亲仁(仁人),行有余力,则以学文。(《学而》)

进家门对亲人行孝;出家门对长辈敬顺;言语谨慎,严守信用;博爱众人,亲近仁人;这些伦理道德做好了,行有余力,才学习礼乐文章。

为什么修身要以行孝为始,因为仁德的本质就是孝:"仁者人也,亲亲为大。"(《礼记·中庸》)仁德的首要任务是亲亲,孝就是对亲人的热爱。有了对亲人热爱的孝心,然后将这份爱心推而广之,"老吾老以及人之老,幼吾幼以及人之幼"(《孟子·梁惠王上》)。引爱亲之心以爱天下之人:你爱我的亲,我爱你的亲;你爱我的儿女,我爱你的儿女。天下之人就成了一家,这还会有争夺之事发生吗?

推而广之,将孝道推向社会,还有更为广泛的好处。有子曰:"其为人也孝弟,而好犯上者,鲜也。不好犯上而好作乱者,未之有也。君子务本,本立而道生。孝弟也者,其为仁之本与?"(《学而》)孝道,始于亲亲,顺至尊长,进而忠君。亲亲,尊长,忠君,故不会犯上,不犯上,当然也就不会作乱。个人修养从行孝做起,就可以培养仁爱之心,成为仁人;对孝道的提倡者,通过提倡孝道而达到天下团结,就实现了仁政。孝就是修身的根本,也是为政的根本。君子治世,就要从根本入手,根本一定,枝叶必繁。君子抓住孝这个根本,必然使仁道大行于天下。《论语》说"有子之言似孔子"。有子关于孝之功能、孝之地位的论述,必定不悖于师训,故其"孝为仁本"的命题,就是孔子孝道思想的准确表达。

既然孝在政治上有这些功能(不犯上、不作乱),统治者就要加以开发和利用,以便"移孝为忠"。"移孝为忠"有两个途径,一是劝人民将亲亲的孝心转移为事君的忠心;二是统治者力行孝道,赢得人民的好感。《孝经》曰:"夫孝,始于事亲,中于事君,终于立身。"在专制统治者心目中,国家好比大家庭,国君就是家长,《诗》云:"恺恺君子,为民父母。"故"君父"连词。对父亲的孝,移之于君,便是忠。父死,孝子服孝三年,同样,"资(借)于事父母以事君而敬同","故为君亦服丧三年"(《礼记·丧服四制》)。此外,出于上行下效的考虑,孔子认为"移孝为忠"的最佳办法是统治者身体力行,自己先服孝道,做出榜样。季康子问:"使民敬,忠,以劝(鼓励竞争),如之何?"孔子曰:"临(莅临)之以庄,则敬;孝慈,则忠;举善而教不能,则劝(受鼓舞)。"(《为政》)"孝慈则忠",孝是对长辈而言,慈是对晚辈而言,都是亲亲的情感。统治者在自己家里尊长爱幼,就可换得人民对他的忠心。齐家又治国,一箭双雕,何乐而不为呢?故孔子认为行孝就是为政的内容之一。他曾说:"《书》云:'孝乎惟孝,友于兄弟,施

于有政。'是亦为为政。"(《为政》)

《孝经》进而将孝道赋予天地法则的神秘性，说人们行孝就是法天则地，合乎规律，顺乎自然，教化用不着威猛就成功了，政治用不着严厉就大治了。"夫孝，天之经也，地之义也，民之行也。天地之经，而民实则之。则天之明，因地之利，以顺天下，是以其教不肃而成，其政不严而治。"由于鲁国以亲亲为治本，故无弑父之炽；汉朝以孝治天下，故无杀君之烈。因此，沉溺于"梨园子弟"轻歌曼舞和儿子孝敬来的杨玉环那似水柔情之中的唐玄宗，尽管可以"不早朝"，但却不能不且停箫管，注释《孝经》，以阐发那"以顺移忠"(《孝经序》)的微言大义。

孝是仁之本，政之本；可以经天地，纬邦国；明教化，和人伦，安社稷。实行孝道，实在是兼教化和政治而双获的事情。那么怎样才能做到孝呢？

《孝经》引孔子曰："孝子之事亲也，居则致其敬，养则致其乐，病则致其忧，丧则致其哀，祭则致其严。五者备，然后能事亲矣。"《孝经》据说是曾子所作，曾子亲受于孔子，其中所引孔子的言论，当与孔子本意不太出入。这段话是孔子论孝道内容的纲领，他将"孝"的内容分为五种：平日居家要对老人尊敬，奉养老人要使其快乐，老人病了要为之担忧，老人死了要尽哀悼之心，祭祀时要严肃认真。只有做到了这五件事，就可以算是尽孝了。如果将这五项归类，约有三大主题，即物质奉养、态度恭敬和依礼丧祭。

子夏问孝，孔子曰："色难。有事，弟子服其劳；有酒食，先生馔（享用）。"(《为政》)色难，要求和颜悦色，态度恭敬；有事，弟子服劳，即帮助老人；有酒食，先生馔，即对老人物质奉养。这些皆是对"养则致其乐"具体说明，分属于供养和态度两类。

有人简单地认为，尽孝就是对老人提供食品，而不注意态度和方式方法，孔子不以为然。子游问孝，孔子曰："今之孝者，是谓能养，至于犬马，皆能有养，不敬，何以别乎？"(《为政》)其语意为：今之人讲孝就说是养活老人，至于犬马也能致养，如果奉养老人而没有敬意，这与犬马之养有什么区别呢？这是对"居则致其敬"的说明。有养而无敬,则与普通动物无别。居则致敬,养则致乐,才算是孝。如果致养而不能使老人快活,就算不得孝。在敬与养两者之间,孔子甚至认为致敬比致养还要重要。《礼记·檀弓下》载,子路为无钱养亲而感叹说:"伤哉贫也,生无以为养也,死无以为礼也。"孔子说:"啜菽饮水,尽其欢,斯谓之孝。"只要能够让老人高兴,就是吃杂豆食物、喝清水,也称得上是孝。从老年心理学的角度看,人老年迈,体弱多病,生活缺乏自理能力,他们感情脆弱,情感上容易受到伤害。对老人的孝敬,态度和容色的恭顺与否,往往比实物的丰盛与否更显必要。因此,孔子特别强调态度的重要性。

有养有敬,若行不由礼,越礼犯禁,也是要不得的,故尽孝也需要节之以礼义。孟懿子问孝,孔子曰:"无违。"又说:"生事之以礼,死葬之以礼,祭之以礼。"(《为政》)尽孝之时,不论物质的提供,还是态度的恭顺,甚至死后的丧祭,都不能任意而为,而应符合礼义,依礼而行,这是对"丧则致其哀,祭则致其严"的具体说明。丧礼尽哀、祭神如神在,正是孔子礼教思想的内容之一。

年老身弱,容易生病,孝子还应随时为老人的身体担忧。孟武子问孝,孔子曰:"父母唯其疾之忧。"(《为政》)这是对"疾则致其忧"的注解。孔子告诫为人子者,要时刻记住父母的年龄,提醒自己及时尽孝。他说:"父母之年不可不知也,一则以喜,一则以忧。"(《里仁》)记住父母的年龄,一方面对父母高寿而高兴,一方面也为父母年迈而担忧。

此外,出于对父母养育之恩的报答,儒家还要求孝子不要毁伤自己的身体,因为"身体发肤父母所授";不远离父母,即使不得已远离也要报告自己的位置,即"父母在,不远游,游必有方";父母在的时候,不要玩亡命的事,即使是对朋友也不要轻许以死,即"父母存不许友以死";死后服三年之丧;光祖耀宗("立身行道,扬名后世,以显父母,孝之终也")等等。《孝经》上还根据社会地位,划分行孝的等级和具体内容,有所谓天子之孝、诸侯之孝、卿大夫之孝、士之孝、庶人之孝等等。

（四）几谏——孝子的禁忌

在孔子那里，孝道是一种理智的、有原则地对老人的爱，与后来所谓"君要臣死，臣不得不死；父要子亡，子不得不亡"的横蛮理解迥然不同。孔子的孝，是以"君君、臣臣、父父、子子"的等级名分为前提，首先要求长辈自节自律，做一个合格的长辈。就像"臣事君以忠"首先以"君使臣以礼"为前提一样，子孝亦当以父慈为前提。要求子女事亲尽礼，同时也要求长辈言行中礼。如果长辈违背礼制，甚或有不义之举，切不可愚忠愚孝，同流合污，也不可听之任之。遇到这种情况，孔子说晚辈有劝谏的义务，只是要注意方式和方法。

《里仁》载孔子曰："事父母，几（婉转）谏。见志不从，又敬不违，劳（忧愁）而不怨。"

《孝经》亦载：曾子曰："敢问从父之令，可谓孝乎？"子曰："是何言与？是何言与？昔者天子有争（谏诤）臣七人，虽无道，而不失其天子；诸侯有争臣五人，虽无道，而不失其国；大夫有争臣三人，虽无道，而不失其家；士有争友，则身不离于令名；父有争子，则身不陷于不义。故当不义则争之。从父之令，又焉得为孝子乎？"

《礼记·内则》说："父母有过，下气怡色，柔声以谏，谏若不入，起敬起孝。说则复谏。与其得罪于乡党州闾，宁孰谏？"

"君子成人之美，不成人之恶。""孝子扬父之美，不扬父之恶。"（《谷梁传》隐公元年）人非圣贤，孰能无过，父母也不例外。"事父母几谏"，"当不义则争之"，形式上似乎违拗了父母的意志，但实际上制止了父母的不义之举，成全了父母的德行美名。这同样是出于"君子成人之美，不成人之恶"的仁人情怀。只是，父母毕竟是父母，孝子在进谏时要特别注意态度和方法。

曾子纯孝。相传曾子曾给瓜苗耘草，误伤瓜根，其父曾晳很是生气，一棒把曾子打昏厥了。许久，曾子才苏醒过来，还怕父亲担心，援琴弹之，以示无恙。孔子听后非常气愤,告诫门人:"曾参若来,不要让他进屋!"曾子觉得很委屈,孔子说:"汝不闻瞽叟有子,名曰舜?舜之事父也,索(寻)而使之,未尝不在侧;求(找)而杀之,未尝可得。小笞则待(等),大笞则走(跑)以逃,暴怒也。今子委身以待暴,立体而不去,杀身以陷父不义,不孝孰是大乎! 汝非天子之民邪? 杀天子之命奚如?"这个故事见于《韩诗外传》卷八、《说苑·建本》。情节可能与事实有出入,但所表达的思想却与孔子毫无二致。孔子的孝道是有原则的,其原则就是义;孝是有准绳的,其准绳就是礼。合乎义,合乎礼的事就顺从,否则就劝谏,就回避。愚昧盲从,不是真正的孝子行为。唐玄宗之子寿王,尽管能割爱献妻,但那正是将玄宗推向不义深渊的愚蠢之举。相比之下,玄宗的另一个儿子——肃宗,将玄宗软禁于西宫、南内,不让他祸害天下,这倒还符合孔子孝之本义。

愚忠愚孝,乃忠臣之大忌,孝子之大忌!

(五)余话——孝思寻源

孝的系统思想当然应始于孔子,但孝作为一种被社会普遍接受的人伦观念,不是某个圣人一朝一夕的灵感发现或心血来潮,而是人类历史发展的产物。它不仅带有氏族社会血缘纽带浓厚的亲亲之情,而且打上了阶级社会旨在保证家族稳定和财产权利顺利传递的宗法制的烙印。同时,孝的观念还反映了在中国这个农业国度里,人们对知识和能力的尊重和追求。

在游牧民族那里,人们以鞍马为家,逐水草而徙,"宽则随畜田猎禽兽,急则人习战攻以为侵伐",力量便是一切,有力量便拥有一切,无宫室、城廓可继,亦无财富、知识可传,恶劣的环境和生存的需要,迫使他们不得不"贵壮健,贱老弱",使"壮者食肥美,老者饮食其余"(《史记·匈奴列传》)。在那里,"七十者衣帛食肉","斑白不提携"(《孟子·梁惠王上》)的理想,简直是不可思议的天方夜谭,是非常可笑的。因此,很难在游牧社会中形成尊老爱老的孝道观念。无论是历史的记载,还是现代人类学的研究结果,都证明如此。

农业社会则不然,他们聚族而居,乐土重迁,有城廓、沟池、山林、田土等不动产以及粮食、丝绸、珠玉等可动产,由于财产继承关系,必然要求下一代对上一辈绝对恭顺。特别是从事农业生产所必需的各种知识,诸如天文、历法、山川、水土、种植、畜养等等,需要人们代代相传,不断积累。在文化还不发达的古代社会,知识还没有脱离人的载体得到独立保存,上一辈就成了下一辈的知识仓库,老年人成了青年人取法的师长和学习的课本。"虽无典型,犹有老成"的古训,正是这一实际的真实反映。直到春秋战国时期,这一遗风犹存而未改,《荀子·法行》所谓"老而不教,死无思也",以及儒家典籍中关于国学养三老以教国子的记载,就是以老为学的历史证明。

可见,孝道观念既具有氏族社会就产生了的亲亲之情,此乃人类共性;还具有宗法制特征,这是中国社会的个性;还具有生活在农业社会中的中国人民尊重知识和才能的意识,这是中华民族的优良传统,不失为中国文化的国粹!而经孔子提倡、阐释孝道得到发扬光大。因此,我们说以孝治天下是中国文化的一大特色亦可,说孝道思想是孔子对中国历史的一大贡献也未尝不可。

十五、孔子说"鬼神"

生生,死死,鬼鬼,神神,吉吉,凶凶,这些从人诞生起就困扰着人的问题,无时不干扰着人的思维,无时不影响着人的进取。孔子的时代是智性初启、迷信依旧的时代,孔子生于其中,不可能不受时代的思潮影响,不可能不对充斥于思想界的神秘之学有所论评。那么,作为一代伟人的孔子,又是怎样看待它们的呢?

(一)死后知与无知的二难定义

与对天命的态度颇不一致,孔子对鬼神世界以及进入鬼神世界的门槛——死的问题,抱着机智的回避态度,谨慎而不加评论:"子不语怪、力、乱、神"(《述而》)。如果说天命是一种客观必然性和超人的道德力量,是人必须尊奉的话,那么,天命在上,人们则而法之,奉而行之就够了,天命既知,天道已明,重要的是切切实实的人事的努力,这里没有必要再为名目繁杂、法力各异的诸色神众的存在与优劣去多费脑筋,更不值得为神的喜怒、鬼的祸福做过多的忧惧。天命在彼,人事在此,只要天人相互顺承赞助,百事可毕,诸神就成了多余的角色,不再一直评议了。

因此,当子路问侍奉鬼神和生死之事时,孔子曰:"未能事人,焉能事鬼?"又说:"未知生,焉知死?"(《先进》)未能对在生的人事奉好,还奢谈什么敬鬼之事呢?对现在的事都还没有思考好,还能知道死后的事吗?事鬼、死知,与现实相比,不能不居次要地位。现实的事都够人们忙碌的了,还顾得上去谈鬼神和死的事吗?言下之意,就是要求人们注重现实,不要去为说不清楚的神秘之事伤脑筋。

关于死的问题,主要是针对当时普遍存在的死后有知还是无知的问题。《说苑·辨物》记载云:

子贡问孔子:"死人有知、无知也?"孔子曰:"吾欲言死者有知也,恐孝子顺孙妨生送死也;欲言无知,恐不孝子孙弃不葬也。赐,欲知死人有知将(还是)无知也;死,徐自知之,犹未晚也。"

孔子为什么不谈死后有知无知的问题呢?主要是出于实际作用的考虑?他说:我想说死后有知,又怕孝子顺孙们厚葬久丧,影响生计;我想说死后无知吧,又怕不孝子孙连他父母的丧事都不办了。由此,我们不难体会出,孔子对于死后有知是持否定态度的,但又不便明说。主要是由于人们普遍的道德素质有待提高,对一些意识形态领域的事情,如果过早做出违背时代认识水平的无神论解释,反倒有违时俗,造成不良影响。在他看来,知道天命、明确使命的人已是一个独立于自然而又顺应于规律的自由的人了,已经洞察了支配万物生灭死绝的必然性了,也清楚地了解了人在宇宙体系中的地位和使命,进入了一个超达于万物,摆脱了怨恨("不怨天,不尤人")、懊悔和恐惧（"内省不疚,亦夫何忧何惧?"），进入了高智慧、高情调的仁者境界。即使是死的恐惧,也可以从人类在宇宙秩序中的位置和万物生灭的必然性中来得到克服。

斯宾诺沙说："自由的人最少想到死,他的智慧不是关于死的默念。而是关于生的沉思!"生固然可爱,但那不过是宇宙秩序中的一种暂时现象;死固然可惜,但那也是宇宙秩序中的一种必然现象。生犹来,死犹归,一来一往,同为宇宙之运行;有来必归,纯属客观之必然。孔子对生命固然十分热爱、珍惜、赞赏、歌颂,但对死也抱着达观自然的态度,没有沮丧,没有恐怖。以生为行,以死为息,一个勤奋的人,在生劳劳碌碌,正好以死为休息,犹之子贡所云："大哉! 死乎! 君子息焉,小人伏焉。"（《荀子·大略》）一个尽了自己努力,做了该做的事情的君子,对于死,坦坦荡荡,无所畏惧,他正好是一种休息;而对于苟且偷生、庸庸碌碌无所作为的小人来说,由于对人生的贪恋,就对死怀着惴惴不安,死是一种可怕的不得不接受的惩罚。君子死且无所谓,死后有知无知、鬼神世界的阴森恐怖就不屑一顾了。孔子关心的是在生的业绩和身后的令名,是尽人事,顺天命,救现世,遗来思,表现出极高的理智的、旷达的人生观。

（二）敬鬼神而远之

基于这样的人生观,孔子对当时盛行的各种宗教活动的实际效力抱怀疑态度,认为过分沉溺其中,无补于人事。孔子患病,子路请祷,孔子曰："灵验吗?"子路曰："有之"。诔文曰："祷尔于上下神（天神）祇（地神）。"孔子曰："丘之祷久矣。"言下之意:若果真有灵验我早就祈祷过了,何必患病?（《述而》）

《新序·杂事五》记载鲁哀公向孔子询问风水术士所说向东扩建宫室（"东益宫"）不祥之事,孔子曰："不祥有五,而东益不与（不在内）焉。夫损人而益己,身之不祥也;弃老取（娶）幼,家之不祥也;释（弃）贤用不肖,国之不祥也;老者不教,幼者不学,俗之不祥也;圣人伏匿（隐居）,天下之不祥也。故不祥有五,而东益不与焉。"损人利己是人身之灾,弃老娶幼是家庭之灾,远贤不用是国家之灾,不注重教育是风俗之灾,圣人不为人知是天下之灾,一切身、家、国、天下、风俗的灾难,都是人事失调的结果。这里没有丝毫鬼神作祟、风水致病的余地。人既然是天地间的精灵,他有力量自己开创一个幸福的世界,当然也应为社会的罪恶负责,不应相信和依赖鬼神而放弃自己的努力,也不能将罪恶推咎于鬼神而自我开脱。幸福之路在你脚下,而殃祸的契机亦在你的身上,是福是祸全在人的所为。因此,孔子奉劝聪明的统治者:

务民之义,敬鬼神而远之! (《雍也》)

将精力放在引导人民从事正义的事业上,对鬼神只可敬事,不可亲近。表现了孔子亲人事、远鬼神的理智精神。这是孔子鬼神观的基本特征,也是孔子思想中的闪光部分。

尽管孔子对鬼神和死后灵魂问题,持怀疑和回避的态度,但这丝毫不减少他对事鬼敬神(包括巫术和占卜)等礼仪活动的极大热情。似乎可从这些他并不相信其内容的形式中获得什么享受和满足,也似乎要借这一形式贯彻什么劝世的意图。

《论语·尧曰》说,孔子"所重:民、食、丧、祭",将丧祭看得与人民和粮食一样重要。《礼记·昏义》亦谓:"夫礼始于冠,本于昏(婚),重于丧、祭。"以孔子为首的儒家将礼教的重要内容定为"丧祭"。孔子自己特别强调祭祀活动应严肃认真,否则就是不恭敬:"祭如在,祭神如神在。"(《八佾》)祭祖先就好像祖先在那里,祭神就好像神在那里。同理,如果不郑重其事,还不如不祭的好。孔子对尽力满足于事鬼敬神之事的大禹赞赏有加:"禹,吾无间(非议)然矣;菲(薄)饮食而致孝乎鬼神!"(《泰伯》)都是对事鬼敬神的承认和赞赏,似乎又与其怀疑和回避鬼神问题的表现互相矛盾。明智如孔子、明白如孔子,何以对鬼神问题如此"斩不断,理还乱"呢? 为什么孔子不能在怀疑鬼神的基础上轻而易举地、合乎逻辑地往前再跨一步,得出无神论的结论呢? 这可能只有从历史的背景和孔子的思想风格上来找答案。

(三)孔子鬼神思想探秘

从历史背景看:夏、商、周正处于人类思维的神学阶段,而孔子则刚好居于神学阶段和他自己所开创的理性思维的分界点上。孔子考察三代文化特征说:"夏道尊命(天命),事鬼敬神而远之","殷人尊神,率民以事神,先鬼而后礼","周人尊礼,事鬼敬神而远之"(《礼记·表记》)。大意就是说,夏代尊崇天命,顺服上帝这个至上神,虽然也从事鬼神(多神)的祭祀,但不亲近它,不依赖它。殷人尊崇鬼神(多神),从上到下都敬事鬼神,做事之前都要先问问鬼神,然后才采取行动。周人重视礼乐等人文制度,虽然祭祀鬼神但不亲近它,不依靠它。这种总结基本上是合乎历史实际的。夏道幽远,不可得而详;殷人尊神,则有残存于今的十余万片甲骨卜辞作证。周人在革殷之命的大变革中,已经形成一股怀疑天命和鬼神的思潮,如《尚书·君奭》云"天不可信"、《诗·大雅·文王》云"天命靡常",等等,但是否已形成"事鬼敬神而远之"的社会风气,则大可怀疑。既然武王有病,思想进步的周公还向祖先众神祈祷以身相代;既然《周礼》当中还有那样多的诸卜、诸祝、诸巫的设官分职,在"统治阶级的思想从来都是社会占统治地位的思想'的阶级社会(马克思语),周朝社会纵然不像殷人那样巫风炽烈、鬼里鬼气,想必在生活和意识中,当然不缺乏大大小小的神灵了,而在其礼制之中,自然就难免事鬼敬神的内容。因此,无论是"尊神"的殷代社会,还是"尊礼"的周人社会,鬼神意识和事神敬鬼的活动都是客观存在的,其间只有程度不同的差别,并无有无的不同。孔子思想中这条难以割舍的鬼神的脐带,就是这一社会存在的主观反映,不必多怪。

孔子思想有两大特点:一是"从众"(《子罕》),二是寄托。寄托,孔子自谓之"窃取"。《孟子·离娄下》称孔子作《春秋》,"其事则齐桓晋文,其文则史,其义则丘窃取之也"。其他,如从山中看到仁,从水中看到智,从敧器中看到持中,从弹琴中体会文王之风……莫不是托物寄意。从众,表现在不轻改传统,不违戾众人,不标新立异等方面。这就决定了他不会完全抛弃事鬼敬神的祭祀活动而另搞一套,而是使用旧有的、为众人所接受的形式,寓以新意,以施教化。他对于礼乐制度就是如此,司马迁说他是"修起礼乐"(《史记·孔子世家》),即是说他利用旧有礼乐来施行教化,深得当时情态。孔子对卜筮本抱"不占而已矣"(《子路》)的态度,但并不影响他"晚而喜《易》,读之韦编三绝",也是他希望借当时人们喜闻乐见的卜筮形式,寓教诲和规劝于其中。孔子虽然怀疑鬼神却又郑重其事的个中缘由,当亦作如是观。寄托型,也是从"从众"发展来的。不欲违众,故不轻易改变旧习;而不满现状,又必须对旧形式寓以新知,注进新内容。前人说孔子"托古改制",改制未必真,而托古则实有其事。孔子并不靠自创新词来炫人耳目,但一些旧词、旧观念通过他之口,便被赋予了新的内容,如"礼、仁、义、天命"等等,莫不如此。"思无邪"三字,"思""邪"在《诗经》中都是虚辞。但孔子曰:"《诗》三百,一言以蔽之曰:'思无邪。'"(《为政》)这是将"思无邪"讲成思想纯正、不存邪念的意思,"思无邪"三字就字字有实义了。《春秋》一书,更是孔子借史以寓政治与伦理思想之杰作。《史记·太史公自序》和《春秋繁露》皆记孔子的话:"我欲载之空言(创作),不如见之于行事之深切著明也。"其意为:我想凭空说理,又恐不如借已成之事来说教更为深刻简明。孔子于是借鲁史作《春秋》。《孟子·离娄下》揭示说:"晋之《乘》,楚之《梼杌》,鲁之《春秋》,一也。其事则齐桓晋文,其文则史。孔子曰:'其(指《春秋》)义则丘窃取之矣'。"《春秋》是鲁国的史书,与晋国的史书《乘》,楚国的史书《梼杌》都同属一族。其中所记载的不过齐桓晋文称霸之事,其内容属于史书,但其中所贯穿的微言大义,却是孔子自己赋予的。"窃取"即寄托。可见,孔子作《春秋》,亦是其寄托型思维的产物。孔子之重视丧祭及事鬼敬神之礼,用意与此相同,亦是借物言意之故伎。此即《周易·观卦》"象传"所云:"圣人以神道设教,而天下服矣。""神道设教",这正是孔子"重于丧祭"的夫子自道!

从命意上看,孔子"重于丧祭"有二:一是重礼,二是寓教。首先,孔子重于丧祭,是指重视丧礼、祭礼。历考上文所引各条孔子重丧祭的文献,都可做这样的解释。除了《尧曰》一条未明确所指外,《昏义》篇正讲的是各种礼仪活动的节次;《泰伯》全文是:"禹,吾无间然矣:菲饮食而致孝乎鬼神,恶衣服而致美乎黻冕(礼服),卑宫室而尽力乎沟洫。"此篇亦是侧重在礼乐制度而言。特别是《八佾》篇的"祭如在,祭神如

神在",一个"如"字,明白不过地告诫人们鬼神的存在是人的假定,并不是真实的存在。其次,孔子重丧祭之礼的目的在于寓教。在孔子那里,礼不再是人们从事某件事情必须经历的过程,它已经被人们从实际行动中抽象出来,被赋予了特定的伦理、社会和政治的含义。如冠礼,并不是必须通过这一过程才能将发束上,将冠戴上,而是通过此礼来表明受冠者已经长大成人,取得了公民权,从此之后,成年的人就必须受礼的约束,故曰:"礼始于冠。"昏礼,也不是两个男女结合的必经过程,而是通过此礼来表明两个家族的合亲和传宗接代的开始,故曰"礼本于昏"。告朔礼,本来是西周天子颁布历法(朔政)、诸侯敬受朔政的必要形式,但春秋时其颁历布政之功久已丢失,孔子却还要保留它,其原因亦是通过举行此礼,有提醒天子、诸侯不失天道、敬授人时的作用。以此类推,孔子重乎丧祭之礼,也是注重丧祭礼的教育意义。曾参曰:"慎终(丧)、追远(祭),民德归厚矣!"(《学而》)此语道破"重乎丧祭"之实质。孟懿子问孝,孔子曰"无违",不违并不是不违拗长辈的意见,而是不违背礼教,故他自己解释说:"生事之以礼,死葬之以礼。"(《为政》)丧祭之礼属于"孝"的行为,是行孝的重要内容之一,孝为仁之本,行仁当然要履行丧祭之礼了。无怪乎孔子要"重于丧祭"了!

在神学阶段,鬼神世界非常繁富,鬼格情态,琳琅满目,那里固然有面目狰狞的厉鬼恶神,也有眉善目慈的"苦海慈航"。利用其中惩恶扬善的众神,可以收奇效于政刑之外。在周人眼里,从上帝(或"天命")到鬼神,不再是无条件地归属于一家一姓,而是有条件的,也是对统治者起监督作用的公正之神、民主之神。《尚书·泰誓上、中》云:"民之所欲,天必从之。"又云:"天视自我民视,天听自我民听。"《左传》文公十三年亦云:"天生民而树之君,以利之也。"又襄公十四年云:"天生民而立之君,使司牧之,勿使失性。"又云:"天之爱民也甚矣!岂其使一人肆于民上,以从(纵)其淫而弃天地之性?必不然矣!"天下是天下人的天下,君主是上天为了人民的幸福和利益而设立的,君主的权利和价值就是替天敬保下民,而不是在人民头上作威作福,纵淫肆欲!人民的要求,上天必然要满足;人民的疾苦,上天也必定能察知。上天对于人世的了解,不在乎君主的报告和祝词,而是直接察之民间,体之下情,人民的喜怒就是上天的耳目,不容君主半点弄虚作假。若君主尽职为善,上天则赐福永远,否则将收回成命,将福祚改赐他人。

鬼神也是如此,亦被周人赋予了明察和公正的内容,是多种察知是非曲直功能的集合:"神,聪、明、正、直而壹(集中于一身)者也"(《左传》庄公三十二年);具有赏善罚恶的功能,能够"福(赐福)仁而祸淫"(《左传》成公五年)。神的服务对象就是人民:"民,神之主也。"(《左传》僖公十九年)君主是否得到鬼神的佑助,完全看他是否赢得了民心,而不在乎君主礼神事鬼那丰富的献礼和华美空虚的祝词。《左传》桓公六年云:"所谓道,忠于民而信于神也。上思利民,忠也;祝史正辞,信也。……夫民,神之主也,是以圣王先成(安定)民而后致力于神,……于是乎民和而神降之福。"忠于民才能信于神,如果人民不获其忠,鬼神也就必然不信。上思利民,才能获得人民的满意;神职人员向鬼神报告真实情况,鬼神才能相信。希望得到鬼神保佑的统治者,与其为祭祀准备丰盛的祭品,还不如对人民好一些。《左传》庄公七年亦云:"鬼神非人实亲,惟德是依,故《周书》曰:'皇天无亲,唯德是辅。'……如是,则非德民不和、神不享矣,神所凭依将在德矣!"鬼神是公正的,不讲情面,唯德是辅。

既然鬼神是这样的爱民爱德,而现实政治又是那样的虚伪自私、民冤无告、荒淫昏暴,孔子有何理由,又怎能忍心将鬼神这种威慑统治阶级的力量尽行废去,让昏暴之君肆无忌惮地施虐纵淫,使人民永远在黑暗中煎熬呢? 留下这片哪怕是虚幻的(而当时的人并不这样认为)圣土,作为疲惫人心希望的乐土和憩息的良港,也作为暴君污吏望而生畏的最高法庭,从而起到劝善惩恶、扬清激浊的作用,这也许正是孔子的苦心用意所在吧。在科学还比较落后的古代社会,人们无法对鬼神做出合理的解释,对传统的、具有教育意义的神学思维做出过早的、粗暴的摧毁也是不可取的。在整个社会都还沉浸在迷信之中的时候,即使有个别先知先觉(如孔子、子产)解答了,也未必能为大众所接受。这也许是孔子不轻易地否定鬼神,不明确指出死后无知,以及重视丧祭的原因所在吧。

一边怀疑鬼神,着力于人事;一边又利用丧祭以施教化,顺乎民情,合乎时势,这正是孔子思想的特殊之处,也是孔子鬼神观的实际价值所在!

十六、孔子说"为学"

孔子出生于武士之家,他的父亲叔梁纥曾因战功升任陬邑大夫,但却不能世袭,又没有封地继承,故其三岁丧父之后,就立即降为平民了。所以他说"吾少也贱"(《论语·子罕》),司马迁也说"孔子贫且贱"(《史记·孔子世家》),正是其平民生活的写照。

当时社会分成若干等级,即公、卿、大夫、士、庶民、工商、皂隶、牧圉。自士以上为统治阶级,是社会的上层;庶民以下为被统治阶级,其中庶民、工商为自由民,皂隶、牧圉为奴隶,孔子则属于庶民这个等级。

作为孤儿的孔子,要立身社会,跻身上流,并非易事,但是他实现了,而且成了伟人,成了千古流芳的圣人。是什么原因促成他的成功呢?那就是"学习"。

孔子通过自学而成才,自学以立身,自学而显名。正因为此,孔子对"学"终身念念不忘,他以之自励,也以之勉人,留下了不少关于"学习"的金玉良言,值得我们深思和吸取。

(一)学而优则仕

孔子处于"世卿世禄"的时代,不仅天子、诸侯,都以"父死子继""兄终弟及"的方式继承着;而且政府或地方的权力津要,也都是由贵族势家所世袭。不过,当时庶民也并不是毫无仕进的机会。《左传·哀公二年》说:"克敌者,上大夫受县,下大夫受郡(当时郡小于县),士田十万,庶人、工商遂,人臣隶圉免。""遂",杜预注曰"得遂仕进",即步入仕途,可见庶人可以因功获得官做。

《周礼·乡大夫》则说:"三年则大比,考其德行道艺,而兴(举)贤者能者";"使民兴(举)贤,出使长之;使民兴(举)能,入使治之"。庶民中的贤者(有德)、能者(有才),定期被推举到为"长"处"治"的位子上来。

《论语·先进篇》载孔子曰:"先进于礼乐,野人也;后进于礼乐,君子也。如用之,则吾从先进。"野人,即平民;君子,即贵族。平民子弟是先学礼乐而后仕进,贵族子弟则是先入仕途再学礼乐。子夏也有"学而优则仕,仕而优则学"的话。这都表明学习优秀的平民子弟,凭借本事也可获得一官半职。

也许正是看准这一可能性,孔子的母亲才从偏远的陬邑迁来曲阜,借这里的文化氛围来教育孔子。孔子不负母望,自幼养成"好学"的习惯,修成"贤、能"的品质,为跻身于上流社会打下了基础。

是学习将"平凡"与"圣贤"区分开来,也是学习把孔子从孤儿造就成圣人。他曾说:"十室之邑,必有忠信如丘者焉,不如丘之好学也。"(《公冶长》)在十户人家的村庄中,就能找到像孔子这样的"忠、信"之人,但为什么这些忠信者都没有自己那么大的成就呢? 都没有成为圣人呢? 孔子说那是因为他们不如自己那样好学罢了。

一个人生下来时,本无本质的不同,人之所以分出三六九等,多半是后天的习染让他们拉开了档次。孔子说:"性相近也,习相远也。"(《阳货》)一切生理健全的人,只要通过适当的学习,都可以成为至善之人和有用之才。

孔子说,也许有"生而知之"超智商的人才,但很少见,他自己也不是"生而知之"的天才。他说:"生而知之者上也;学而知之者次也;困而之学又其次也;困而不学,民斯为下矣。"(《季氏》)

孔子将求知分成四等,即"生知""学知""困学"和"不学"。

最上等的是"生而知之",不学而能,但孔子又否认说:"我非生而知之者,好古敏求之者也。"(《述而》)像他自己这样博学多识的圣人,尚且不是生而知之,更何况其他人呢? 他实际上对"生而知之"是持否定态度的。

其次是"学而知之",通过学习获得知识,这是通常人们成才的途径。孔子自云:"若圣与仁,则吾岂敢? 抑为之不厌,诲人不倦,则可谓云尔已矣。"(《述而》)

再次是"困而后学",在工作中遇到困难,要及时学习。孔子所谓"后进于礼乐"之"君子",子夏之"仕而优则学"之仕者,当都属于此类。

最下等的是"困而不学",遇到困难了也不学习,不思进取,甘当文盲和白痴,这种人是大众中最低能的。

可见,除了"虚悬一格"(张岱年先生语)的"生而知之者"外,其他三等的形成和划分,都是视其学与不学、先学还是后学为依据的。

学习,成了人类分出等级的决定因素;学习,具有决定人生命运和人格价值的意义。

如果说孔子论学是对自己一生成就的经验总结,孔子劝学则是自己成才经历的现身说法,而他一生从事教育、教人诲人,无宁就是他对希望成才的青年人提供学习的良好机会,是他"己欲立而立人,己欲达而达人"的仁者情怀的集中体现。我们无缘像孔门三千弟子、七十二贤人一样,亲自聆听他老人家的教诲来增益自己的德行,但是我们还可以从文献之中吮吸孔子论学的养分,间接地接受他教诲的裨益,这就是我们今天要重温孔子论学的意义所在。

孔子曰:

吾尝终日不食,终夜不寝,以思,无益,不如学也。(《卫灵公》)

又说:

吾尝终日思矣,不如须臾之所学;吾尝跂(踮脚)而望之,不如升高而博见也。升高而招,非臂之长也,而见者远;顺风而呼,非声加疾也,而闻者著。假车马者,非利(快)足也,而致千里;假舟楫者,非能水(习于水性)也,而绝江海。君子之性非异也,

而善假于物也。(《大戴礼记·劝学》引)

圣人、贤人和君子,并不是天生有什么与众不同,也不是生而知之,而是善于借助外物的力量以充实自己。他们就像登高而招见者远、顺风而呼闻者彰那样,因为他借助了地势和风力的帮助;就像驾上车马行千里、乘着舟船渡江海者那样,因为对交通工具有所凭借。

人类每进一步都是与外力的借助相关的,原始人使用工具来弥补自己力量的不足,故优于动物最终成了直立的人;圣贤也是通过学习,用间接知识装备自己,才高出伦辈成了圣贤。

"君子之性非异也,而善假于物",就是对这个秘密的真实揭露。"假于物",包括学习前人的经验,吸取他人之所长,亦即"拿来主义"。他山之石可以攻玉,浅浅之水可以成河。善于学习他人之长的人才能最终成为聪明人,善于"拿来"的民族也才能事半功倍地永远立于不败之地。多种文化的融合铸就了大唐的文明,闭关锁国的政策带来的只能是晚清的落后挨打;日本因"拿来主义"而富国强兵,中国因"改革开放"而和平崛起。这都是"善假于物"的绝好说明!中国二千五百多年前的至圣先师孔子,更是人类善于"拿来""善假于物"的最早鼻祖。

学习是启蒙,是消除愚昧,它能使愚者智,怯者勇;使智者更聪明,勇者更坚毅。《说苑·建本》记载的孔子与子路论学的故事,颇能说明这一问题:

孔子问子路曰:"汝何好?"子路曰:"好长剑。"孔子曰:"非此之问也。请以汝之所能,加之以学,岂可及(比)哉!"子路曰:"学亦有益乎?"孔子曰:"夫人君无谏臣则失政,士无教友则失德。狂马不释其策,操弓不返(还原)于檠(矫弓之器)。木受绳则直,人受谏则圣,受学重问,孰不顺成?毁仁(仁人)恶士,且(将)近于刑,君子不可以不学。"子路曰:"南山有竹,弗揉自直,折而射之,通于犀革,又何学焉?"孔子曰:"括(削箭尾)而羽(安上羽毛)之,镞(安箭头)而砥励之,其入不益深乎?"子路拜曰:"敬受教哉!"

这则故事所记大约发生在子路初见孔子之时。子路，名仲由，又字季路，卞人。性情粗鲁伉直，好击剑，逞勇力。《史记》说他初时"陵暴孔子。孔子设礼稍（逐渐）诱子路，子路后儒服委质，因门人请为弟子"（《仲尼弟子列传》），想来司马迁指的可能就是这场对话。在这段话中，孔子反复譬喻，说明学习的重要性："人君需谏""贤士需友"，说明凡人都需要辅助；"狂马需策""操弓需檠""木材需绳"，说明凡物都需要矫正。人受谏才能成为圣人，重视学习才能事业有成，最后落实到"君子不可以不学"。子路以"南山之竹不揉自直"为由，强调物性天成，应当听任天性。孔子因势利导说，若顺其性而加以裁剪，给以加工，使"南山之竹"削

司马迁

成箭，配上箭尾和羽翎，安上锋快的箭头，那样的威力更大，射人更深，从而印证前文"以汝之所能加之以学，岂可及哉"的道理。

从另一个方面讲，如果一个具有超常才能的人，没有正确的思想指导，胡作非为，横行霸道，他的才能只会给他带来灾难，他的优势反成了残害自己的凶器。孔子说："美材也，而不闻君子之道，隐小物而害大物者，灾必及身矣。"（《韩诗外传》引）具有优异的才能，如果不学习，不知道"君子之道"，就会因小失大，招致灾祸。

孔子认为，即使是具有仁、智、信等优良品质的人，也不可以因事废学。他与子路论"六言六蔽"就深刻地揭示了这一道理。

子曰："由也，女（汝）闻六言六蔽乎？"对曰："未也。""居，吾语女：好仁不好学，其蔽也愚；好知（智）不好学，其蔽也荡；好信不好学，其蔽也贼；好直不好学，其蔽也绞（尖刻）；好勇不好学，其蔽也乱；好刚不好学，其蔽也狂。"（《阳货》）

仁、智、信、直、勇、刚本是君子的优秀品质，仁者的风范，孔子曾将仁、智、勇视为放之四海而皆准的"三达德"，可是由于"不好学"，这些美德反而都成为弊端了。在

孔子看来,好坏善恶都是有条件的,是相对的,一个人只有当他把充沛的好心善意用良好的、合乎礼制的形式表达出来,才能达到主观愿望与客观现实的统一,才是嘉言懿行,才能为人所理解和接受。否则,如果方法不当,即使是一副好心,满腔热忱,也会适得其反,事与愿违。看来,任何东西都得有个"度",有个准则,这个"度"和准则就是"礼",系统的"礼"以及蕴含在"礼"中的"仁"和"义"只有通过学习来获取。

"礼"是使人们的好心善意以恰当方式表达出来并保证其成为好心善意的制度和准绳,学习礼义就是成为善人君子的前提条件。孔子曰"不学礼无以立",正是从这个意义上说的。

学习最实际的好处,就是可以使自己成为德才兼备的君子,拥有步入上流社会、走"学而优则仕"之路的个人资本。

孔子说:

耕也,馁在其中也;学也,禄在其中也。(《卫灵公》)

在剥削社会里,劳动并不是丰衣足食的必然保证,"陶尽门前土,屋上无片瓦"、"满城绮罗者,不是养蚕人"的现实,证明光靠勤奋劳动是不可能获得幸福生活的。在孔子看来,对于要想进入上流社会的贫家子弟来说,学习(而不是劳动)才有可能使其步入仕途,获得荣耀,拥有地位,获得俸禄。

孟子曰:"劳心者治人,劳力者治于人。治于人者食于人,治人者食人。"通过学习,可以成为"劳心者",获得"治人"之权,享受爵禄之美。"耕则馁""学有禄",一语道破天机!这是千百年来莘莘学子矢志追求的人生目标,是"朝为田舍郎,暮登天子堂"的成功人士的共同出路。

在动荡的社会里,"大夫无常俸,社稷无常位",高岸为谷,幽谷为陵,世族不可常保,父兄不可长依的现实,唯有自己努力学习才能给自己提供立身安命之所,也才有可能给自己提供出人头地的机会。孔子曾深有感慨地说:

可与言终日而不倦者,其惟学乎! 其身体不足观也,勇力不足恃也,族姓不足称

也，宗祖不足道也。而可以闻于四方，昭于诸侯者，其惟学乎！（《说苑·建本》）

"族姓不足称，宗祖不足道"，既是对当时动荡不安社会现实的客观总结，也是像孔子这样无爵位可继、无家财可承的青年必须自我奋斗的警示语。他们的唯一出路即在于学习，学习学习再学习。

这一道理，后来在身经离乱之苦、家国之痛的颜之推那里，也得到了充分的发挥："夫明《六经》之指，涉百家之书，纵不能增益德行，敦励风俗，犹为一艺（技），得以自资。父兄不可常依，乡国不可常保，一旦流离，无人庇荫，当自求诸身耳。谚曰：'积财千万，不如薄伎在身。'伎之易习而可贵者，无过读书也！"（《颜氏家训·勉学》）

颜之推据说是颜回后嗣（孔子母家亦姓颜），千载而下，与孔子同声相应。他与其祖先颜回一样，可谓深得圣人三昧。

（二）仕而优则学

即使是世袭的"君子"，虽然有了爵禄，有了地位，也不可以不学习。

中国历史的春秋时期，要适应于上流社会的各项活动，必须掌握六种技能即"六艺"：礼、乐、射、御、书、数。

为了培养身通六艺的统治者，各级官府都办有学校专司其职。《尚书大传》说："古之王者，必立大学、小学，使王大（太）子、王子、群后（诸侯）之子，以至公卿大夫元士之适（嫡）子，十有三岁使入小学"；"年二十入大学"；"小师取小学之贤者登之大学，大师取大学之贤者登之天子。天子以为左右（辅佐大臣）。"

一般而言，贵族子弟亦是先学后仕，即子产所谓"学而后入政"。但到春秋之世，爵禄世袭，世卿们多未知礼乐即已继承爵位，出现"后进于礼乐"的现象。孔子认为，只有具备"仁、义"之心、懂得"礼乐"之义的人统治国家，才有希望建设理想的社会，如果统治者品德卑污、才能低下，社会就永远没有变好的希望。对世袭的纨绔子弟，孔子轻蔑地称他们为不足为算的"斗筲小人"，十分看不起他们。只是出于对周礼等级秩序的维护,孔子才不主张用革命的手段推翻现存的统治秩序。

孔子认为有必要尽快提高现实中统治者的素质,对他们进行"岗位培训",使他们在既得爵禄之后再"进于礼乐",使他们能"以礼让为国",减少统治集团内部的摩擦。他说:"君子学道则爱人。"倘若让在位之君子学习明道,就具有"爱人"之心,就可以减少阶级之间的对立。这就是子夏所说的"仕而优则学"。

即使从附庸风雅的角度讲,学点礼仪对风度的改善也是有益的。相传孔子曾说:"君子不可以不学,见人不可以不饬(修饰)。不饬无貌,无貌不敬,不敬无礼,无礼不立。夫远而有光者,饬也;近而逾明者,学也。譬之如圩(低洼的水坑)邪,水潦集焉,菅蒲生焉,从上观之,谁知其非源水也?"(《尚书大传·略说》。《大戴礼记·劝学》《说苑·建本》同)

孔子语重心长地告诫在位的"君子":接见客人不可以不修饰,不修饰就没有威仪,没威仪人们对你就没有敬心,没有敬心就没有礼仪,没有礼仪就难以立足政坛。他说,那远远看上去很有仪表的人是修饰出来的,那接近你让你觉得贤明有才能的人是学习得来的。好比那积水潭吧,污泥浊水流进去,繁茂的水草长出来,从上面看去,谁知道它不是具有源头活水的死潭呢?可见学习和修饰的重要性了。

如果"君子"们学得认真一些,还会获得"说(悦)诗书,敦礼乐"的美誉,获得知识的实用价值以外的好处。孔子非常赞赏那些富而知礼、贵而知学的人,鲁昭公时,鲁国大夫孟僖子曾因不能相礼在外事活动中丢了丑,回去后"乃讲学之,苟能礼者,从之",将死,又派两个儿子从孔子学礼。孔子于是高兴地称赞他说:"能补过者,君子也!"(《左传》昭公七年)

(三)君子学道则爱人,小人学道则易使

孔子认为,若统治者认真地倡行教化,重视国民教育,那对统治者来说更是好处多多,不容繁言。

孔宅故井

从保守的方面讲,教育可以防止叛逆,"君子博学于文,约之以礼,亦可以弗畔(叛)矣夫"(《雍也》),可以加强统治阶级内部的团结。孔子认为,如果对统治者加强文化教育(这里主要是政治思想教育——"约之以礼"),就会增强向心力,避免反叛的事情发生。

从积极的方面讲,教育又可以减少阶级对立,促进社会安定和谐:"君子学道则爱人,小人学道则易使也。"(《阳货》)通过教育,统治者提高了修养,扩充了爱心,就会成为仁者,实行仁政,善待百姓;平民经过教育,习于礼乐,懂得等级,知道本分,就不会有非分之想、狂妄之心了,就会心悦诚服地接受统治者的统治。

君子"爱人"了,就可能减轻剥削的残酷性,减少压迫;小人"易使"了,就会逆来顺受,减少反叛。上下团结,彼此合作,天下不愁不治。

力行教化,提高素质,让人民在人口繁衍(庶)、衣食丰足(富)的基础上,礼乐蔚然,弦歌钟鼓,在这种雍雍和和的气氛中享受人生的乐趣,还有谁愿意揭竿而起,铤而走险呢?学习和教化是实现天下太平的根本保证。

可见,"学"无论对个人、对社会,无论对君子、对小人,都是一件十分有意义的事

（四）重视求学时机

孔子首先强调学习时机的把握,鼓励少年成才。

孔子特别注意少年教育,他说:"少成若天性,习惯之为常。"(《大戴礼记·保傅》。贾谊《新书·保傅》作:"少成若天性,习惯如自然。")这与后世"少习若天成,习惯成自然"的民谚是同一意思,也是"少壮不努力,老大徒伤悲"的古诗的最早出处。

少年时代是学习知识和培养技能的最佳时期,这时之人天真纯洁,任君塑造,一旦学成,终身不忘。少年时代是人生的起点,将来的人生之路往往由少年时代的教育和习惯所决定。孔子说:

君子有三思,而不可不思也。少而不学,长无能也;老而不教,死无思也;有而不施,穷无与也。

是故君子少思长则学,老思死则教,有思穷则施。(《荀子·法行》引"子曰")

可见,孔子将"少而学"与"老而教""有而施"视为人生历程三个关键举措,视为避免未来窘境的明智选择。少年要学习知识,以免长大后没有一技之长;老年后要施教后学,以免死后无人思念;富贵时要乐善好施,以防贫贱时无人救援。三者之中,"幼而好学"尤其重要,试想如果少壮不学,长大必然无能,必然没有谋生本钱,自己谋生尚且不能,又哪来富贵后的施予? 自己知识贫乏,老来后又哪有教育下一代的资本?

相同的言论,还有《荀子·宥坐》引孔子曰:

吾有耻焉,有鄙焉,有殆焉。幼不强学,长无以教之,吾耻之;去其故乡,事君而达(亨通),卒(忽然)遇故人,曾无旧言,吾鄙之;与小人处者,吾殆之也。

这里,孔子将"幼不强学"、富贵而忘故旧、与小人为伍,同视为可耻、可鄙、可危的事情。在孔子看来,少年不学,无异于自甘堕落的愚蠢行为。俗语说:"花木逢春欲再发，人无两度再少年。"《古乐府》说："百川东到海，何时复西归？少壮不努力，老大徒伤悲。"这些说法未尝不受孔子思想的影响。

孔子自己自幼有很好的学习习惯，他"为儿嬉戏，常陈俎豆，设礼容"（《史记·孔子世家》），在生活中自觉地习染礼乐文化。到15岁，他便立志系统地研习"六艺"，从此终生乐此不疲。

有人问他何以如此知识渊博？孔子说："丘少而好学，晚而闻道，以此博矣。"（《慎子·逸闻》）这并不是一句空话。

孔子甚至认为，如果有人到40岁还品质低劣，令人讨厌的话，那他简直就应该马上死掉："年四十而见恶焉，其终也已！"（《阳货》）这当然不是他对40岁、50岁之人特别讨厌，而是强调要重视少年教育的过激之辞。

孔子鼓励少年成才，贬斥老大无成。他说：

后生可畏！焉知来者之不如今也？四十、五十而无闻焉，斯亦不足畏也已！（《子罕》）

少年充满希望，充满机会，令人敬畏。如果一个人到40岁、50岁还不能有所作为，没有名望，那他这辈子就算完了，人们对他就不足畏了。

重视少年教育的思想，在后来儒家书籍中也得到进一步的发挥。《尚书大传》说古者："十有三岁入小学"，"年二十入大学"。《礼记·曲礼上》在以年龄划分为阶段时，亦将少年事学作为重要特征："人生十年曰幼，学；二十曰弱，冠；三十曰壮，有室；四十曰强，而仕；五十曰艾，服官政；六十曰耆，指使；七十曰老，而传（教）；八十、九十曰耄……百年曰期颐。"

不同的阶段有不同的任务，又因不同的任务而形成了人生不同的特征：人生十岁时叫"幼"，任务是学；二十年是"弱"，加冠以示成年；三十叫"壮"，成家立业；四十叫"强"，可以出仕了；五十叫"艾"，到官府去做事；六十叫"耆"，可以使唤仆人；七十叫"老"，可以居乡校教育后代了；八十、九十叫"耄"……百岁老人叫"期颐"。

少年的任务就是学习,少年的特征也是学习,学习既是青少年的权利,也是青少年的义务。两千五百多年前的孔子就已经认识到了这一点,不能不说是他作为教育家的先见之明。

(五)学而不思则罔,思而不学则殆

在学习方法上,孔子也有许多成功的经验和精到的论述,我们可以将之归纳为五个方面,即"五多":多闻、多见、多问、多思、多习。其总的特征是主张充分发挥人的感官功能,积极主动地接收信息,消化信息,以便转化为活的知识和才能。

1.多闻

多多运用听觉感官接收信息。孔子曰:"多闻,择其善者而从之。"又曰:"默而识(牢记)之。"(《述而》)又曰:"君子多闻,质(对正)而守之;多志(记),质而亲(新)之。"(《礼记·缁衣》)只有多闻,才能有所选择,择善而从,默识心记。特别是自己不懂的东西,更应注意多多听取:"多闻阙疑。"(《为政》)多多闻知,还是解难释疑的有效途径。特别对闻知至理妙道,孔子更是情有独钟。他说,如果能知晓大道,哪怕早晨闻知晚上死了也是值得的:"朝闻道,夕死可也!?"(《里仁》)

2.多见

充分利用视觉功能获取信息。孔子曰:"多见而识之。"(《述而》)看得多,可以从印象到概念,进而形成判断和推理,达到认知事物的目的。又说:"多见阙殆(危险)则寡悔。"(《为政》)又说:"见贤思齐焉,见不贤内自省也。"(《里仁》)"见善如不及,见不善如探汤。"(《季氏》)在道德修养上,亦可通过多见获得正反两方面的教益。对人生经历的观察,晓得成功经验固然重要,即或是知道事物的负面影响,多了解失败原因,也可以以之为反面教材,引为己鉴,预防自己的失败。"多见"还包括走出家门,实地考察。孔子为了学习三代礼制,曾到过洛阳,"观礼于周室";又到过杞国,得《夏时》之书;到过宋国,得《坤乾》之书。

3.多问

孔子提倡实事求是的求学态度,教导学生"知之为知之,不知为不知",不要不懂装懂。他自己就是不懂就问,甚至"不耻下问"。孔子曾有机会进入鲁国太庙,遇到事情总是提问("子入太庙,每事问"),有人不解:"孰谓鄹人(纥)之子知礼乎? 入太庙,每事问。"他知道后说:"这就是知礼呀。"("是礼也"。见《八佾》)从孔子的好学精神,联想到时人的不懂装懂,让人油然而生"古之君子病其无能也学之,今之君子耻其无能也讳之"的对比之感。多闻也许是被动地获取信息,获得的资料有用与否具有很大的偶然性,而多问却是主动地求取信息,所得资料具有直接的针对性和实用性。见疑必问,有惑必解,此乃积极主动的求学方法。孔子鼓励学生凡事都要问个究竟,问个所以然。对那些老不提问、不懂装懂的人,他是持批评态度的:"不曰'如之何? 如之何'者,吾未知如之何也已矣。"(《卫灵公》)

太庙问礼

4.多思

孔子特别主张独立思考。他的名言是:"学而不思则罔(惘然无知),思而不学则殆(疑惑)。"(《为政》)主张学思结合,反对两个极端:只思不学不能接受解疑的信息,获得日新的资料,就永远处于"愿学而未学、欲知而不知"的状态。孔子曾说:"吾尝终日不食,终夜不寝,以思,无益,不如学也。"(《卫灵公》)又说:"不学而好思,虽知不广矣。"(《韩诗外传》)荀子也与孔子有相同的体验,他说:"吾尝终日而思焉,不如须臾之所学也。"另一方面,如果不对所学知识进行反思和消化,好学而不思,就不能得其要领,不能懂其精义,必然惘惘然无所收获。鼓励学生独立思考,即使是老师说的也可以提出相反意见,他曾经批评颜回说:"回也,非助我者也,于吾言无所不说(悦)也。"(《先进》)但后来经过反复考察,发现颜回实际上是用心思考了的,孔子就又高兴地说:"吾与回言终日,不违,如愚。退而省(考察)其私(家庭自处),亦足以发(发挥),回也不愚。"(《为政》意即他起先与颜回讲了一整天的话,也不见颜回有不同意见,便以为他是个不动脑筋的人,等到考察过他的居家所为,才发现他有很多创见,可见颜回也是一个多思善思的君子。)

孔子本人就是个好学又善思的典型,他学习必穷究其所以然,从不囫囵吞枣。他曾从师襄学琴,一首曲子弹了十天,还不换新的,师襄说:"可以弹新的了。"孔子曰:"我仅学会曲调,还未得其技巧。"又练了些日子,师襄说:"已经熟悉技巧了。"孔子答:"我还未得其寓意所在。"又练了些日子,师襄说可以换新的了,孔子还是答曰:"我还未想见作曲者的为人。"一直练下去,直到有一天他肃穆深思,舒心高望,极目远眺,沉思地说:"我得其为人矣!其为人黝黑黝黑的,修长修长的,高瞻远瞩,大有一代圣王的气度!这不是周文王,又是谁呢?"师襄听了离席再拜,才说明这支曲子原来正是周文王所作《文王操》(《史记·孔子世家》)

孔子曾观于鲁庙,见有偏倒的器皿(欹器),问守庙者:"此何器?"守庙者曰:"此盖宥坐(置座右以为戒)之器。"孔子说:"吾闻宥坐之器者,虚(空)则欹(偏),中则正,满则覆。"于是叫弟子注水实验,果然如此。孔子喟然叹曰:"唉!哪有满而不覆者呢!"子路因问怎样才能满而不覆,孔子说:"聪明圣知(智),守(保持)之以愚;功被(施)天下,守之以让;勇力抚(保护)世,守之以怯;富有四海,守之以谦。"(《荀子·宥坐》)

从这两段故事中可见,孔子除了弄通事物本身的意义外,还能举一反三,善于从平凡处看出不平凡,从寻常事物中演绎出不寻常的学问。

孔子遇大江大河必观,因为他能从流水不返的现象中看出时光的宝贵、生命的可珍:"子在川上曰:'逝者如斯夫!'"(《子罕》)甚至游山玩水,他也能从中体会出人生的哲理:"子曰:智者乐水,仁者乐山。"(《雍也》)山可以生物养人,故近于仁;水遇物则绕,穿隙而过,故近于智。由小见大,因浅见深,非好学深思,孰能至于此!事出平凡,理得深奥,体现了一代哲人的深邃情思,这句话因而成了启人心智的千古良训。

5.多习

习的本义是鸟儿反复练习飞行,引申为练习、温习。学习学习,"学"在于纳新,"习"在于温故。

一是温习旧知识,获得新理解。孔子曰:"温故而知新,可以为师矣。"(《为政》)温故知新,从平常处见出不平常,从故书中释出新意境,老师的作用也就是这样。就这么简单。《大学》提倡"日新其德":"苟日新,又日新,日日新。"一天一个样,一天一境界,人就在一天一天的进步中,实现了由凡入圣的飞跃。学习阶段的"温故知新"就是利用已有的知识进行"日新"的过程。旧材料虽然旧,但它不仅仅只有后人看到的字面意义,还有特定的背景、说话的语境,因此旧材料上又常常含有字面以外更深的内容,旧知中隐藏着新知,这需要不断温习,才能不断地发掘。宋人张载有诗云:"芭蕉心尽展新枝,新卷新心暗已随。愿学新心养新德,旋随新叶起新知。"又有俗语说:"读未见书如得良友,见已读书如逢故人。"这都是关于"温故知新"和"日新其德"的形象譬喻。

二是反复练习。孔子当时所学和所传的内容是礼、乐、射、御、书、数,实践性都很强,这些都不能仅停留于书面,需要反复练习。将理论学习与实际操作结合起来,既巩固了所学内容,培养了技能,还从操作中获得了性情的陶冶,身心受到裨益,养成礼乐彬彬的君子风度。因此,《论语》开篇第一章就是:"子曰:'学而时习之,不亦说

(悦)乎! 有朋自远方来,不亦乐乎!'"孔子将学习实践中获得的怡愉和远方朋友故交来访带来的快乐相提并论,强调多多练习所学内容将给人带来无穷的乐趣。多习既是求知的必要形式,也是学业实践的人生享受,难怪曾子要把"传不习乎"作为自己每天都要"三省"的重要内容了。

(六)谦虚和持之以恒

在学习态度上,孔子要求人们要有谦虚的态度和恒久的毅力。《尚书·大诰》曰:"满招损,谦受益,时(是)天之道。"《易经》也专门有《谦卦》:"谦谦君子,用涉大川,吉!"谦,是中国人民的传统美德。孔子使这谦的美德更加发扬光大。他认为即使一个很聪明的人也不可以骄傲,而应以"谦"来养德,才能成为"贤人":"巧而好度(规矩)必节(合乎规范),勇而好同(合群)必胜,知(智)而好谦必贤。"(《荀子·仲尼》)"智而好谦",既聪明又谦虚,聪明可以识物,谦虚可以纳物,识而能纳,纳而能识,其成功就有了保障。否则,若态度不谦逊,即使聪明过人,也不值得称赞。他说:"如有周公之才之美,使(假令)骄且吝,其余不足观也已。"(《泰伯》)圣智如周公,尚且需要谦虚,更何况求学中的凡夫俗子呢?

"知之为知之,不知为不知,是知(智)矣。"(《为政》)这是孔子论谦德的至理名言。孔子本人以谦处事,以诚待人,从不不懂装懂,也不假意谦恭。他说,作为求学之士,应该时时注意保持谦虚的品质,以便随时获取教益,就像江河谦下而纳百川,大海谦下而容众水一样,如果自己目中无人,睥睨一世,谁还会将知识教给你呢? 孔子称赞:"大哉江海乎! 下之也。夫河下天下之川,故广;人下天下之士,故大。"(《尸子·明堂》引)林则徐有联曰:"海纳百川,有容乃大;壁立万仞,无欲则刚。"有道是"虚其心能容天下之物,谦其德能纳天下之善",揭示的都是同一个道理,谦虚才能得到知识的丰富和道德的长进。在孔子眼里,每个人都握有一定的知识和技能,只要善于向他们学习,便可以集腋成裘,积少成多。

孔子说："三人行必有我师焉,择其善者而从之,其不善者而改之。"(《述而》)又说："见贤思齐,见不贤而内自省焉。"在任何一群人中,无论善恶,只要善于学习,就都可以获得必要的教益:其善者可以提供积极的教诲,其不善者也可以作为反面教材,提供失败的借鉴。尽管当时没有专职教师,孔子却并不缺乏老师,他学无常师,有能便学,曾"问礼于老聃","访乐于苌宏","学官名于郯子","学琴于师襄",甚至有人说他还向七岁小儿项橐请教过(《史记·甘罗传》)。只要有一技之长、一得之见,孔子都不放过向孔子学习的机会。曾有人问子贡:"孔子从哪里学来那么多知识?"子贡说:"文武之道未坠于地,在人。贤者识其大者,不贤者识其小者,莫不有文武之道焉。夫子焉不学? 而亦何常师之有?"(《子张》)"无所不学""学无常师",就是孔子学以致其道,问以成其才的窍门所在。又有人对孔子每到一个国家必然与闻其政事表示不解,问子贡:"夫子至于是邦也,必闻其政,求(请求)之与? 抑与(人家主动提供)之与?"子贡曰:"夫子温、良、恭、俭、让以得之。夫子之求之也,其诸(也许)异乎人(他人)之求之与?"(《学而》)孔子以温厚、善良、恭敬、俭朴、逊让的态度,获得人家的信任进而获知各国政事,这是与他人或巧取或盗听的途径截然不同的。在孔子的这几种态度中,最本质的其实还是谦虚。

问礼老聃

谦虚好学,不仅包括向比自己聪明的人学,而且还要善于向不如自己的人学,孔子主张"不耻下问"。他赞扬孔文子"敏而好学,不耻下问";提倡"以能问于不能,以多问于寡;有若无,实若虚,犯(冒犯自己)而不校(计较)"等谦虚和宽容的态度;反对那种"学曾未知疣赘则然欲为人师"(好为人师)的无聊行为(《荀子·宥坐》);批评盛气凌人、装腔作势的虚骄作法。《荀子·子道》曾记载:

子路盛服见孔子,孔子曰:"是(如此)裾裾(傲慢),何也?昔者江水出于岷山,其始出也,其源可以滥觞。及其至江之津也,不放舟,不避风,则不可涉也。非维下流水多邪?今汝服既盛,颜色充盈,天下且孰肯谏汝矣?由!"子路趋而出,改服而入,盖犹若也。孔子曰:"志之,吾语汝:'奋(夸耀)于言者华(虚华),奋于行者伐(骄矜)。色(表情)知而有能者,小人也。故君子知之曰知之,不知曰不知,言(语言)之要(约束)也;能之曰能之,不能曰不能,行(行动)之至(节度)也。言要则知(智),行至则仁。既知且仁,夫恶有不足矣哉!'"

老子说"大辩若讷",苏轼说"大智若愚"。有真才者必不矜才,有实学者必不夸学。真正的聪明人并不在表面上显露出来,因为聪明者知道知识的无限性。只有表现得不聪明的人,才有可能成为聪明人,因为他谦逊好学,能够转益多师,获得新知,就像江河低下而纳百川,大海低下而纳众流一样,谦逊者不拒涓滴,因而成为博学之士。

谦虚还可以帮助人避免错误,渡过难关。孔子曾自述云:"吾有知乎哉?无知也。有鄙夫问于我,空空如也。我叩其两端而竭焉。"(《子罕》)这是说有一个农夫问他一个问题,他本来对那个问题空空如也,毫无所知,于是放下架子,谦虚地旁敲侧击,从那个问题的侧面问起,结果终于弄清了问题的真相,避免了信口雌黄的错误。看来谦虚在孔子那里确实是件灵验的求知法宝。

恒,即恒心。《易经》有《恒卦》说:"恒其德,贞。""不恒其德,或承之羞。"可知恒也是人间一大美德。什么叫"不恒其德,或承之羞"呢?孔子解释说:"南人有言曰:'人而无恒,不可以作巫医。'善乎。"(《子路》)人如果没有恒心,他就连骗人的江湖医生也当不好。学习六艺，由凡入圣，更需要矢志不渝、坚忍不拔的追求。孔子说：

圣人，吾不得而见之矣，得见君子者，斯可矣。善人，吾不得而见之矣，得见有恒者，斯可矣。亡（无）而为有，虚而为盈，约（困境）而为泰（通达），难乎有恒矣！（《述而》）

"圣人"和"善人"是孔子理想的人格，但现实社会中暂时看不到圣人和善人并不要紧，只要有"君子"和"有恒者"就行。"君子"具有良好的个人修养，再充盈一下，施之于天下，便成了"圣人"；"有恒者"是善人、君子的后备军，他可以由无知到有知，使空虚变充实，克服困境获得通达。看来"恒"是通向众善的初级阶梯，由有恒而成善人，由善人而成君子，由君子而成圣人。千里之行，始于足下，由凡企圣也没有捷径，只有以恒的毅力从现在做起，一步一个阶梯，向圣人境界迈进。曾子说："士不可以不弘毅，任重而道远。仁以为己任，不亦重乎？死而后已，不亦远乎！"（《泰伯》）弘毅，即持之以恒、"死而后已"的意志力。有了仁的目标，加之"恒"的韧劲，必将求知而获知，求仁而得仁。

（七）学习的苦与乐

求学（或修炼）有两个境界，即苦与乐。陆游诗喻人生的转折曰："山重水复疑无路，柳暗花明又一村。"

王国维集句论求学的阶段：

昨夜西风凋碧树，独上高楼，望断天涯路。

衣带渐宽终不悔，为伊消得人憔悴。

众里寻他千百度，蓦然回首，那人却在灯火阑珊处。

王国维之词颇能说明这求学的"苦"与"乐"两个字。学习必经这三种境界：第一境"昨夜西风凋碧树，独上高楼，望尽天涯路"，这是晏殊的词，意思是，一夜西风使碧绿的树叶都凋零了，让人顿生悲秋之感，学习之路很长，刚刚开始时字不识意不懂，就像一个人站在高高的楼台上想找到自己的出路,看看前路茫茫,不知所之,好生惆怅。第二境"衣带渐宽终不悔,为伊消得人憔悴。"这是柳永的词,要想达到你的目的,不论是古人的科举还是今人的考大学都要付出辛苦的,更莫说希望悟道和成圣了,苏秦"头悬梁、锥刺股",孟子说:"天之降大任于斯人也,必先苦其心志,劳其筋骨,饿其体肤,空乏其体,行拂乱其所为,所以动心忍性,增益其所不能",这就是"为伊消得人憔悴",但是却不要后悔。这些苦你吃了、经历了,这时的你已忘记了苦苦追寻的目标,不知何在了。正当你迷茫无知之时,你猛然回头,你的目标却已经出现了。这就是第三境:"众里寻他千百度,蓦然回首,那人却在,灯火阑珊处。"这本是辛弃疾的词。王氏的三境界虽说是学习,但也适用于人生各个方面。不论是求学还是做人,干事业,都是如此。

孔子呢,则将学习归纳为两个境界,即"苦"和"乐"。第一个境界是苦学勤奋:

君子食无求饱,居无求安,敏于事而慎于言,就有道而正焉,可谓好学也已。(《学而》)

"好学"不是一句空话,也不是做做样子,而是一个十分艰苦,专心致志,无暇享受,甘耐寂寞的过程。孔子自云:"吾非生而知之者,好古、敏求之者也。"又说:"若圣与仁,则吾岂敢?抑为之不厌,诲人不倦。"(《述而》)直到老年,他还是"学而不厌","不知老之将至"。为了追求知识,提高修养,人们必须克服物质享受的欲望,一心一意地学习,一切享受富贵的杂念都应排除干净。孔子说:"君子谋道不谋食","君子忧道不忧贫"。(《卫灵公》)一个人如果既想学习闻道,又不甘清贫,要追求物质享受,那他就不值一提了:"子曰:'士志于道,而耻恶衣恶食者,未足与议也。'"(《里仁》)献身、忘我、苦行、力学,是一切清寒子弟成才的必然过程。

第二境界是好而乐之:

"子曰:'知之者不如好之者,好之者不如乐之者。'"(《雍也》)

知之,即通过苦学获得了知识;好之,即获得知识而喜爱它;乐之,是身与物化,心与

"道"迁,以"道"为乐。"知之"是"闻道"的初级阶段,需要恒心、毅力、献身、忘我、苦行,此时的求知者未免沉于"苦"。"好之"的阶段能够深化知识,但尚存个人好恶,未免带有功利色彩。唯有"乐之"的境界最高。这时,人对自己追求的"道"(规律或真理)心领而神会,整个身心完全陶然于其中,认识它是一种幸福,追求它、研究它也是一种乐趣了。人的注意力完全沉浸在这种追求、体认的悦怿之中,忘记了劳逸,忘记了贫富,也忘记了荣辱。孔子自谓:"饭疏食、饮水,曲肱(胳膊)而枕之,乐亦在其中矣。不义而富且贵,于我如浮云!"(《述而》)又赞颜回:"贤哉回也!一箪食,一瓢饮,在陋巷,人不堪其忧,回也不改其乐。贤哉回也!"(《雍也》)师徒二人,一个能拒绝"不义而富且贵"的诱惑,以疏食饮水为乐;一个不避陋巷,以箪食瓢饮为乐。这些都是人所不堪之忧,孔、颜师徒却乐在其中、喜在其中,宋儒尝问"孔颜之乐,所乐何事"成了千古回答不了的命题。其实懂得了学习的两个进境,就不难体会孔、颜乐处的真正内涵了。

如果说,在"知之"阶段也能"食无求饱,居无求安"的话,其实还有"求饱、求安"的欲望,只是因求学的需要,用意志力将"欲"强行地压下去罢了。到了"乐之"的境界,人的整个乐趣不在外物,不在环境,而在于"闻道"和"知道"本身。前一阶段的"不求饱""不求安"是自我克制型的,被迫的;后一阶段的"乐在其中"则是自然的,自由的,不用外力,不假思虑,自然而然,陶醉其中。乐道的最高境界是超越时空的永恒,孔子自述其晚年境况说:"发奋忘食,乐以忘忧,不知老之将至。"(《述而》)他忘记了吃饭,忘记了忧愁,甚至忘却了时间和空间,整个身心与所闻之"道"融为一体,成为永恒。孔子又道其乐之的内容说:"志于道,据于德,依于仁,游于艺。"(《述而》)志,即记也。道,有天道、地道、人道,即自然规律和社会规律。据,依凭。德,即得也,是天道(天命)赋予人的良好禀性。游,游览,此指学业的涵泳。艺,学业,指六艺。乐道的内容就是:心中体会着大道,发扬人的禀赋,依照仁的规范,在学业(六艺)上悠游涵泳,愉快地发抒。这就是知道之乐,求道之乐,也就是圣人之乐,其实这就是宋儒必欲知道的"孔颜乐处"。

（八）下学而上达——圣人知道的阶梯

1.下学

孔子将学习步骤分为两大等次，即下学、上达。他说：

不怨天，不尤人，下学而上达，知我者其天乎！（《宪问》）

皇侃《论语疏》曰："下学，学人事；上达，达天命。我既学人事，人事有否有泰，故不尤人；上达天命，天命有穷有通，故我不怨天也。"这种解释基本符合孔子的原意，但把"下学"局限于"学人事"，未免偏狭。《周易·系辞传》曰："形而上者道也，形而下者器也。"此言正是"下学""上达"的"上"和"下"二字的妙解。有形的、具体的事物，即是"器"，是"下学"的"下"；无形的、普遍的规律，即是"道"，是"上达"的"上"。"下学而上达"即通过对具体事物（"器"）的学习，进而了解抽象的规律或真理（"道"）。"下学"的内容是具体的，支离的；"上达"的内容是抽象的，概括的。学习具体的东西，人人而可，但要体知抽象的道理，却必须有待其人而后能。孔子说："可与共学，未可与适道；可与适道，未可与立；可与立，未可与权。"（《子罕》）这里的"共学"即"下学"，"适道"即"上达"，而"立"与"权"则是指"适道"（"上达"）后的对规律的灵活运用和在事业上的建树。"共学"与"适道"就是"下学"和"上达"的另一种表述方式。"下学"是知识的积累，是"上达"的必经阶段；"上达"是认识的飞跃，是学习的升华，是人类认识的崇高境界。

儒家和道家都重视"闻道"，不过等次和途径不同。道家认为人是自然的一部分，人对道的认识能力生来就有，道就在人的身边，在人的身上和心中，只要善于体知，用不着多学即可获得。只是由于人们受后天人文的异化，使人对道的悟性越来越差，故老子曰："为学日进，为道日损。"要体认大道，只有摒除外物的干扰，扫尽人文的蒙蔽，使人进入既虚且静的清明境界，才可能在一朝之间获得对道的省悟。因而道家主张

"绝圣弃智",不仅不重视具体事物的学习和具体知识的积累,反而认为知识积累有损于悟道,应当摒除干净。儒家则不然。儒家认为人已从自然状态中分化出来,应认识自然,超越自然,不受自然的奴役;但人又不能违背自然,他应认识自然,把握规律,在适应规律中获得自己的行动自由。而认识规律(即道)的途径则是"下学",也就是说,首先认识具体的事物,通过知识的积累,实现"闻道"(或"适道")的"上达",因而儒学教育特别主张"博学"。《礼记·大学》讲"格物致知",主张"博学之,审问之,慎思之,明辨之,笃行之",即首先广泛地学习局部知识,明白具体原理,然后才能实现对普遍、抽象的道理的体认。道家直接悟道的方式虽然省便,但是虚无缥缈,难以捉摸,非一般人智力所能及,不具有现实的实践意义。儒家"下学而上达"的方法虽然费事,但却实在可行,具有普遍的实践价值,人人可得而学、可学而能,只要人们依样去实践一番,必然功夫不负有心人。

孔子十分博学,精通六艺,尤长于礼乐:他于礼,少而讲习,长而知礼。对当世礼仪与三代礼制沿革,孔子了然明备。孔子自云:"夏礼吾能言之","殷礼吾能言之"(《礼运》)。又说:"殷因于夏礼,所损益可知也;周因于殷礼,所损益可知也。其或继周者,虽百世可知也。"(《为政》)又曰:"周监于二代,郁郁乎文哉,吾从周。"(《八佾》)这都是他明于礼制的证明。对乐,孔子也做了许多研究和实践工作。首先是"正乐",《子罕》载:"子曰:'吾自卫反鲁,然后乐正,雅颂各得其所。'"这是说孔子将崩坏的音乐加以提倡,将混乱的音乐加以调正。其次,是从人生修养上,加强音乐的美育意义,孔子对学生进行"六艺"教育时就有"乐",而采用的教材"六经"也有《乐经》。他本人即具有很强的艺术修养,《述而》说:"子在齐闻《韶》,三月不知肉味。"《韶乐》相传是上古音乐。当时盛行的是时下的流行音乐,人们对这些古乐早已听不大懂了,孔子却听得如醉如痴,可见其古乐修养之深。在音乐演奏方面,孔子也具有多种技巧:他会击磬,《宪问》载"子击磬于卫";能弹琴,《史记·孔子世家》说"孔子学鼓琴于师襄";还善于唱歌,《史记》载"三百五篇,孔子皆弦歌之",《述而》载"子与人歌而善,必使反之,而后和之"。他还深通音乐的演奏技巧,评论说:"子语鲁太师乐,曰:'乐其可知也:始作翕如也,从之,纯如也,皦如也,绎如也,以成。'"(《八佾》)这完全是一个音乐行家的评论。与统治阶级"淫乐万舞"的腐朽行为大异其趣的是,孔子不把音乐当成淫靡的手段,而是强调音乐的教化功能。他认为"乐以发和"(《史记·滑稽列传》引孔子曰),音乐可以增进人与人之间的亲和关系,减轻对立情绪。乐可以培养人的向善之心和平和之情,他认为个人的修养有待于音乐的陶冶而完成,《泰伯》载孔子曰:"成于乐。"在今传《礼记·乐记》中,还有大量孔子论音乐治国兴化的名言,至今仍有很大的参考价值。

射即射箭,在当时既是体育活动,又是国防技能。与后世"柔弱"的儒者不同,孔子对射也很在行,他曾射于矍相之圃,引得"观者如堵墙"(《礼记·射仪》)。他平生于事无所争,唯独对射箭比赛不甘落后,他说:"君子无所争,必也射乎!"(《八佾》)

御,即驾车。士大夫交游、出征作战、礼尚往来,都以车马为代步工具,就像有人预言"驾驶技术是21世纪的必修课"一样,六艺的"御"也是当时贵族社会的重要技能。达巷党人夸赞孔子说:"大哉孔子!博学而无所成名。"孔子听后谦虚地说:"吾何执?执御乎?执射乎?吾执御矣。"(《子罕》)执即专长。他说,我以什么为专长呢?用射吗?用御吗?我还是用御吧。可见他对自己的驾车技术是很自负的。

数,计数,是计算、会计技能。由于时代的局限,当时虽然已经发明"九九法",但并不普及,因此当"绛县老"向晋国人炫耀九九乘除法时,竟被晋国大臣叔向、赵孟等人奉为贤能,当即给他官做。孔子对数的计算也是在行的,《孟子·万章下》说:"孔子尝为季氏史焉,曰:'会计当而矣。'"《史记》载孔子"尝为季氏史,而料量(计算)平"。会计、料量,皆指计算之事。

书,即书法,是读书人必修课程,孔子自然不逊于人。相传孔子曾有"延陵季子之碑"的手迹传世。

六艺之外,孔子精通历史:"信而好古。"(《述而》)他还明于国际政治:"夫子至于是邦也必闻其政。"（《学而》）上知天文，下知地理：仲尼"上律天时，下袭水土。"（《礼记·中庸》）博通掌故（见《孔子集语·博物》），主张"多识于鸟兽草木之名"（《阳货》）。就当时人们的知识结构而言，孔子真是无所不知、无所不能了，孟子称之为"集大成者"（《孟子·万章下》），并非虚语。

2.上达

博学不是目的，只是"闻道"的初级阶段。博学必须升华，那就是"闻道"。博学，使人获得具体知识和技能，这用于谋生处世有余，但如果不知道，就不足以成为圣人。因此，尽管孔子学通六艺、技兼百艺后，达巷党人仍然说"大哉！孔子！博学而无所成名"（《子罕》），为他虽然具有博大的知识却不能自名一家而遗憾。达巷党人说此话可能在孔子三十岁左右。那时孔子虽学通六艺，但还未经"四十不惑"和"五十知天命"的认识飞跃，也就是未能"下学而上达"。《礼记·中庸》说圣人犹之乎天地，无不覆载，无不包孕，无不照临！这当然不是简单的"下学"（或"博学"）所能实现的。这就是孔子在"三十而立"后，还要进一步迈向"不惑""知命"境界的原因所在。

那么，怎样实现由"下学"而"上达"呢？孔子的方法是"一以贯之"：

子曰："赐（子贡）也，女（汝）以予为多学而识之者与？"对曰："然。非与？"曰："非也。予一以贯之。"（《卫灵公》）

何谓"一以贯之"？此词亦见于《里仁篇》："子曰：'参（曾参）乎！吾道一以贯之。'曾子曰：'唯。'子出，门人问曰：'何谓也？'曾子曰：'夫子之道，忠恕而已矣。'"两处的"一以贯之"皆有综合、概括的意思。不过两处"一以贯之"的"一"所指的内容并不一样，在《里仁篇》是讨论思想内容（"吾道"）：孔子对曾参说，我的理论有一个"一以贯之"的基本观点，曾参指出"夫子之道"就是"忠恕"。那里的"一以贯之"之"一"指的是孔子的基本思想，即曾参所指之"忠恕"。而《卫灵公》篇讨论的是学习问题，孔子对子贡说：你以为我是通过多学就获得了这样精深的知识了吗？孔子说，不是。我是靠"一以贯之"的方法来实现的。这里的"一以贯之"之"一"很显然是指"识之"的方法,即治学之方和悟道之法。两处的"一以贯之"字面的意思虽然相同,但具体所指却又有区别。有的学者将两处的"一以贯之"都讲成基本思想(或基本观念)的"忠恕",过分胶着于字面意义,实不可取。"忠恕"是孔子思想的内容,怎么又成了他的认知方法和悟道途径了呢? 这种理解显然是有问题的。孔广森《经学卮言》说:"此章(指《卫灵公》篇)与告曾子'吾道一以贯之'语大殊,彼以道之成体言,此以学之用功言也。圣人固自多学,但不取强记耳。(略)乃执一理以贯通所闻,推此而求彼,得新而证旧。"也注意到了二者的区别。

根据认识的规律,领会孔子的原意,孔子论学习方法时"一以贯之"的"一"即综合;贯,即归纳、贯通、概括。认识上的"一以贯之",包括综合、归纳和提炼、抽象等思维过程,对这一过程,《荀子·劝学》也有论述:"君子知夫不全、不粹不足以为美(完美)也,故诵数以贯之,思索以通之。"全,即概括性、普遍性;粹,精粹、精微、精练,即反映规律的真理;诵数,多次、反复诵读,即"下学"和"博学"的过程;贯之,即提炼、抽象;思索,即思考;通之,即悟彻真理,举一反三,明白万法。荀子的意思是:君子认为,人的认识如果没有普遍性和真理性,是不够完美的,因此,要反复记诵以求贯通,深入思考以求悟彻。这正是对孔子"一以贯之"认知方法的准确说明! 也是孔子和荀子这两位伟大思想家从博学("多学""诵数")进而体认天道("贯之""通之")的大彻大悟的方法。"一以贯之"是由感性上升到理性(即由"下学"到"上达")的飞跃过程,也是由具体知识到规律性真理的升华过程,是从博学之士进入思想家、哲学家的质的飞跃。

从"下学"而"上达",并非一朝一夕之功,也不是一蹴而就之事。勤奋如孔子,大智如孔子,要走完这个历程也整整花了五十个春秋! 他曾自叙为学历程曰:

吾十有五而志于学,三十而立,四十而不惑,五十而知天命,六十而耳顺,七十而从心所欲不逾矩。(《为政》)

"志于学""而立""不惑"都属于"下学"阶段;"知天命"即"上达"阶段;"耳顺""不逾

矩"则是"上达"之后见之于行动的表现形式。"十有五而志于学"：志于学，即专心致志于学习，不旁骛他事。其"食无求饱，居无求安，敏于事而慎于言，就有道而正焉"（《学而》）的独白，'即是"志于学"的具体说明。"三十而立"："立"意即具有立足上层社会的知识和技能——礼、乐、射、御、书、数六艺。六艺以礼、乐为核心，孔子说："立于礼，成于乐。"（《泰伯》）又曰："不学礼，无以立。"（《季氏》）"三十而立"就是用礼乐等六艺来装备自己，足以立足于社会。"四十而不惑"："不惑"，不偏激，不走极端，即理智，不偏不倚，无过与不及，亦即"中庸"之道。孔子曰："智者不惑。"（《子罕》）不惑即是智者。"五十而知天命"：天命即天道，天即自然，道即规律，天道即自然规律。中国古人早已认识了自然的必然性，《庄子·天地》："无为而为之，天也。"《孟子·万章上》："莫之为而为者天也，莫之致而至者命也。"天命即自然性和必然性，亦即自然规律。知天命，就是知道客观规律。孔子自谓"五十以学易"（《述而》），又说"五十而知天命"。《易》以道阴阳，《易经》有天道、有地道、有人道，《易》以神化，《易经》讲的就是矛盾对立，阴阳相生，物极必反的规律。孔子对《易经》的研习，促成了他从"不惑"到"知天命"的认识飞跃。"六十而耳顺"："耳顺"，即一听便知，不必借助于思索。这是在"不惑""知天命"的基础上，形成的内在直觉。这种直觉思维无须通过分析、归纳，也无须通过类比、推理，他的经验和知识早已化为本能，凭着直觉感受，便能感知事物实质。好比知人，孔子早先是"听其言而信其行"，继而是"听其言而观其行"，最后是"耳顺"。前者未免盲从偏信，缺乏经验的参与；次者又依赖于经验，未能纯熟；只有后者是知识、经验和真理的全面贯通和熟练运用，于法为最高。"七十而从心所欲不逾矩"：矩，即规矩。画图之器，圆者为规，方者为矩，引申为法则，包括人文制度、规则、自然规律和节奏等。"从心所欲不逾矩"，是在"不惑""知天命"基础上形成的纯熟的个人修养。"耳顺"是这种修养在判断、感知外界信息时的表现形式，"不逾矩"则是这种修养贯彻在自我行为上的表现形式。在这个境界上，他的知识达到极大地丰富，上知天道，下知地道，中知人道，精通祸福消息、盈衰之情状。在方法上,他纯熟地运用了"中庸"的方法,准确地实践着"无过与不及"的原则,言中规,行中伦,时时处处与规范相符,与规律合拍。他本人就是智慧的化身,他的言行就是规律的体现。《周易·文言》所说"与天地合其德","与四时合其序","与鬼神合其吉凶","先天而天弗违,后天而顺天时";《礼记·中庸》所说"仲尼祖述尧舜,宪章文武,上律(取法)天时。下袭(因循)水土",即是对"不越矩"的绝好说明!

十七、孔子说"修身"

人据其人格特征,又有不同层次的区别。那么,做怎样的人,怎样做人? 这就成了一切脱离自然状态——动物状态——的人必然考虑的问题,也是一个具有自觉意识,特别是不想碌碌了此一生的人,在行动前和行动中所必须考虑的事情。

目标在前,蓝图在手,奋勇直前,百折不回……这几乎是古往今来成就大事大业的伟人(或亚伟人)们的成功之路。怎样生活才有意义? 怎样设计自己才有价值? 怎样的人格才是理想的人格? 不同的阶级和阶层,不同的时代和时期,不同的思想和流派,各有其不同的答案。

在中国的先秦时期,道家所崇尚的理想人格,是超脱于一切社会羁绊,个性绝对自由而又自然的"真人";墨家崇尚的是"摩顶放踵利天下",充分自我牺牲的殉道者;法家崇尚的是面目狰狞,严刑峻法,薄情寡恩,玩弄权术的酷吏;兵家崇尚的是运筹帷幄,决胜千里,争城以战,杀人盈野的名将;名家崇尚的是能倒黑为白,反非为是的诡辩家;农家崇尚的是亲自耕作,自食其力,利用饭后余暇处理政务的劳动者;儒家的理想人格,则是孔子提出的"君子"。君子人格是儒家的修身准则,也是中国历史上激励志士仁人追求自我完善的光辉范典。

孔子在谈到如何做人时,常常使用这样几个概念:匹夫、匹妇、士、善人、成人、君子、小人和圣人。

（一）大众人格——匹夫·匹妇

匹夫，即普通人。《子罕》："子曰：'三军可夺帅也，匹夫不可夺志也。'"匹是匹配之意，夫妇配合，谓之"匹夫匹妇"。古代士大夫以上，正妻之外，皆有姜媵，唯庶人无姜媵，只有夫妻相匹配（见《尚书·尧典》孔颖达疏），故早先的匹夫匹妇就是指庶民。孔子认为匹夫也有人格个性，倘若他们固守自己的意志，要改变他们的个性简直比夺取三军之帅还要困难！意志是主观的，一旦固守，便坚不可摧，固不可移。孔子赞赏匹夫的这种坚强个性、忠贞气节，但是并不以此为理想人格。《宪问》载孔子与子贡论管仲时，提到"匹夫"：子贡曰："管仲非仁与？桓公杀公子纠，不能死，又相之。"孔子曰："管仲相桓公霸诸侯，一匡天下，民到于今受其赐，微管仲，吾其被发左衽矣！岂若匹夫匹妇之为谅（守节）也？自经（缢）于沟渎，而莫之知也。"管仲是春秋初年齐国的政治家，初与召忽共辅公子纠，后来公子纠被公子小白所杀，召忽自尽殉节；管仲则自请为囚。小白即位，是为桓公，管仲被开释，作了桓公卿相。他辅佐齐桓公内修政理，外合诸侯，尊王攘夷，一匡天下，使桓公成为"春秋五霸"中称霸最早、霸业最隆的一代英主！桓公的霸业，实际是管仲的功劳。但是，在公子纠遇难时，作为臣子的管仲并未像召忽一样殉节，这不合乎君辱臣死的古训。对此，孔门弟子都有疑问。子路曾曰："桓公杀公子纠，召忽死之，管仲不死"，以为"未仁"。子贡也认为"管仲非仁者"。但是，孔子并不这样看，他在答子路之问时曰："桓公九合诸侯，不以兵力，管仲之力也。如其仁如其仁"；在答子贡时又重申了相似的观点，并提出了管仲的"仁"与匹夫匹妇的"谅"的区别。匹夫之"谅"，守气节，主忠信。这固然可嘉，但顾惜一己之气节，而忘国家民族之大义，自经于沟渎之中，无益于家国天下，碌碌而生，庸庸而死，这是志士仁人所不效法的。管仲虽然受辱偷生于一时，重死负义于小我，但却辅君治国，尊王攘夷，重整了诸侯混战的秩序，解除了夷狄对华夏的威胁。这就实践了国家之大义、民族之大义！与匹夫匹妇的守节践信不可同日而语。故孔子曰："君子贞而不谅。"(《卫灵公》)贞即持大节，谅即守小节，一者为公，一者为私，形式相同，而内容迥异。匹夫之谅的不可取，就在于它谨守小节而缺乏大义。

(二)修身初阶——士

春秋时期，士是介乎大夫与庶民之间的一个社会阶层，有一定的田产，是中小奴隶主。《国语·晋语》说："公食贡，大夫食邑，士食田，庶人食力，工商食官，皂隶食职。"《左传》哀公二年也将士列于大夫与庶人之间，并且说士如果杀敌立功可获得赏田十万，庶民则不能受田。士这个阶层仍然属于"民"的范畴，与"农、工、商"共称"四民"，但士居"四民"之首。与农、工、商以力谋生不同的是，士是以文化知识和武艺技能服务于社会。其中侧重于文化知识的为文士，侧重于武艺的称武士。武士是国家军队和卿大夫卫队的骨干和中坚，文士是国家官员和卿大夫家臣的主要来源。孔子所代表的士为文士，他们砥砺品德，研习道艺，通古今，辨然否，为统治者提供文职服务，《白虎通·爵篇》云："士者，事也，任事之称也。故传曰：'通古今，辨然否谓之士。'"士有专门的住地，清静闲燕，便于研习学问和技艺。他们父子相传，世袭其业。《国语·齐语》载管仲对桓公曰："昔圣王之处(安置)士也，使就闲燕(清静之地)"，"令夫士，群萃而州处，闲燕，则父与父言义，子与子言孝，其事君者言敬，其幼者言弟(悌)。少而习焉，其心安焉，不见异物而迁焉。是故其父兄之教不肃而成，其子弟之学不劳而能。夫是，故士之子恒为士"。即此是古代士人生活的生动写照。他们出则友教公卿，居则施教乡间，既是公卿的得力帮手，也是民间学习的师长。

在春秋初年，士这一阶层没有固定的职位，没有固定的主子，也没有明确的国家概念，谁给以禄位，就效命于谁，古语"士为知己者死"正好是这一情况的真实写照。士人的进退非常灵活，来去自便。有的士人还远离祖国，仕宦他邦；有的则避世离俗，成为隐士。前者《论语》中称之为"避人之士"，后者称为"避世之士"(《微子》)。孔子意识到这部分人改造社会的价值,主张对旧式士人进行新的铸造,使其具备良好的修养、远大的理想、丰富的知识和坚韧的毅力,在道德、知识、体魄上做好出仕的准备。孔子认为,士人的远大理想是"闻道"("士志于道")和"成仁"("仁以为己任"),以探索真理、完善人格为职志,以拯救天下为己任。有了这个志向,他必须克服重重困难,克制种种欲望,先吃苦中苦方为人上人。假若不能吃苦,那就不足以闻道、成仁,就不是一个好的士:"士志于道而耻恶衣恶食者,未足与议也。"(《里仁》)"士而怀居,不足以为士矣。"(《宪问》)士人奋斗的起点很低,财力有限,如果立志做一个追求真理(志道)的优秀士人,却又羞于粗淡的衣食,迷恋安乐窝,那他就必然因精力和财力的不足而影响自己的事业和追求。因此曾子曰:"士不可不弘毅,任重而道远,仁以为己任,不亦重乎? 死而后已,不亦远乎?"(《泰伯》)

在川观水

士还必须追求广博的知识,并形成系统思想:"孔子曰:'推十合一为士。'"(《说文解字》引)段玉裁注曰:"数始于一,终于十,学者由博返约,故云'推十合一',博学、审问、慎思、明辨、笃行,惟以求其至是(最高真理)也,若一以贯之,则圣人之极致矣。""推十"的"十"即博学;"合一"即"一以贯之",也就是在博学的基础上归纳成系统的理论,形成系统的思想,即"闻道""知天命"。不过,闻道、知天命的功夫是君子才具备的,而士人就要向这个方向努力,争取进入君子境界。

士人在家庭、社会和政治生活中,也要求具备优雅的形象和良好的影响。子路问怎样才算得上合格士人?孔子曰:"切切偲偲(勉励为善),怡怡(和乐)如也,可谓士矣。朋友切切偲偲,兄弟怡怡。"(《子路》)朋友相互勉励,兄弟之间和睦相处,这就可以说是合格的士了。子贡亦问孔子曰:"何如斯可谓之士矣?"孔子曰:"行已有耻,使于四方,不辱君命,可谓士矣。"子贡又问:"敢问其次?"孔子曰:"宗族称孝焉,乡党称弟(悌)焉。"子贡又问"其次",孔子曰:"言必信,行必果,硁硁(浅见而固执)然小人哉!抑(或许)亦可以为次矣。"子贡说:"今之从政者何如?"孔子曰:"噫!斗筲(容器)之人,何足算也!"这里,孔子将士划分为三个等级:最高的士,立身处世,有羞耻之心;出使四方,不辱君命。前者为道德品质的要求,孔子抓住一个"耻"字来激励士人。如果连羞耻都不讲了,还有什么忠信礼义可言呢?后者为才能的要求,是"士者事也"的本训。稍次一等的士是只有道德修养——孝悌,而无从政才能。第三个等级是言而有信,行动果决,见识短浅,但守志不渝,这是匹夫匹妇之谅,但比那些背信弃义、不顾廉耻的人要好多了,因而亦可勉强算为士人。不过,器识狭小的人,即使已经步入政坛,八面威风,那也算不得合格的士人,不值得士人羡慕。仕与不仕,不是士人的标志。孔子心目中的"士",不再是唯禄位是图的趋利之徒,而是具有道义和是非观念的人格自觉的人,他必须在道义的前提下从政。子张谓曰:"士见危致命,见利思义。"(《子张》)士,要在必要的时候才受命出仕,在义的前提下才获取利禄。孔子更具体地说:"夫(士之)达者,质直而好义,察言而观色,虑以下人,在邦必达,在家必达。"(《颜渊》)这段话告诉人们,达之士人,他品行正直,襟怀坦白,坚持原则;他善于察言观色,态度诚恳,谦逊下人。这种人在大夫之家、在诸侯之国求得的仕路亨通,才叫"士人之达"。否则,品质低劣,心怀鬼胎,没有是非观念,阿谀奉承,笑里藏刀,虽飞黄腾达,也不足为贵。正直的士人,对此应该唾而弃之!'

从孔子的论述中,可见士的修养是十分优秀的。但这仍然是功利型的,不足以作为理想人格。《荀子·子道》："子路对曰：'知（智）者使人知己，仁者使人爱己。'（孔）子曰：'可谓士矣。'"可见士人的智和仁，在于使人知己、爱己，还带有功利的色彩。因此，荀子只把士作为修身的第一阶段（"其义始乎为士，终乎为圣人。"《荀子·劝学》），刘宝楠亦认为"士为学人进身之阶"，洵为确诂。

（三）四德共修——成人

成人的本义是成年人。《公羊传》僖公九年云：伯姬卒，因已许嫁而笄，故"死则以成人之丧治之。"（《谷梁传》同，《公羊传》文公十二年言叔姬之卒亦同）其引申义为能以礼约束自己的人。如《左传》昭公二十五年："故人之能曲直（曲折）以赴者，谓之成人。"《说苑·复恩》记晋文公曰："夫高明至贤，德行全诚，耽（乐）我以道，说我以仁，暴浣（匡正）我行，昭明我名，使我为成人者，吾以为上赏！"此语更明确地说明了"成人"的具体含义。孔子所说的"成人"又融入了智慧、廉洁、勇敢和才能等内容。《宪问》载子路问"成人"，子曰："若臧武仲（臧孙纥）之知（智），公绰之不欲（廉），卞庄子之勇，冉求之艺（多才），文之以礼乐，亦可以为成人矣。"又曰："今之成人者何必然，见利思义，见危受命，久要而不忘平生之言，亦可以为成人矣。"孔子将成人分为两等，上等的成人智勇过人，廉洁奉公，多才多艺，文质彬彬，是道德与才智结合的完人。这是理想中的成人形象。退而求其次："见利思义，见危受命"，久处于困约而不忘记诺言，这也算一个"成人"。下一等的成人，具有四德：坚持原则（义），见义勇为（忠），言而有信（信）的品德，与子张所谓"见危致命，见利思义"的"士"人形象无别。

成人的修养似乎比士要高，但还达不到君子的境界，成人好像还不知道天命，"不知命无以为君子"，故成人亦算不得理想人格。

（四）登堂入室——善人

善人，是指在政治生活中，以充分的好心善意治理国家的人。《子路》篇"善人为邦百年,亦可以胜残去杀矣",“善人教民七年,亦可以即戎(参战)矣"。两处的“善人"皆是此义。《尧曰》篇“周有大赉,善人是富",就是说周王室向功臣颁行大奖。那么,到底怎样才算“善人"呢?《述而》篇记载孔子之说云:“圣人,吾不得而见之矣,得见君子者斯可矣。"又曰:“善人,吾不得而见之矣,得见有恒者,斯可矣。"在这段话中,似乎是君子次于圣人,善人又次于君子,有恒者又次于善人。有恒者,指矢志不渝追求完善自我的人,即志士。善人大致属于“成人"的等次,是士人通向君子之路的一个阶梯,其具体特征不大清楚。子张问“善人之道",孔子答曰:“不践(履)迹,亦不入于室。"(《先进》)后人不知其所云。孔安国讲“室"是圣人之室,当为“升堂入室"之“室";刘宝楠讲“践迹"为“学礼乐之事"。如果孔安国和刘宝楠的解释不误,那么孔子的意思是:不学习礼乐就不能知道圣人的学术精华,就不能进入圣人的堂奥。那么,善人当是依礼而行,努力向圣人境界进取的人。

(五)理想人格——君子

1.“君子"释义

“君子"一词,在《论语》中出现107次,其中有伦理学上的意义,表示道德修养中的理想人格;也有政治学上的意义,指政治生活中的统治者。但这两者都不是“君子"的本义。“君子"的本义,犹之乎“公子"“王子"“王孙"等字面昭示的意义一样,就是指封君的儿子。在周代,凡有封地的人,都可称“君",封君的儿子即“君子",梁启超称之为“少东家",形象而逼真,得其本义。在孔子以前的古代社会,“学在官府",统治者不仅垄断物质资料,而且垄断精神财富,只有封君的子弟才能进入各级学校学习,庶民子弟被剥夺了受教育的权利。只有封君子弟才具有文化知识,“君子"一词成了知识拥有者的代名词,君子成了一定修养的人格特征。在宗法制与分封制下,封君(尤其是大封君)的儿子往往以封邦建国的形式被封封君,成为治民的统治者,因而“君子"又成了统治者的代名词。《论语》上说:“君子之德风,小人之德草,草上之风必偃。"(《颜渊》)"君子不仁者有矣夫,未有小人而仁者。"(《宪问》)"周公谓鲁公:'君子不施(弛)其亲,不使大臣怨乎不以(用)。"(《微子》)以上引文都是用"君子"指称统治者。

无论是原始社会军事民主制的遗风(即"选贤举能"),还是中国奴隶社会处于上升阶段统治者实行"学而后从政"(或"学而优则仕")的授官方法,在西周时期,统治者都拥有那个时代较高的知识和才能,"君子"从"封君的儿子"演变成了具有才智、善于治民的双重身份,成为社会敬畏和景仰的理想人格。这可能是孔子借用这个陈旧的名词代表他设计理想人格的历史原因。

随着中国奴隶制日益走向衰落,代表奴隶主利益的统治者的素质越来越差,特别是到了春秋时期,统治者形象一落千丈,他们仅仅凭借血统的高贵获取世袭的职位。而"天子失官,学在四夷",以前必须经"学而后从政"格局已被"后进于礼乐"的潮流冲破,"少东家"们不再通过"六艺"训练便已进入仕途。他们知识贫乏,技能低下,品德顽劣,不再是名副其实的"君子",被孔子蔑称为"斗筲小人"(《子路》)。他们完全不能成为人民素所仰景的榜样,称呼统治者"君子"已不再是知识和权力结合的象征,只仅仅具有权力地位的意义了。孔子于是借用"君子"一词来称呼人格修养很高的人,并重加塑造,使之成为一种完美的理想人格。

2.君子之道:仁、智、勇

君子的基本特征是仁、智、勇。孔子曰:"君子道者三,我无能焉:仁者不忧,知(智)者不惑,勇者不惧。"子贡曰:"夫子自道也。"(《宪问》)君子兼具三德,故不忧,不惑,不惧。在《中庸》中,孔子又把智、仁、勇说成是天下之达德,是人类共同的理想人格。美国思想家威尔·杜兰说:"孔子心目中的完人是一个哲圣兼备的圣人,孔子心目中的这个超人,是兼备苏格拉底的'智',尼采的'勇',以及耶稣的'仁'这三达德的完人。"苏格拉底是柏拉图之师,推崇人类智慧,为古希腊哲学之父;耶稣是基督教教主,教人博爱友善,为欧美文明之神;尼采为近代哲学家,提倡强者哲学,勇于批判古代,开创未来,为现代新思潮的开路先锋。孔子所提倡的智、仁、勇三达德,分别包容了西方世界三大哲学神圣的思想主题。可见,孔子的仁者哲学放之四海而皆准,无愧于"达德"之称。今天看来,孔子关于君子人格仁、智、勇三德的强调,也是非常全面的,同样具有现实意义。仁,属于德的范畴,以仁慈为怀,以爱人为意,这是人类共同推崇的优秀品质。智,为智慧,它包括充分的知识和察微知著的智略,这是人类共同向往的聪明、自觉、自由的境界。勇,即体魄,它包括见义勇为、坚韧弘毅等内容,正是人类希望事业有成必不可少的力量后盾。仁、智、勇三达德,与现代社会提倡的德、智、体全面发展意思相当,具有异曲同工之妙。一个生于二千五百年前的古人,能有这样全面的认识,确实是难能可贵的。

3.君子风度

君子是道德纯粹、人格完美的人,他具有优秀的品德,高尚的情操,醇熟的处世经验和优雅的行为举止。具体数来,君子心怀充沛的好心善意,爱人利人,无忧无惧。(《宪问》:"仁者不忧。"《颜渊》:"司马牛问君子,子曰:'君子不忧不惧。'曰:'不忧不惧,斯谓之君子已乎?'子曰:'内省不疚,夫何忧何惧。'")他具有远大理想,既积极入世,以天下为己任(《宪问》:"子路问君子,子曰:'修己以敬。'曰:'如斯而已乎?'曰:'修己以安人。'曰:'如斯而已乎?'曰:'修己以安百姓。'");又志趣高雅,自拔于流俗之外(《里仁》:"子曰:'君子喻(明)于义,小人喻于利。'"又《卫灵公》:"君子固穷,小人穷斯滥矣。")。他襟怀坦荡(《述而》:"君子坦荡荡,小人长戚戚。"),光明磊落(《为政》:"君子周而不比,小人比而不周。"又《子路》:"君子和而不同,小人同而不和")。他乐天知命(《尧曰》:"不知命,无以为君子。"),豁达大度(《子路》:"君子泰而不骄,小人骄而不泰。"又《学而》:"人不知而不愠,不亦君子乎!")。他知权知变,无偏无颇。(《中庸》:"子曰'君子之中庸,君子而时中。'")他宽以待人(《子张》:"子张曰:君子尊贤而容众,嘉善而矜不能。"),严于律己(《卫灵公》:"君子求诸己,小人求诸人。"),成人之美,不成人之恶(《颜渊》)。他衣食中节,仪表端庄(《乡党》:"君子不以绀緅饰,红紫不以为亵服";又《子张》"君子有三变:望之俨然,即(近)之也温,听其言也厉。")。在政治上,君子爱憎分明(《阳货》:"子贡曰:'君子亦有恶乎?'子曰:'有恶,恶称人之恶者,恶居下而讪上者,恶勇而无礼者,恶果敢而窒(不通情理)者。'"),无偏无党(《卫灵公》:"君子矜而不争,群而不党。");爱民利民,讲信修睦(《公冶长》:"子谓子产有君子之道四焉:其行己也恭,其事上也敬,其养民也惠,其使民也义。"又《子张》:"子夏曰:'君子信而后劳其民。'")。与仁者品德一样,君子人格亦是人间真善美的化身,时时处处都表现出仁慈、智慧和正义的光彩,将温馨与文明洒满人间,给人以春风般的温暖。

4.怎样当君子?

孔子的君子人格理论,是建立在人世间的实践伦理和社会道德基础之上的。它不同于只可向往、不可企及的宗教神圣,而是植根于生活,是人间客观存在的美德的提炼和升华;它具有真真切切的亲切感,也具有鼓励人们奋发向上的实践意义。在孔子看来,只要人们时刻保持追求理想人格的意识,加以恰当的方法,坚持矢志不渝地修炼,人们完全可以进入这个理想的人格境界。孔子是怎样指引我们向君子境界进军的呢? 归纳起来有以下几个步骤:

首先必须坚持"仁、义、礼"三项基本原则,坚定明确的政治方向。如"君子去(离)仁,恶乎成名? 君子无终食之间违仁,造次必于是,颠沛必于是。"(《里仁》)"君子之于天下也,无适(顺从)也,无莫(否定)也,义之与比。""君子义以为质,礼以行之。"(《卫灵公》)"君子义以为上。君子有勇而无义为乱,小人有勇而无义为盗。"(《阳货》)

其次是树立远大理想,不贪图享受。如"君子谋道不谋食。耕也,馁(饥)在其中矣;学也,禄在其中也。君子忧道不忧贫。"(《卫灵公》)"君子食无求饱,居无求安,敏于事慎于言,就有道而正焉。"(《学而》)

其三是博学于文,上达天道。孔子认为,耕作之事,渔猎工商,都是普通百姓的事,是小人之事(《子路》)。一个想成为君子的人,应志向远大,探求至道。而求道的途径便是学习。子夏曰:"君子学以致其道。"(《子张》)道又分为大道(或天命)和小道(文,即具体知识),君子固然要学习小道(《雍也》:"君子博学于文。"),但要存小而志大,以通达大道为极致(即"上达")。他告诫子夏曰:"汝为君子儒,无为小人儒。"(《雍也》)什么是"君子儒"?什么是"小人儒"呢?孔子曰:"君子上达(知天道),小人下达(溺于小知、小道)。"(《宪问》)君子儒知天道,小人儒只知人事以及其他委曲细事。细事并不是不重要,问题是沉溺其中会丧失大志。子夏曰:"虽小道,必有可观者焉。致远(深溺)恐泥(胶执),是以君子不为也。"(《子张》)

其四是形成内在的美质和外在的修仪,让内质与外仪完美统一,成为文质彬彬的君子,形成庄重的威仪。孔子曰:"质胜文则野,文胜质则史,文质彬彬(协调)然后君子。"(《雍也》)"君子不重而不成。"(《学而》)

其五是谨言力行,言行一致。"君子……敏于事虽慎于言。"(《学而》)"君子欲讷于言而敏于行。"(《里仁》)慎于言故寡过,敏于事(或行)则有功。又子贡问君子,子曰:"先行其言而后从(再说)之。"(《为政》)又曰:"君子耻其言而过其行。"(《宪问》)言行一致是有信的表现:"信近于义言可复(履)也。"在义的前提下许下的诺言,是可以实践的。

其六是正确处理人际关系。如"君子求诸己,小人求诸人。""君子不以言举人,不以人废言。""君子病无能焉,不病人之不己知。"(俱见《卫灵公》)"人不知而不愠,不亦君子乎!"(《学而》)"君子成人之美,不成人之恶。小人反是。"(《颜渊》)"君子……主忠信,无友不如己者。"(《学而》)通过与人相处,培养自己严于律己、宽以待人的忠信品质。

其七是自我反省,时常用君子的标准来检讨自己,这包括三戒、三畏、九思等内容。孔子曰:"君子有三戒:少之时,血气未定,戒之在色;及其壮也,血气方刚,戒之在斗;及其老也,血气既衰,戒之在得。"(《季氏》)孔子曰:"君子有三畏,畏天命,畏大人，畏圣人之言。小人不知天命而不畏也，狎大人，侮圣人之言。"孔子曰："君子有九思：视思明，听思聪，色思温，貌思恭，言思忠，事思敬，疑思问，忿思难，见得思义。"

最后是知错就改，决不文过饰非。"君子……过则勿惮改。"（《学而》）子夏曰："小人之过也必文。"（《子张》）子贡曰："君子之过也，如日月之食焉，过也，人皆见之；更（改）也，人皆仰之。"要想成为君子的人通过自我反省，发现错误，及时改正，使无重犯，于是就向完美的方向迈进了一步。人类正是在不断纠正自己的错误中前进的，也是在改正错误后完善的。小人则不然，他们有错必文饰遮掩，"过而不改，是谓过矣！"过上加过，错了再错。小人自以为永远没有错误，所以他永远是小人。君子总是在改正自己的错误，所以他成了君子。

君子代表人间美德，而小人则代表人世之卑污，君子和小人分别代表人格的两个极端。知乎君子，则小人之过亦存其心矣。

（六）神圣的人格——圣人

"君子"是伦理道德方面的人格情态，"圣人"则是君子人格榜样在政治领域的应用，是君子榜样的政治价值。子路问君子，子曰："修己以敬。"子路又曰："如斯而已乎？"孔子曰："修己以安人。"子路曰："如斯而已乎？"曰："修己以安百姓。修己以安百姓，尧舜犹病诸。"（《宪问》）"修己以敬"和"修己以安人"分属于伦理道德和社会范畴，"修己以安百姓"则属于政治领域，孔子认为那已是属于尧舜的圣人之业。可见，君子人格上升到政治领域，实现"安百姓"的伟业，便成了圣人。

圣人也是仁者之德在政治领域的进一步升华，以仁者之德从政，成就了"博施济众"之伟业者，即为圣人。子贡曰："如有博施于民而能济众，何如？可谓仁乎？"子曰："何事（只）于仁，必也圣乎！尧舜犹病诸！"（《雍也》）

可见，孔子心目中的圣人，在品德上是个爱人的仁者，在人格上是个完美的君子，在事业上是一个伟大的成功者。《大戴礼·诰志》曰："仁者为圣。"这与后世理解的无所不能、无所不知、神秘的圣人似乎有一定区别。

孔子论人格的一大特点,是立足现实,塑造理想。他不忽略普遍的大众人格(即匹夫匹妇),但也不迁就普通人格。他对普通人格有表彰(三军可以夺帅,匹夫不可夺志),但也不局限于普通人格,不主张停留在"匹夫之谅""硁硁守节"的水平。他主张士人应该与匹夫之谅有所不同,那便是心怀大志,学习文化,具备才干,具有仁智勇,能用礼乐来规范自己,陶衍自己,能任大事,善于处事,举止优雅,待人仁厚的君子。君子是人类美德的结晶,君子是社会道德的典范。具有君子修养的人,如果将自己的品德和才干用于政治,推之天下,广泛地造福于人,施惠于人,那他就成了圣人。孔子的修养论是建立在实现基础之上的,既不玄远,也不神秘,具有极强的实践意义,我们完全可以称之为"实践伦理学"。正因为此,千百年来,孔子的理想人格论,激励了无数有志之士通过修身砥砺,实现了成为仁人、君子和圣人的人生追求。贡献是十分孔子不仅是儒学的先师,也是中国仁人君子群体和圣人者流的先师。他在中国人怎样做人的问题上的巨大的,也是举世无双的。

第七章　孔子言行录

一、《论语》所载孔子言行

【原文】

子曰:"学而时习之,不亦说乎? 有朋自远方来,不亦乐乎? 人不知而不愠,不亦君子乎?"〔论语·学而〕

【释义】

孔子说:"学习又不断地温习,不是很快乐的事情吗? 有朋友从远方来,不是很高兴的事情吗? 他人不了解我,我又不气愤,不是一个有德的君子吗?"

【原文】

子曰:"巧言令色,鲜矣仁。"〔论语·学而〕

【释义】

孔子说:"花言巧语,假装和善,这种人很少有仁心。"

【原文】

子曰:"道千乘之国,敬事而信,节用而爱人,使民以时。"〔论语·学而〕

【释义】

孔子说:"治理有一千辆兵车的国家,要尽忠职守又恪守信用,节省开支又爱护众人,在适当的时候役使百姓。"

【原文】

子曰:"弟子,入则孝,出则悌,谨而信,泛爱众,而亲仁。行有余力,则以学文。"[论语·学而]

【释义】

孔子说:"弟子们在家要孝敬父母,出门要服从兄长,言行谨慎,说话诚实,普遍地关怀别人,并亲近那些有仁德的人。做好这些事后还有余力,再去学习书本知识。"

【原文】

子曰:"君子,不重则不威,学则不固。主忠信,无友不如己者。过则勿惮改。"[论语·学而]

【释义】

孔子说:"君子不庄重就没有威严,即使读书,所学的也不会巩固。以忠信为本,不与志趣不同的人交往,有了过错,不怕去改正。"

【原文】

子禽问于子贡曰:"夫①子至于是邦也,必闻其政,求之与,抑与之与?"子贡曰:"夫子温、良、恭、俭、让以得之。夫子之求之也,其诸异乎人之求之与。"[论语·学而]

【注释】

①《史记·田叔列传》赞引:孔子称曰"居是国必闻其政"。

【释义】

子禽问子贡说:"老师每到一个国家,一定会听到这个国家的政治情况,这是他自己求得的,还是别人主动告诉他的呢?"子贡说:"老师是靠温和、善良、严肃、节俭、谦逊来取得的。老师得到的方法,和别人得到的方法是不同的。"

【原文】

子曰:"父在,观其志;父没,观其行;三年无改于父之道,可谓孝矣。"[论语·学而]

【释义】

孔子说:"当父亲活着的时候,要观察他的志向;父亲去世后,要观察他的行为;如果他能长期不改变父亲为人处世之道,就可以称得上孝顺了。"

【原文】

子曰:"君子食无求饱,居无求安,敏于事而慎于言,就有道而正焉,可谓好学也已。"[论语·学而]

【释义】

孔子说:"君子,饮食不求饱足,居住不求安逸,办事敏捷说话谨慎,主动向有正道的人请教,这样可以称得上好学了。"

【原文】

子贡曰："贫而无谄，富而无骄，何如？"子曰："可也。未若贫而乐，富而好礼者也。"子贡曰："《诗》云：'如切如磋，如琢如磨。'其斯之谓与？"子曰："赐也！始可与言《诗》已矣，告诸往而知来者。"[论语·学而]

【释义】

子贡说："贫穷而不谄媚，富贵而不骄傲，怎么样？"孔子说："这样可以了。但还比不上贫穷却乐于道，富贵却好礼的人。"子贡说："《诗经》上说：'就像对待骨角、象牙、玉石一样，要不断切磋琢磨'，讲的就是这个意思吧？"孔子说："赐呀，现在我可以同你谈论《诗经》了，你已经能从我讲过的话中领悟到另一件事情了。"

【原文】

子曰："不患人之不己知，患不知人也。"[论语·学而]

【释义】

孔子说："不怕别人不了解我，只怕我不了解别人。"

【原文】

子曰："为政以德，譬如北辰，居其所而众星共之。"[论语·为政]

【释义】

孔子说："以道德来治理政事，就像北极星那样，自己居于一定的位置，其他星辰都会环绕在它的周围。"

【原文】

子曰:"《诗》三百,一言以蔽之,曰:'思无邪'。"〔论语·为政〕

【释义】

孔子说:"《诗经》三百篇,用一句话来概括它,就是:思想纯正。"

【原文】

子曰:"道之以政,齐之以刑,民免而无耻;道之以德,齐之以礼,有耻且格。"〔论语·为政〕

【释义】

孔子说:"用政法去教导百姓,用刑罚来约束百姓,百姓免于犯罪受罚却不知廉耻;用德行引导百姓,用礼制统一言行,百姓知道羞耻而且还守规矩。"

【原文】

子曰:"吾十有五而志于学,三十而立,四十而不惑,五十而知天命,六十而耳顺,七十而从心所欲不逾矩。"〔论语·为政〕

【释义】

孔子说:"我十五岁立志于学习,三十岁说话做事都有把握,四十岁免于迷惑,五十岁懂得了天命,六十岁能正确对待各种言论,七十岁能随心所欲而不越出规矩。"

【原文】

孟懿子问孝。子曰:"无违。"樊迟御,子告之曰:"孟孙问孝于我,我对曰无违。"

樊迟曰:"何谓也?"子曰:"生,事之以礼;死,葬之以礼,祭之以礼。"[论语·为政]

【释义】

孟懿子问什么是孝。孔子说:"不要违背礼。"樊迟给孔子驾车,孔子告诉他说:"孟孙问我什么是孝,我告诉他说不要违背礼。"樊迟说:"不要违背礼是什么意思呢?"孔子说:"父母活着的时候,按照礼节侍奉他们;父母去世后,按礼节埋葬他们,祭祀他们。"

【原文】

孟武伯问孝。子曰:"父母唯其疾之忧。"[论语·为政]

【释义】

孟武伯请教什么是孝。孔子说:"做父母的只是为孝子的疾病发愁。"

【原文】

子游问孝。子曰:"今之孝者,是谓能养。至于犬马,皆能有养,不敬,何以别乎?"[论语·为政]

【释义】

子游问什么是孝。孔子说:"现在所谓的孝,是指能够赡养父母。可是就连犬马都能够得到饲养,如果没有孝敬,那么赡养父母与饲养犬马有什么区别呢?"

子游

【原文】

子夏问孝。子曰："色难。有事,弟子服其劳;有酒食,先生馔,曾是以为孝乎?"〔论语·为政〕

【释义】

子夏问什么是孝。孔子说："子女对父母保持和颜悦色很不容易。有了事情,儿女替父母去做,有了酒饭,让父母吃,这样就可以算是孝了吗?"

【原文】

子曰:"吾与回言,终日不违,如愚。退而省其私,亦足以发,回也不愚。"〔论语·为政〕

【释义】

孔子说:"我整天跟颜回讲话,他从来不提反对意见,好像一个蠢人。等他离开之后,留意他私下的言论,发现他也有不少心得,颜回并不愚蠢。"

【原文】

子曰:"视其所以,观其所由,察其所安,人焉廋哉? 人焉廋哉?"〔论语·为政〕

【释义】

孔子说:"看清楚他言行的动机,观察他过去的所作所为,考察他安心干什么事情,这样,这个人怎样能隐藏得了呢? 这个人怎样能隐藏得了呢?"

【原文】

子曰:"温故而知新,可以为师矣。"[论语·为政]

【释义】

孔子说:"温习旧知识时,能有新的领悟,就可以担任老师了。"

【原文】

子曰:"君子不器。"[论语·为政]

【释义】

孔子说:"君子的目标,不能像器具那样只有某一方面的特定用途。"

【原文】

子贡问君子。子曰:"先行其言而后从之。"[论语·为政]

【释义】

子贡问什么是君子。孔子说:"对于要说的话,要实践以后再说出来。"

【原文】

子曰:"君子周而不比,小人比而不周。"[论语·为政]

【释义】

孔子说:"君子开诚布公而不与人勾结,小人与人勾结而不开诚布公。"

【原文】

子曰:"学而不思则罔,思而不学则殆。"〔论语·为政〕

【释义】

孔子说:"学习而不思考问题,就不会有新的收获,思考问题而不学习,就会充满疑惑。"

【原文】

子曰:"攻乎异端,斯害也已。"〔论语·为政〕

【释义】

孔子说:"批判那些不同观点的言论,祸害就可以消除了。"

【原文】

子曰:"由,诲女,知之乎? 知之为知之,不知为不知,是知也。"〔论语·为政〕

【释义】

孔子说:"由,我教给你怎样,你明白吗? 知道的就是知道,不知道就是不知道,这就是智慧啊!"

【原文】

子张学干禄。子曰:"多闻阙疑,慎言其余,则寡尤;多见阙殆,慎行其余,则寡悔。言寡尤,行寡悔,禄在其中矣。"〔论语·为政〕

【释义】

子张请教谋取官职的办法。孔子说："要多听各种观点,有怀疑的地方先放在一旁,谨慎地说出有把握的东西,这样就可以少犯错误;要多看各种行为,有怀疑的地方先放在一旁,谨慎地去做其余有握的事情,这样就能减少后悔。说话少过失,做事少后悔,官职俸禄自然不成问题。"

【原文】

哀公问曰:"何为则民服?"孔子对曰:"举直错诸枉,则民服;举枉错诸直,则民不服。"[论语·为政]

【释义】

鲁哀公问:"怎么做才能让百姓服从呢?"孔子回答说:"提拔那些正直无私的人,把那些欺上瞒下的人置于一旁,百姓就会服从;提拔那些欺上瞒下的人,把正直无私的人置于一旁,百姓就不会顺从。"

【原文】

季康子问:"使民敬、忠以劝,如之何?"子曰:"临之以庄,则敬;孝慈,则忠;举善而教不能,则劝。"[论语·为政]

【释义】

季康子问:"要使老百姓尊敬、尽忠并努力干活,该怎样做呢?"孔子说:"用庄重的态度对待百姓,他们就会尊敬;对百姓仁慈,他们就会尽忠;提拔善良的人并教育能力差的人,百姓就会加倍努力。"

【原文】

或谓孔子曰:"子奚不为政?"子曰:"《书》云:'孝乎惟孝,友于兄弟。'施于有政,是亦为政,奚其为为政?"[论语·为政]

【释义】

有人对孔子说:"你为什么不参与政治呢?"孔子回答说:"《尚书》上说:'孝就是孝敬父母,友爱兄弟。'把这道理推广到政治上,就是参与政治,不然怎样才算是参与政治呢?"

【原文】

子曰:"人而无信,不知其可也。大车无輗,小车无軏,其何以行之哉?"[论语·为政]

【释义】

孔子说:"一个人如果不讲信用,不知道他怎么跟人交往。就好像大车没有輗、小车没有軏一样,它靠什么行走呢?"

【原文】

子张问:"十世可知也?"子曰:"殷因于夏礼,所损益,可知也;周因于殷礼,所损益,可知也。其或继周者,虽百世,可知也。"[论语·为政]

【释义】

子张问孔子:"今后十世的制度现在能预知吗?"孔子说:"殷朝继承了夏朝的制度,所废除和所增加的内容是可以知道的;周朝又继承商朝的制度,所废除的和所增加的内容也是可以知道的。以后有继承周朝的制度,就是一百世以后的情况,也是可以预知的。"

【原文】

子曰:"非其鬼而祭之,谄也。见义不为,无勇也。"[论语·为政]

【释义】

孔子说:"不是你应该祭祀的鬼神,若是去祭祀它,就是谄媚。见到应该做的事情却没有采取行动,就是怯懦。"

【原文】

孔子谓季氏:"八佾舞于庭,是可忍也,孰不可忍也!"[论语·八佾]

【释义】

孔子谈到季氏,说:"他在自己的庭院举行八佾之舞,这样的事他都容忍,还有什么事情不能容忍呢?"

【原文】

三家者以《雍》彻。子曰:"'相维辟公,天子穆穆。'奚取于三家之堂?"[论语·八佾]

【释义】

鲁国三家大夫在祭祖完毕撤去祭品时,也会让乐工唱《雍》诗。孔子说:"《雍》诗上说:'助祭的是诸侯,天子严肃静穆地在那里主祭。'这样的仪式,怎么能用在这三家的庙堂里呢?"

【原文】

子曰:"人而不仁,如礼何? 人而不仁,如乐何?"〔论语·八佾〕

【释义】

孔子说:"一个人没有仁德,他能用礼做什么呢? 一个人没有仁德,他能乐做什么呢?"

【原文】

林放问礼之本。子曰:"大哉问! 礼,与其奢也,宁俭;丧,与其易也,宁戚。"〔论语·八佾〕

【释义】

林放请教什么是礼的根本道理。孔子说:"你问的问题真是大问题。一般的礼,与其奢侈,不如节俭;至于丧事,与其仪式上周备,不如内心真正悲伤。"

【原文】

子曰:"夷狄之有君,不如诸夏之亡也。"〔论语·八佾〕

【释义】

孔子说:"夷狄虽然有君主,还不如中原诸国没有君主呢。"

【原文】

季氏旅于泰山。子谓冉有曰:"女弗能救与?"对曰:"不能。子曰:"呜呼! 曾谓泰山不如林放乎?"〔论语·八佾〕

【释义】

季孙要去祭祀泰山。孔子对冉有说："你不能劝阻他吗?"冉有说:"不能。"孔子说:"唉! 难道认为泰山神还不如林放知礼吗?"

【原文】

子曰:"君子无所争,必也射乎! 揖让而升,下而饮,其争也君子。"[论语·八佾]

【释义】

孔子说:"君子没有什么可争的。如果有的话,那就是射箭比赛了。比赛时,先相互作揖谦让,比赛后,又相互作揖再喝酒,这就是君子之争。"

【原文】

子夏问曰:"'巧笑倩兮,美目盼兮,素以为绚兮。'何谓也?"子曰:"绘事后素。"曰:"礼后乎?"子曰:"起予者商也,始可与言《诗》已矣。"[论语·八佾]

【释义】

子夏问:"'笑得真好看,美丽的眼睛真漂亮,白色的衣服就很光彩夺目了。'这几句诗是什么意思呢?"孔子说:"这是说先有白底,然后再绘画。"子夏又问:"那么,礼是不是后来才产生的呢?"孔子说:"商,你真是能启发我的人,现在可以跟你讨论《诗经》了。"

【原文】

子曰:"夏礼吾能言之,杞不足征也。殷礼吾能言之,宋不足征也。文献不足故也。足,则吾能征之矣。"[论语·八佾]

【释义】

孔子说："夏朝的礼我能说出来,但是它的后代杞国没办法证实;殷朝的礼我能说出来,但它的后代宋国没办法证实。这都是由于资料和人才不足的缘故。如果足够的话,我就可以证实了。"

【原文】

子曰:"禘自既灌而往者,吾不欲观之矣。"〔论语·八佾〕

【释义】

孔子说:"举行禘礼的仪式时,从第一次献酒以后,我就不想看了。"

【原文】

或问禘之说。子曰:"不知也。知其说者之于天下也,其如示诸斯乎!"指其掌。〔论语·八佾〕

【释义】

有人请教举行禘祭的规定。孔子说:"我不知道。知道这种规定的人如果要治理天下的事,就会像把这东西摆在这里一样容易吧!"他指着自己的手掌。

【原文】

祭如在,祭①神如神在。子曰:"吾不与祭,如不祭。"〔论语·八佾〕

【注释】

①董仲舒《春秋繁露·祭义篇》引孔子曰:"吾不兴祭,祭神如神在。"

【释义】

祭祀祖先就好像祖先真在面前,祭神就好像神真在面前。孔子说:"如果我不亲自参加祭祀,那就和不祭祀一样。"

【原文】

王孙贾问曰:"'与其媚于奥,宁媚于灶',何谓也?"子曰:"不然。获罪于天,无所祷也。"[论语·八佾]

【释义】

王孙贾问道:"'与其讨好奥神,不如奉承灶神',这话是什么意思?"孔子说:"不是这样的。如果得罪了天,那祷告也没用。"

【原文】

子曰:"周监于二代,郁郁乎文哉,吾从周。"[论语·八佾]

【释义】

孔子说:"周朝的礼仪制度借鉴了夏商两代的,非常完备。我遵从周朝的。"

【原文】

子入太庙,每事问。或曰:"孰谓鄹人之子知礼乎?入太庙,每事问。"子闻之,曰:"是礼也。"[论语·八佾]

【释义】

孔子进了周公庙,每件事情都要问。有人说:"谁说这个鄹人之子懂礼数呀?他到了太庙,什么事都要问别人。"孔子听到后说:"这就是礼呀!"

【原文】

子曰:"射不主皮,为力不同科,古之道也。"[论语·八佾]

【释义】

孔子说:"射箭比赛不是为了穿透靶子,因为每个人的力气不一样。这是自古以来的规矩。"

【原文】

子贡欲去告朔之饩羊。子曰:"赐也! 尔爱其羊,我爱其礼。"[论语·八佾]

【释义】

子贡想要省掉每月初一在祖庙告祭用的活羊。孔子说:"赐呀! 你爱惜那只羊,我却爱惜那种礼。"

【原文】

子曰:"事君尽礼,人以为谄也。"[论语·八佾]

【释义】

孔子说:"我服侍君主完全按照周礼的规定去做,别人却以为我这是谄媚。"

【原文】

定公问:"君使臣,臣事君,如之何?"孔子对曰:"君使臣以礼,臣事君以忠。"[论语·八佾]

【释义】

鲁定公问:"君主使唤臣下,臣子服事君主,该怎样做呢?"孔子回答说:"君主应该按照礼节去使唤臣子,臣子应该尽忠来服侍君主。"

【原文】

子曰:"《关雎》,乐而不淫,哀而不伤。"[论语·八佾]

【释义】

孔子说:"《关雎》这篇诗,快乐而不放荡,悲哀而不伤心。"

【原文】

哀公问社于宰我,宰我对曰:"夏后氏以松,殷人以柏,周人以栗,曰:使民战栗。"子闻之,曰:"成事不说,遂事不谏,既往不咎。"[论语·八佾]

【释义】

鲁哀公问宰我关于社主的事情,宰我回答说:"夏朝用松树,殷朝用柏树,周朝用栗树。用栗树的意思是:使老百姓战栗。"孔子听到后说:"已经做过的事就不用再解释了,已经完成的事就不用再去劝阻了,已经过去的事也不必再追究了。"

【原文】

子曰:"管仲之器小哉!"或曰:"管仲俭乎?"曰:"管氏有三归,官事不摄,焉得俭?""然则管仲知礼乎?"曰:"邦君树塞门,管氏亦树塞门;邦君为两君之好有反坫,管氏亦有反坫。管氏而知礼,孰不知礼?"[论语·八佾]

【释义】

孔子说:"管仲这个人的度量太小了!"有人说:"管仲不是很节俭吗?"孔子说:"他有三处居所,手下人员也不用兼职工作,这怎么谈得上节俭呢?"那人又问:"那么管仲懂礼吗?"孔子回答:"国君在大门口设立照壁,管仲也在大门口设立照壁。国君宴请宾客,在堂上有放空酒杯的土台,管仲也有这样的土台。如果说管仲知礼,那么还有谁不知礼呢?"

【原文】

子语鲁大师乐,曰:"乐其可知也:始作,翕如也;从之,纯如也,皦如也,绎如也,以成。"[论语·八佾]

【释义】

孔子告诉鲁国乐官音乐的道理说:"音乐是可以理解的:开始演奏时,各种乐器合奏,非常热烈;接下来众音合奏,和谐单纯,节奏分明,连续不断,音乐就这样完成了。"

【原文】

仪封人请见,曰:"君子之至于斯也,吾未尝不得见也。"从者见之。出曰:"二三子何患于丧乎?天下之无道也久矣,天将以夫子为木铎。"[论语·八佾]

【释义】

仪这个地方的官吏请求见孔子,他说:"凡是有道德学问的人到这里来,我没有不与之相见的。"孔子的学生领他去见了孔子。他出来后说:"你们为什么会为没有官位而发愁呢?天下无道的日子已经很久了,上天将以你们的老师当做木铎,来教化百姓。"

【原文】

子谓《韶》:"尽美矣,又尽善也。"谓《武》:"尽美矣,未尽善也。"[论语·八佾]

【释义】

孔子评论《韶》说:"形式太美了,内容也很好。"评论《武》说:"形式很美,但内容差了一些。"

【原文】

子曰:"居上不宽,为礼不敬,临丧不哀,吾何以观之哉?"[论语·八佾]

【释义】

孔子说:"居于统治地位却不能宽以待人,行礼的时候不严肃,参加丧礼时不悲哀,这种人我怎么能看得下去呢?"

【原文】

子曰:"里仁为美,择不处仁,焉得知?"[论语·里仁]

【释义】

孔子说:"跟有仁德的人住在一起才是好的,如果你选择的住处不是跟有仁德的人在一起,怎么能说你是明智的呢?"

【原文】

子曰:"不仁者不可以久处约,不可以长处乐。仁者安仁,知者利仁。"[论语·里仁]

【释义】

孔子说："没有仁德的人不能长期处在贫困中,也不能长期处在安乐中。有仁德的人安于仁道,有智慧的人利用仁道。"

【原文】

子曰:"唯仁者能好人,能恶人。"[论语·里仁]

【释义】

孔子说："只有有仁德的人才能爱人,也才能恨人。"

【原文】

子曰:"苟志于仁矣,无恶也。"[论语·里仁]

【释义】

孔子说："如果立志行仁,就不会做坏事了。"

【原文】

子曰:"富与贵,是人之所欲也,不以其道得之,不处也;贫与贱,是人之所恶也,不以其道得之,不去也。君子去仁,恶乎成名?君子无终食之间违仁,造次必于是,颠沛必于是。"[论语·里仁]

【释义】

孔子说："富有和尊贵是每个人都想要的,但不用正当的方法得到它,君子是不会接受的;贫穷与低贱是每个人都厌恶的,但不用正当的方法去摆脱它,君子也不会去摆脱的。君子如果抛弃了仁德,又怎么能叫君子呢?君子没有一顿饭的时间背离仁德,就是在最紧迫的时刻也与仁德同在,在颠沛流离时也与仁德同在。"

【原文】

子曰:"我未见好仁者,恶不仁者。好仁者,无以尚之;恶不仁者,其为仁矣,不使不仁者加乎其身。有能一日用其力于仁矣乎?我未见力不足者。盖有之矣,我未之见也。"[论语·里仁]

【释义】

孔子说:"我没有见过爱好仁德的人,也没有见过厌恶不仁的人。喜欢仁德的人,已经达到最高的极限;厌恶不仁的人,只是不让不仁的东西影响自己。有能花一天时间把力量用于仁德上吗?我还没看过力量不够的。这种人可能有,但我没见过。"

【原文】

子曰:"人之过也,各于其党。观过,斯知仁矣。"[论语·里仁]

【释义】

孔子说:"人们的错误,按照人们的性格特征分门别类。只需看看一个人所犯的错误,就知道他有没有仁德了。"

【原文】

子曰:"朝闻道,夕死可矣。"[论语·里仁]

【释义】

孔子说:"早晨懂得了道,就是当晚死去也值得了。"

【原文】

子曰:"士志于道,而耻恶衣恶食者,未足与议也。"［论语・里仁］

【释义】

孔子说:"士有志于追求真理,但又以自己吃得不好、穿得不好为耻辱,这种人,是不值得与他谈论道的。"

【原文】

子曰:"君子之于天下也,无适也,无莫也,义之与比。"［论语・里仁］

【释义】

孔子说:"君子对于天下的事情,没有固定的亲疏标准,只是按照义的标准去做。"

【原文】

子曰:"君子怀德,小人怀土;君子怀刑,小人怀惠。"［论语・里仁］

【释义】

孔子说:"君子思念的是道德,小人思念的是乡土;君子关心的是法制,小人关心的是恩惠。"

【原文】

子曰:"放于利而行,多怨。"［论语・里仁］

【释义】

孔子说:"为追求利益而行动,就会招致很多的怨恨。"

【原文】

子曰:"能以礼让为国乎,何有? 不能以礼让为国,如礼何?"[论语·里仁]

【释义】

孔子说:"能够用礼让来治理国家,那还有什么困难呢? 不能用礼让来治理国家,礼有什么用呢?"

【原文】

子曰:"不患无位,患所以立;不患莫己知,求为可知也。"[论语·里仁]

【释义】

孔子说:"不愁没有官位,就怕自己没有能够胜任的能力。不怕没人知道自己,只求能得到使别人知道自己的本领。"

【原文】

子曰:"参乎,吾道一以贯之。"曾子曰:"唯。"子出,门人问曰:"何谓也?"曾子曰:"夫子之道,忠恕而已矣。"[论语·里仁]

【释义】

孔子说:"参啊,我讲的道可以用一个原则贯彻始终的。"曾子说:"是。"孔子出去以后,其他同学便问曾子:"这是什么意思?"曾子说:"老师的道,就是忠恕罢了。"

【原文】

子曰:"君子喻于义,小人喻于利。"[论语·里仁]

【释义】

孔子说:"君子明白大义,小人只知道小利。"

【原文】

子曰:"见贤思齐焉,见不贤而内自省也。"[论语·里仁]

【释义】

孔子说:"见到贤人,就应该向他看齐,见到不贤的人,就应该自我反省。"

【原文】

子曰:"事父母几谏,见志不从,又敬不违,劳而不怨。"[论语·里仁]皇本"敬"下有"而"字。

【释义】

孔子说:"侍奉父母,如果父母有不对的地方,应当委婉地劝说。自己的意见表达出来,父母没有采纳,还应该对他们恭敬,不要触犯他们,虽然为他们忧心,但并不怨恨。"

【原文】

子曰:"父母在,不远游,游必有方。"[论语·里仁]

【释义】

孔子说:"父母在世时,不出门远行;如果不得已要出远门,也必须有一定的去处。"

【原文】

子曰：“三年无改于父之道，可谓孝矣。”［论语·里仁］

【释义】

孔子说：“如果他能长期不改变父亲为人处世之道，就可以称得上孝顺了。”

【原文】

子曰：“父母之年，不可不知也。一则以喜，一则以惧。”［论语·里仁］

【释义】

孔子说：“父母的年纪，要时时记在心上。一方面为他们的长寿而高兴，一方面又为他们的衰老而忧虑。”

【原文】

子曰：“古者言之不出，耻躬之不逮也。”［论语·里仁］

【释义】

孔子说：“古人不肯轻易许诺，因为他们以自己做不到为耻辱。”

【原文】

子曰：“以约失之者鲜矣。”［论语·里仁］

【释义】

孔子说：“用礼来约束自己，再犯错误的人就很少了。”

【原文】

子曰:"君子欲讷于言而敏于行。"[论语·里仁]

【释义】

孔子说:"君子说话时要小心谨慎,做事时要敏捷快速。"

【原文】

子曰:"德不孤,必有邻。"[论语·里仁]

【释义】

孔子说:"有道德的人是不会孤单,一定有人与他相处。"

【原文】

子谓公冶长:"可妻也。虽在缧绁之中,非其罪也。"以其子妻之。[论语·公冶长]

【释义】

孔子评论公,冶长说:"可以把女儿嫁给他。他虽然坐过牢,但并不是他的过错呀。"后来孔子把自己的女儿嫁给了他。

【原文】

子谓南容:"邦有道,不废;邦无道,免于刑戮。"以其兄之子妻之。[论语·公冶长]

【释义】

孔子评论南容说:"国家有道时,他不会被抛弃;国家无道时,他也可以免于刑罚。"于是把自己的侄女嫁给了他。

【原文】

子谓子贱:"君子哉若人,鲁无君子者,斯焉取斯。"[论语·公冶长]

【释义】

孔子评论子贱说:"这个人是个君子。如果鲁国没有君子,他是从哪里学到这些品德的呢?"

【原文】

子贡问曰:"赐也何如?"子曰:"女,器也。"曰:"何器也?"曰:"瑚琏也。"[论语·公冶长]

【释义】

子贡问孔子:"我这个人怎么样?"孔子说:"你就像一个器具。"子贡问:"什么器具?"孔子说:"盛粮食的瑚琏。"

【原文】

或曰:"雍也仁而不佞。"子曰:"焉用佞?御人以口给,屡憎于人。不知其仁。焉用佞?"[论语·公冶长]

【释义】

有人说:"冉雍这个人有仁德,但没有口才。"孔子说:"为什么要有口才呢? 伶牙俐齿地与人辩论,常常招致别人的讨厌。我不知道他是不是做到仁,但何必要有口才呢?"

【原文】

子使漆雕开仕。对曰:"吾斯之未能信。"子说。[论语·公冶长]

孔子讲学图

【释义】

孔子让漆雕开去做官。漆雕开回答说:"我对做官这件事还没有信心。"孔子听后很高兴。

【原文】

子曰:"道不行,乘桴浮于海,从我者,其由与!"子路闻之喜。子曰:"由也好勇过

我，无所取材。"［论语·公冶长］

【释义】

孔子说："如果我的主张行不通，我就乘上木筏到海上去。能跟从我的可能只有仲由一个人吧！"子路听了非常高兴。孔子说："仲由啊，你的勇气超过了我，但其他没有可取的才能。"

【原文】

孟武伯问："子路仁乎？"子曰："不知也。"又问。子曰："由也，千乘之国，可使治其赋也，不知其仁也。""求也何如？"子曰："求也，千室之邑，百乘之家，可使为之宰也。不知其仁也。""赤也何如？"子曰："赤也，束带立于朝，可使与宾客言也，不知其仁也。"［论语·公冶长］

【释义】

孟武伯问："子路算得上仁吗？"孔子说："不知道。"孟武伯又问了一遍。孔子说："仲由呀，在一个拥有千辆兵车的国家，可以让他负责军事，但我不知道他是否做到了仁。"孟武伯又问："冉求这个人怎么样？"孔子说："冉求这个人，在一个有千户人家的城市或有百辆兵车的采邑，可以让他当总管。但我也不知道他是否做到了仁。"孟武伯又问："公西赤又怎么样呢？"孔子说："公西赤呀，可以让他穿着礼服，在朝廷上接待宾客，我也不知道他是否做到了仁。"

【原文】

子谓子贡曰："女与回也孰愈？"对曰："赐也何敢望回？回也闻一以知十，赐也闻一以知二。"子曰："弗如也。吾与女弗如也。"［论语·公冶长］

【释义】

孔子对子贡说:"你与颜回相比,谁更好一些呢?"子贡回答说:"我不敢和颜回相比。颜回听到一件事就可以推知十件事;我呢,知道一件事只能推知两件事。"孔子说:"你是不如他,我和你都不如他。"

【原文】

宰予昼寝。子曰:"朽木不可雕也,粪土之墙不可杇也,于予与何诛!"子曰:"始吾于人也,听其言而信其行;今吾于人也,听其言而观其行。于予与改是。"[论语·公冶长]

【释义】

宰予在白天睡觉。孔子说:"腐朽的木头就不能雕刻了,粪土垒的墙壁不能粉刷。对于宰予,责备还有什么用呢?"孔子说:"起初我对于人,是听了他的话便相信他的行为;现在我对于人,听了他的话还要观察他的行为。这种态度,是经历了宰予的事情才改变的。"

【原文】

子曰:"吾未见刚者。"或对曰:"申枨。"子曰:"枨也欲,焉得刚?"[论语·公冶长]

【释义】

孔子说:"我没有见过刚毅的人。"有人说:"申枨就是刚毅的人。"孔子说:"申枨的欲望太多,怎么能刚毅呢?"

【原文】

子贡曰:"我不欲人之加诸我也,吾亦欲无加诸人。"子曰:"赐也,非尔所及也。"[论语·公冶长]

【释义】

子贡说:"我不愿别人强加给我的事,我也不愿强加给别人。"孔子说:"赐呀,这不是你所能做到的了。"

【原文】

子贡曰:"夫子之文章,可得而闻也;夫子之言性与天道,不可得而闻也。"[论语·公冶长]

【释义】

子贡说:"老师关于诗书礼乐的知识,靠听就能够学到;老师关于人性和天道的理论,光靠听是无法学到的。"

【原文】

子贡问曰:"孔文子何以谓之'文'也?"子曰:"敏而好学,不耻下问,是以谓之'文'也。"[论语·公冶长]

【释义】

子贡问道:"孔文子为什么有'文'的谥号呢?"孔子说:"他聪敏又好学,不以向地位卑下的人请教为耻,所以得到'文'的谥号。"

【原文】

子谓子产:"有君子之道四焉:其行己也恭,其事上也敬,其养民也惠,其使民也义。"[论语·公冶长]

【释义】

孔子评论子产说:"他有四种君子的德行:待人处世谦恭,侍奉君主恭敬,养护百姓有恩惠,役使百姓合乎道理。"

【原文】

子曰:"晏平仲善与人交,久而敬之。"[论语·公冶长]皇本、高丽本、足利本"而"下有"人"字。

【释义】

孔子说:"晏平仲善于与人交往,时间长了,别人就会尊敬他。"

【原文】

子曰:"臧文仲居蔡,山节藻棁,何如其知也!"[论语·公冶长]

【释义】

孔子说:"臧文仲在屋里藏了一只大乌龟,柱头雕成山的形状,短柱上画着水草花纹,这怎么能算是有智慧呢?"

【原文】

子张问曰:"令尹子文三仕为令尹,无喜色;三已之,无愠色。旧令尹之政,必以告新令尹。何如?"子曰:"忠矣。"曰:"仁矣乎?"曰:"未知。焉得仁?""崔子弑齐君,陈文子有马十乘,弃而违之,至于他邦,则曰:'犹吾大夫崔子也。'违之。之一邦,则又曰:'犹吾大夫崔子也。'违之,何如?"子曰:"清矣。"曰:"仁矣乎?"曰:"未知,焉得仁?"[论语·公冶长]

【释义】

子张问道:"令尹子文三次做令尹,没有显出高兴的样子;三次被免职,也没有显出怨恨的样了。交接时一定把旧有的政事全部告诉接任的令尹。这个人怎么样?"孔子说:"可算得上是忠了。"子张问:"算得上仁吗?"孔子说:"不知道。怎么能算仁呢?"子张又问:"崔杼杀了齐国君主,陈文子有四十匹马,都舍弃不要了,离开了齐国,到了另一个国家时,他说:'这里的大臣和齐国的大夫崔子差不多。'于是离开了。到了另一个国家,又说:'这里的大臣和齐国的大夫崔子差不多。'又离开了。你看这个人怎么样?"孔子说:"可算得上清白了。"予张说:"算得上仁吗?"孔子说:"不知道。这怎么能算得仁呢?"

【原文】

季文子三思而后行。子闻之,曰:"再,斯可矣。"[论语·公冶长]

【释义】

季文子每做一件事,都要考虑很多次。孔子听到后说:"考虑两次就够了。"

【原文】

子曰:"宁武子,邦有道则知,邦无道则愚,其知可及也,其愚不可及也。"[论语·公冶长]

【释义】

孔子说:"宁武子这个人,当国家昌明时,他就显得聪明,当国家黑暗时,他就装傻。他的聪明,别人能赶得上,他的装傻,别人就做不到了。"

【原文】

子在陈,曰:"归与! 归与! 吾党之小子狂简,斐然成章,不知所以裁之。"[论语·公冶长]

【释义】

孔子在陈国说:"回去吧! 回去吧! 家乡的学生胸怀远大但行为粗率;有文采但不知道怎样来节制自己。"

【原文】

子曰:"伯夷、叔齐不念旧恶,怨是用希。"[论语·公冶长]

【释义】

孔子说:"伯夷、叔齐不记以往的恩怨,因此别人对他们的怨恨就少了。"

【原文】

子曰:"孰谓微生高直? 或乞醯焉,乞诸其邻而与之。"[论语·公冶长]

【释义】

孔子说:"谁说微生高这个人直率呀? 有人向他讨点醋,他不直说没有,却到邻居家里讨了点给人家。"

【原文】

子曰："巧言、令色、足恭，左丘明耻之，丘亦耻之。匿怨而友其人，左丘明耻之，丘亦耻之。"〔论语·公冶长〕

【释义】

孔子说："花言巧语，和颜悦色，左右逢迎，左丘明认为这种人可耻，我也认为可耻。把怨恨装在心里，表面上却装出友好的样子，左丘明认为这种人可耻，我也认为可耻。"

【原文】

颜渊、季路侍。子曰："盍各言尔志。"子路曰："愿车马衣裘与朋友共，敝之而无憾。"颜渊曰："愿无伐善，无施劳。"子路曰："愿闻子之志。"子曰："老者安之，朋友信之，少者怀之。"〔论语·公冶长〕,《后汉纪·光武帝纪》论曰：孔子称颜回之仁，以不伐为先。

【释义】

颜渊、子路在孔子身边侍立。孔子说："你们说说自己的志向。"子路说："我愿拿出自己的车马、衣服、皮袍与朋友分享，用坏了也不抱怨。"颜渊说："我愿意不夸耀自己的长处，不表白自己的功劳。"子路向孔子说："希望听听您的志向。"孔子说："我的志向是让老人安乐，让朋友们信任我，让年轻人得到关怀。"

【原文】

子曰："已矣乎！吾未见能见其过而内自讼者也。"〔论语·公冶长〕

【释义】

孔子说:"算了,我还没有看见过能够看到自己的错误,又能在内心责备自己的人。"

【原文】

子曰:"十室之邑,必有忠信如丘者焉,不如丘之好学也。"[论语·公冶长]

【释义】

孔子说:"十户人家的村子,就会有像我这样讲忠信的人,只是不如我好学罢了。"

【原文】

子曰:"雍也可使南面。"[论语·雍也]

【释义】

孔子说:"冉雍这个人,可以让他去做官。"

【原文】

仲弓问子桑伯子。子曰:"可也,简。"仲弓曰:"居敬而行简,以临其民,不亦可乎? 居简而行简,无乃大简乎?"子曰:"雍之言然。"[论语·雍也]

【释义】

仲弓问子桑伯子这个人怎么样。孔子说:"这人还不错,办事非常简要。"仲弓说:"如果做事恭敬而行事简要,像这样来治理百姓,不是也可以吗? 如果内心简单,又以简要的方法办事,这不是过于简单了吗?"孔子说:"冉雍,这话你说得对。"

【原文】

哀公问:"弟子孰为好学?"孔子对曰:"有颜回者好学,不迁怒,不贰过,不幸短命死矣。今也则亡,未闻好学者也。"[论语·雍也]

【释义】

鲁哀公问:"你的学生中谁最好学?"孔子回答说:"有一个叫颜回的学生好学,他从不把怨气发在别人身上,也从不重犯同样的过错,但不幸英年早逝。现在没有这种人了,没有听说谁是好学的。"

【原文】

子华使于齐,冉子为其母请粟。子曰:"与之釜。"请益。曰:"与之庾。"冉子与之粟五秉。子曰:"赤之适齐也,乘肥马,衣轻裘。吾闻之也,君子周急不继富。"[论语·雍也]

【释义】

公西华出使齐国,冉求替他的母亲要一些谷米。孔子说:"给他一釜。"冉求请求再增加一些。孔子说:"再给他一些。"冉求又给他五秉。孔子说:"公西华去齐国,乘坐肥马拉的车子,穿着暖和轻便的皮袍。我听说过,君子只是周济困难的人,而不周济富人。"

【原文】

原思为之宰,与之粟九百,辞。子曰:"毋,以与尔邻里乡党乎!"[论语·雍也]

【释义】

原思给孔子家当总管,孔子给他九百俸米,他推辞不肯要。孔子说:"不要推辞。拿去给你的乡亲吧。"

【原文】

子谓仲弓,曰:"犁牛之子骍且角。虽欲勿用,山川其舍诸?"［论语·雍也］

【释义】

孔子评论仲弓说:"耕牛产下的牛犊长着红色的毛,角也饱满端正,人们虽不想用它做祭品,但山川之神难道会舍弃它吗?"

【原文】

子曰:"回也,其心三月不违仁,其余则日月至焉而已矣。"［论语·雍也］

【释义】

孔子说:"颜回的内心可以在长时间内不违背仁德,其余的人只能在短时间内做到仁。"

【原文】

季康子问:"仲由可使从政也与?"子曰:"由也果,于从政乎何有?"曰:"赐也可使从政也与?"曰:"赐也达,于从政乎何有?"曰:"求也可使从政也与?"曰:"求也艺,于从政乎何有?"［论语·雍也］

【释义】

季康子问："仲由这个人，可以让他管理政事吗？"孔子说："仲由做事果断，对于管理政事有什么困难呢？"季康子又问："端木赐这个人，可以让他管理政事吗？"孔子说："端木赐通达事理，对于管理政事有什么困难呢？"又问："冉求这个人，可以让他管理政事吗？"孔子说："冉求富有才能，对于管理政事有什么困难呢？"

【原文】

伯牛有疾，子问之，自牖执其手，曰："亡之，命矣夫，斯人也而有斯疾也！斯人也而有斯疾也！"[论语·雍也]

【释义】

伯牛病了，孔子去探望他，从窗户外面握着他的手说："失去这个人，是命里注定的事吧！这样的人竟会得这样的病啊，这样的人竟会得这样的病啊！"

【原文】

子曰："贤哉回也！一箪食，一瓢饮，在陋巷，人不堪其忧，回也不改其乐。贤哉回也。"[论语·雍也]

【释义】

孔子说："颜回多么贤良啊！一篓饭，一瓢水，住在简陋的巷子里，别人都忍受不了这种困苦生活，颜回却没有改变，并自得其乐。颜回真是贤良啊！"

【原文】

冉求曰："非不说子之道，力不足也。"子曰："力不足者，中道而废。今女画。"[论

【释义】

冉求说:"我不是不喜欢老师所讲的道,是我的能力不够呀。"孔子说:"如果能力不够,到半路才停下来,现在你是自己给自己划了界限不想前进呀。"

【原文】

子谓子夏曰:"女为君子儒,无为小人儒。"[论语·雍也]

【释义】

孔子对子夏说:"你要做君子式的学者,不要做小人式的学者。"

【原文】

子游为武城宰。子曰:"女得人焉耳乎?"曰:"有澹台灭明者,行不由径,非公事,未尝至于偃之室也。"[论语·雍也]

【释义】

子游做了武城的长官。孔子说:"你在那里得到了人才没有?"子游说:"有一个叫澹台灭明的人,从来不走邪路,没有公事从不到我屋子里来。"

【原文】

子曰:"孟之反不伐,奔而殿,将入门,策其马,曰:'非敢后也,马不进也'。"[论语·雍也]

【释义】

孔子说:"孟之反从来不夸耀自己。撤退的时候,他在最后掩护全军。快进城门的时候,他鞭打着马说:不是我敢殿后,是我的马不肯快跑。"

【原文】

子曰:"不有祝之佞,而有宋朝之美,难乎免于今之世矣。"[论语·雍也]

【释义】

孔子说:"如果没有祝鲐那样的口才,却有宋朝的美貌,那在今天的社会就比较艰难了。"

【原文】

子曰:"谁能出不由户,何莫由斯道也?"[论语·雍也]

【释义】

孔子说:"谁能走出屋子却不经过屋门? 为什么没有人走这条道路呢?"

【原文】

子曰:"质胜文则野,文胜质则史。文质彬彬,然后君子。"[论语·雍也]

【释义】

孔子说:"质朴胜过文采,就未免显得粗野,文采胜过质朴,就流于虚浮。只有质朴和文采配合得当,才是个君子。"

【原文】

子曰:"人之生也直,罔之生也幸而免。"(论语·雍也]

【释义】

孔子说:"一个人生存是由于正直,而不正直的人也能生存,那只是由于他侥幸避免了灾祸。"

【原文】

子曰:"知之者不如好之者,好之者不如乐之者。"[论语·雍也]

【释义】

孔子说:"懂得它不如爱好它,爱好它不如以它为乐。"

【原文】

子曰:"中人以上,可以语上也;中人以下,不可以语上也。"[论语·雍也]

【释义】

孔子说:"中等水平以上的人,可以跟他讨论高深的学问,中等水平以下的人,不能跟他讲高深的学问。"

【原文】

樊迟问知,子曰:"务民之义,敬鬼神而远之,可谓知矣。"问仁,曰:"仁者先难而后获,可谓仁矣。"[论语·雍也]

【释义】

樊迟问怎样才算是智慧,孔子说:"专心做好服务老百姓的事,尊敬鬼神但要远离它,就可以说是智慧了。"樊迟又问怎样才算是仁,孔子说:"仁人是难事做在人前面,有收获时退居人后,这就叫仁了。"

【原文】

子曰:"知者乐水,仁者乐山;知者动,仁者静;知者乐,仁者寿。"[论语·雍也]

【释义】

孔子说:"智者喜爱水,仁者喜爱山;智者爱动,仁者沉静。智者快乐,仁者长寿。"

【原文】

子曰:"齐一变,至于鲁;鲁一变,至于道。"(论语·雍也]

【释义】

孔子说:"齐国一改变,就变成鲁国的样子,鲁国一改变,就能达到先王之道了。"

【原文】

子曰:"觚不觚,觚哉!觚哉!"(论语·雍也]

【释义】

孔子说:"觚不像个觚了,这是觚吗?这是觚吗?"

【原文】

宰我问曰:"仁者,虽告之曰:井有仁焉。其从之也?"子曰:"何为其然也?君子

可逝也,不可陷也;可欺也,不可罔也。"[论语·雍也]

【释义】

宰我问道:"有仁德的人,即使告诉他井里掉下去一位仁人,他会跟着跳下去吗?"孔子说:"为什么要这样做呢? 君子可以到井边去看看,却不可以陷入井中;君子可以被欺骗,但不可以愚弄他。"

【原文】

子曰:"君子博学于文,约之以礼,亦可以弗畔矣夫。"[论语·雍也]

【释义】

孔子说:"君子广泛地学习文献知识,又用礼来约束自己,也就不会背离人生正途了。"

【原文】

子见南子,子路不说。夫子矢之曰:"予所否者,天厌之! 天厌之!"[论语·雍也]

【释义】

孔子去见南子,子路不高兴。孔子发誓说:"如果我什么事情做得不对的话,让上天谴责我吧! 让上天谴责我吧!"

【原文】

子曰:"中庸之为德也,其至矣乎! 民鲜久矣。"[论语·雍也]

【释义】

孔子说:"中庸作为一种道德,是最高的了!长期以来,人们很少能做到。"

【原文】

子贡曰:"如有博施于民而能济众,何如?可谓仁乎?"子曰:"何事于仁?必也圣乎!尧舜其犹病诸。夫仁者,己欲立而立人,己欲达而达人。能近取譬,可谓仁之方也已。"[论语·雍也]

【释义】

子贡说:"假如有一个人,他能普遍照顾百姓又能周济大众,怎么样呢?可以算是仁了吗?"孔子说:"岂止是仁?简直是圣人了!就连尧、舜都难以做到。所谓仁,就是自己想站得住,同时也帮助人家站得住;想自己过得好,同时也帮助人家过得好。凡事能从自己的情况推己及人,这就是实行仁的方法了。"

【原文】

子曰:"述而不作,信而好古,窃比于我老彭。"[论语·述而]

【释义】

孔子说:"只传述而不创作,相信又爱好古代文化,我私下把自己比作老彭。"

【原文】

子曰:"默而识之,学而不厌,诲人不倦,何有于我哉?"[论语·述而]

【释义】

孔子说:"默默地记住所见所闻,认真学习而不觉得厌烦,教导别人而不知道疲倦,这对我能有什么困难呢?"

【原文】

子曰:"德之不修,学之不讲,闻义不能徙,不善不能改,是吾忧也。"［论语·述而］

【释义】

孔子说:"对品德不加以修养,学问不去好好讲求,听到义却不能跟着去做,有了缺失不能改正,这些都是我所忧虑的事情。"

【原文】

子之燕居,申申如也,天天如也。［论语·述而］

【释义】

孔子在家里闲居的时候,态度温和舒畅,神情舒缓。

【原文】

子曰:"甚矣吾衰也! 久矣吾不复梦见周公。"［论语·述而］

【释义】

孔子说:"我实在太衰老了! 我好久都没有梦见周公了。"

【原文】

子曰:"志于道,据于德,依于仁,游于艺。"[论语·述而]

【释义】

孔子说:"以道为目标,以德为根据,以仁为凭借,活动于六艺的范围之中。"

【原文】

子曰:"自行束脩以上,吾未尝无诲焉。"[论语·述而]

【释义】

孔子说:"只要自愿拿着薄礼来见我的人,我没有不给他教导的。"

【原文】

子曰:"不愤不启,不悱不发。举一隅①不以三隅反,则不复也。"[论语·述而]

【注释】

①皇本、高丽本、蜀石经"隅"下有"而示之"三字。

【释义】

孔子说:"不到学生想弄明白却不能的时候,我不会去开导他;不到他努力想出来却说不出来的时候,我不会去启发他。教给他一个方面的东西,他却不能随着联想到三个方面的东西,那就不再教他了。"

【原文】

子食于有丧者之侧,未尝饱也。[论语·述而]

【释义】

孔子在有丧事的人旁边吃饭时，从来没有吃饱过。

【原文】

子于是日哭，则不歌。〔论语·述而〕

【释义】

孔子在这一天哭过，就不再唱歌了。

【原文】

子谓颜渊曰："用之则行，舍之则藏，唯我与尔有是夫。"子路曰："子行三军，则谁与?"子曰："暴虎冯河，死而无悔者，吾不与也。必也临事而惧，好谋而成者也。"〔论语·述而〕

【释义】

孔子对颜渊说："有人任用，我就去实行主张;没人任用，我就隐退，只有我和你能做到这样。"子路说："老师统率军队的话，会和谁在一起共事呢?"孔子说："赤手空拳和老虎搏斗，徒步涉水过河，这种死了都不会后悔的人，我是不会和他共事的。我要找的，一定要是遇事小心谨慎，仔细谋划以求成功的人。"

【原文】

子曰："富而可求也;虽执鞭之士，吾亦为之。如不可求，从吾所好。"〔论语·述而〕

【释义】

孔子说:"富贵如果可以追得,就算拿着鞭子守门,我也会去做。如果不能求得,那就还是追随我的理想吧。"

【原文】

子之所慎:齐、战、疾。[论语·述而]

【释义】

孔子以谨慎态度对待斋戒、战争和疾病这三件事。

【原文】

子在齐闻《韶》,三月不知肉味,曰:"不图为乐之至于斯也。"[论语·述而]

【释义】

孔子在齐国听到了《韶》乐,很长时间尝不出肉的滋味,说:"想不到欣赏音乐能达到如此的境界。"

【原文】

冉有曰:"夫子为卫君乎?"子贡曰:"诺,吾将问之。"入,曰:"伯夷、叔齐何人也?"曰:"古之贤人也。"曰:"怨乎?"曰:"求仁而得仁,又何怨?"出,曰:"夫子不为也。"[论语·述而]

【释义】

冉有说:"老师会帮助卫君吗?"子贡说:"好,我去问问他。"子贡进屋问孔子:"伯夷、叔齐是什么样的人?"孔子说:"古代的贤人。"子贡问:"他们有没有抱怨吗?"孔子说:"他们求仁而得到了仁,还抱怨什么呢?"子贡出来对冉有说:"老师不会帮助卫君。"

【原文】

子曰:"饭疏食饮水,曲肱而枕之,乐亦在其中矣。不义而富且贵,于我如浮云。"[论语·述而]

孔子学院

【释义】

孔子说:"吃的是粗粮,喝的是白水,弯着胳膊当枕头,乐趣也就在这里头了。用不正当的手段得来的富贵,对于我来讲就像天上的浮云一样。"

【原文】

子曰:"加我数年,五十以学《易》,可以无大过矣。"[论语·述而]

【释义】

孔子说:"让我多活几年时间,到五十岁学习《易》,以后就没有大的过错了。"

【原文】

子所雅言，《诗》《书》、执礼，皆雅言也。［论语·述而］

【释义】

孔子有时讲雅言，读《诗经》《尚书》和执行礼仪时，都说雅言。

【原文】

叶公问孔子于子路，子路不对。子曰："女奚不曰：其为人也，发愤忘食，乐以忘忧，不知老之将至云尔。"［论语·述而］

【释义】

叶公问子路孔子的为人，子路没有回答。孔子说："你为什么不这样说：他发愤用功，就会忘记吃饭，内心快乐就会忘记忧虑，连自己快要老了都不知道，如此而已。"

【原文】

子曰："我非生而知之者，好古，敏以求之者也。"［论语·述而］

【释义】

孔子说："我并不是生来就有知识，而是爱好古代的文化，勤奋敏捷地去学习而得来的。"

【原文】

子不语怪、力、乱、神。［论语·述而］

【释义】

孔子不谈论怪异、暴力、悖乱和鬼神。

【原文】

子曰:"三人行,必有我师焉。择其善者而从之,其不善者而改之。"[论语·述而]

【释义】

孔子说:"几个人一起走路,其中必定有人可以做我的老师。我选择他们的优点来学习,看到他不好的地方就加以改正。"

【原文】

子曰:"天生德于予,桓魋其如予何?"[论语·述而]

【释义】

孔子说:"上天把德行赋予了我,桓魋能把我怎么样呢?"

【原文】

子曰:"二三子以我为隐乎? 吾无隐乎尔。吾无行而不与二三子者,是丘也。"
[论语·述而]

【释义】

孔子说:"你们这些学生以为我对你们有什么隐瞒的吗? 我对你们没有任何隐瞒。我的一切行为都对你们公开,我就是这样的人。"

【原文】

子以四教:文、行、忠、信。〔论语·述而〕

【释义】

孔子用四种内容教育学生:历代文献、社会生活的实践,对待别人的忠心与人交际的信实。

【原文】

子曰:"圣人,吾不得而见之矣!得见君子者,斯可矣。"子曰:"善人,吾不得而见之矣!得见有恒者,斯可矣。亡而为有,虚而为盈,约而为泰,难乎有恒矣。"〔论语·述而〕

【释义】

孔子说:"圣人,我是没机会看到了,能看到君子就可以了。"孔子又说:"善人,我是没机会看到了,能见到有恒心的人就可以了。明明没有却装作有,空虚却装作充实,穷困却装作富足,这样的人是难以有恒心的。"

【原文】

子钓而不纲,弋不射宿。〔论语·述而〕

【释义】

孔子钓鱼,不用有许多鱼钩的绳子,只射飞鸟,不射在巢中休息的鸟。

【原文】

子曰:"盖有不知而作之者,我无是也。多闻,择其善者而从之,多见而识之,知之次也。"[论语·述而]

【释义】

孔子说:"有人什么都不懂却在那里凭空创造,我与他们不同。多听,选择其中正确的来学习;多看,然后记在心里,这样的知仅次于'生而知之'。"

【原文】

互乡这地方难与言,童子见,门人惑。子曰:"与其进也,不与其退也,唯何甚? 人洁己以进,与其洁也,不保其往也。"[论语·述而]

【释义】

互乡这地方的人很难沟通,但互乡的一个童子却受到了孔子的接见,学生们都觉得困惑。孔子说:"我是肯定他的进步,不是肯定他的倒退,这有什么过分呢? 人家改正了错误以求进步,我们肯定他的改过,不要追究他的过去。"

【原文】

子曰:"仁远乎哉? 我欲仁,斯仁至矣。"[论语·述而]

【释义】

孔子说:"仁难道离我们很远吗? 我想要仁,仁就来了。"

【原文】

陈司败问:"昭公知礼乎?"孔子曰:"知礼。"孔子退,揖巫马期而进之曰:"吾闻君子不党,君子亦党乎? 君取于吴,为同姓,谓之吴孟子。君而知礼,孰不知礼?"巫马期以告。子曰:"丘也幸,苟有过,人必知之。"[论语·述而]

【释义】

陈司败问:"鲁昭公懂礼吗?"孔子说:"懂礼。"孔子出来后,陈司败向巫马期作揖,上前对他说:"我听说君子是没有偏袒的,难道君子也偏袒自己人吗? 鲁君在吴国娶了一位夫人,是国君的同姓,所以称她吴孟子。如果鲁君算是知礼,还有谁不知礼呢?"巫马期把这话告诉了孔子。孔子说:"我真是幸运。如果有过错,人家一定会知道。"

【原文】

子与人歌而善,必使反之,而后和之。[论语·述而]

【释义】

孔子与别人一起唱歌,如果别人唱得好,一定要请他再唱一遍,然后再和他一起唱。

【原文】

子曰:"文,莫吾犹人也。躬行君子,则吾未之有得。"[论语·述而]

【释义】

孔子说:"文化知识,大概我和别人差不多,身体力行达到君子的修养,我还没有做到。"

【原文】

子曰："若圣与仁，则吾岂敢？抑为之不厌，诲人不倦，则可谓云尔已矣。"公西华曰："正唯弟子不能学也。"［论语·述而］

【释义】

孔子说："说到圣与仁，我怎么敢当呢？不过在学问方面努力而不厌倦，教诲别人也不倦怠，如此而已。"公西华说："这正是我们没有办法学到的。"

【原文】

子疾病，子路请祷。子曰："有诸？"子路对曰："有之。《诔》曰：'祷尔于上下神祇。'"子曰："丘之祷久矣。"［论语·述而］

【释义】

孔子病得很重，子路要做祷告。孔子说："有这回事吗？"子路说："有的。《诔》文上说：'为你向天地神灵祷告。'"孔子说："我长期以来一直在祷告。"

【原文】

子曰："奢则不孙，俭则固。与其不孙也，宁固。"［论语·述而］

【释义】

孔子说："奢侈就会傲慢，节俭就会寒酸。但是与其傲慢，宁可寒酸。"

【原文】

子曰:"君子坦荡荡,小人长戚戚。"[论语·述而]

【释义】

孔子说:"君子心胸坦荡宽广,小人经常愁眉苦脸。"

【原文】

子温而厉,威而不猛,恭而安。[论语·述而]

《释文》曰:一本子作"子曰"。

【释义】

孔子温和而又严肃,威严而不刚猛,庄重而又安详。

【原文】

子曰:"泰伯,其可谓至德也已矣。三以天下让,民无得而称焉。"[论语·泰伯]

【释义】

孔子说:"泰伯的品德至高无上。他多次将天下让出,老百姓找不出恰当的语言来赞美他。"

【原文】

子曰:"恭而无礼则劳,慎而无礼则葸,勇而无礼则乱,直而无礼则绞。君子笃于亲,则民兴于仁;故旧不遗,则民不偷。"[论语·泰伯]

【释义】

孔子说:"一味谦虚而不懂礼就会劳倦,谨慎而不懂礼就会畏缩,勇敢而不懂礼就会作乱,直率而不懂礼就会尖刻伤人。君王对自己的亲族厚道,百姓就会走向仁德;不遗弃过去的老朋友,百姓就不会对人冷漠。"

【原文】

子曰:"兴于《诗》,立于礼,成于乐。"[论语·泰伯]

【释义】

孔子说:"学《诗》使人奋发向上,学礼使人在社会上自立,学乐使人达到目标。"

【原文】

子曰:"民可使由之,不可使知之。"[论语·泰伯]

【释义】

孔子说:"老百姓,可以让他们去做,不可以让他们知道那是为什么。"

【原文】

子曰:"好勇疾贫,乱也。人而不仁,疾之已甚,乱也。"[论语·泰伯]

【释义】

孔子说:"好勇又厌恶贫困,就会作乱生事。指责不仁之人,如果太过分,也会引起祸乱。"

【原文】

子曰:"如有周公之才之美,使骄且吝,其余不足观也已。"[论语·泰伯]

【释义】

孔子说:"即使一个人的才能如同周公一样卓越,但只要骄傲吝啬,那其余的部分就不值一提了。"

【原文】

子曰:"三年学,不至于谷,不易得也。"[论语·泰伯]

【释义】

孔子说:"读书三年还没有当官的念头,这是非常不容易的。"

【原文】

子曰:"笃信好学,守死善道,危邦不入,乱邦不居。天下有道则见,无道则隐。邦有道,贫且贱焉,耻也;邦无道,富且贵焉,耻也。"[论语·泰伯]

【释义】

孔子说:"以坚定的信心勤奋学习,誓死捍卫真理。不去危险的国家,不住动乱的国家。天下政治清明就出来做事,天下政治黑暗就隐退山林。政治清明而自己却贫贱,这是耻辱;政治黑暗而自己却富贵,也是耻辱。"

【原文】

子曰:"不在其位,不谋其政。"[论语·泰伯]

【释义】

孔子说:"不在那个职位上,就不考虑那个职位上的事。"

【原文】

子曰:"师挚之始,《关雎》之乱,洋洋乎盈耳哉!"[论语·泰伯]

【释义】

孔子说:"从太师挚开始演奏起,到结束时演奏的《关雎》,我的耳边一直回荡着美妙的音乐。"

【原文】

子曰:"狂而不直,侗而不愿,悾悾而不信,吾不知之矣。"[论语·泰伯]

【释义】

孔子说:"狂妄而不直率,愚昧而不老实,表面忠厚却不讲信用,我不知道这种人是怎么回事。"

【原文】

子曰:"学如不及,犹恐失之。"[论语·泰伯]

【释义】

孔子说:"学习时就像赶不上什么一样,赶上了还担心又丢掉了。"

【原文】

子曰:"巍巍乎,舜禹之有天下也而不与焉!"[论语·泰伯]

【释义】

孔子说:"真是伟大啊! 舜和禹拥有天下,一点也不为自己。"

【原文】

子曰:"大哉尧之为君也! 巍巍乎! 唯天为大,唯尧则之。荡荡乎! 民无能名焉。巍巍乎其有成功也! 焕乎其有文章!"[论语·泰伯]

【释义】

孔子说:"尧成为君主真是伟大啊! 多么伟大啊! 只有天是最伟大的,只有尧能效法天的伟大。多么广博啊! 百姓不知道用什么语言来称赞他。他的功绩多么崇高,他的礼仪制度多么辉煌啊!"

【原文】

舜有臣五人而天下治。武王曰:"予有乱臣十人。"孔子曰:"才难,不其然乎? 唐虞之际,于斯为盛。有妇人焉,九人而已。三分天下有其二,以服事殷。周之德,其可谓至德也已矣。"[论语·泰伯]

【释义】

舜有五位贤臣,而天下太平。周武王说:"我有十位治理天下的大臣。"孔子说:"人才难得,不正是这样吗? 唐尧虞舜以后,武王时人才最为鼎盛。十位人才中还有一位妇女,实际上是九位。周朝得了天下的三分之二,仍臣服于殷朝。周朝的德行,可以说是达到了至高的境界。"

【原文】

子曰:"禹,吾无间然矣。菲饮食而致孝乎鬼神,恶衣服而致美乎黻冕,卑宫室而尽力乎沟洫。禹,吾无间然矣。"〔论语·泰伯〕

【释义】

孔子说:"对于禹,我没有任何批评。饮食简单,但祭祀鬼神的祭品却很丰富,穿着粗糙,而祭祀的衣服却很华关,住所简陋,而致力于修筑水利。对于禹,我没有任何批评。"

【原文】

子罕言利与命与仁。〔论语·子罕〕

【释义】

孔子很少谈论利益、命运与仁德。

【原文】

达巷党人曰:"大哉孔子!博学而无所成名。"子闻之,谓门弟子曰:"吾何执?执御乎?执射乎?吾执御矣。"〔论语·子罕〕

【释义】

达巷地区有人说:"孔子真是伟大!学问广博而无法说他是哪一方面的专家。"孔子听到后,对学生说:"我专心做什么呢?专心驾马车吗?专心射箭吗?我驾马车好了。"

【原文】

子曰:"麻冕,礼也;今也纯,俭,吾从众。拜下,礼也;今拜乎上,泰也。虽违众,吾从下。"[论语·子罕]

【释义】

孔子说:"以麻制成的礼帽,合乎礼的规定。现在用丝绸制作,这样比较节省,我赞成大家的做法。在堂下跪拜,也是合乎礼的规定。现在大家都在堂上跪拜,这样不太恭顺。虽然与大家的做法不一样,我还是赞同在堂下拜。"

【原文】

子绝四:毋意,毋必,毋固,毋我。[论语·子罕]

【释义】

孔子没有这四种毛病:不随意揣测,不坚持己见,不拘泥固执,不自以为是。

【原文】

子畏于匡,曰:"文王既没,文不在兹乎? 天之将丧斯文也,后死者不得与于斯文也;天之未丧斯文也,匡人其如予何?"[论语·子罕]

【释义】

孔子被匡地的人们所围困,他说:"周文王死后,礼乐文化不都在我这里吗? 如果上天要消灭这种文化,那后代的人就没有机会掌握这种文化了;如果上天不消灭这种文化,那么匡人又能对我怎么样呢?"

【原文】

太宰问于子贡曰:"夫子圣者与? 何其多能也?"子贡曰:"固天纵之将圣,又多能也。"子闻之,曰:"太宰知我乎! 吾少也贱,故多能鄙事。君子多乎哉? 不多也。"［论语·子罕］

【释义】

太宰问子贡:"孔先生是位圣人吗? 为什么这样多才多艺呢?"子贡说:"既然上天让他成为圣人,当然就会让他多才多艺。"孔子听到后说:"太宰了解我呀! 我小时候家里贫穷,所以学了不少技艺。做一个君子需要这样多的技艺吗? 不需要的。"

【原文】

牢曰:"子云,'吾不试,故艺'。"［论语·子罕］

【释义】

子牢说:"孔子说过,'我没有去做官,所以学了许多技艺'。"

【原文】

子曰:"吾有知乎哉? 无知也。有鄙夫问于我,空空如也。我叩其两端而竭焉。"
［论语·子罕］

【释义】

孔子说:"我有知识吗? 其实没有知识。有一个乡下人问我,我一无所知。我只是从问题的两端仔细推敲,然后找到了答案。"

【原文】

子曰:"凤鸟不至,河不出图,吾已矣夫!"[论语·子罕]

【释义】

孔子说:"凤凰不飞来了,河图也不出现了,我这一生没有指望了!"

【原文】

子见齐衰者、冕衣裳者与瞽者,见之,虽少,必作;过之,必趋。[论语·子罕]

【释义】

孔子遇见穿丧服的人、穿官服的人和盲人时,虽然他们年轻,也一定会站起来;经过他们面前时,一定会加快脚步。

【原文】

颜渊喟然叹曰:"仰之弥高,钻之弥坚;瞻之在前,忽焉在后。夫子循循然善诱人,博我以文,约我以礼,欲罢不能。既竭吾才,如有所立卓尔。虽欲从之,未由也已。"[论语·子罕]

【释义】

颜渊感叹说:"越抬头看越觉得高,越钻研越觉得深;看起来是在前面,忽然又到后面去了。老师能循序渐进地诱导人,用知识充实我,用礼节约束我,使我想停止也停不下来。我尽了全力,似乎看到大道就在前方,但想追随它,却又找不到道路。"

【原文】

子疾病,子路使门人为臣。病问,曰:"久矣哉,由之行诈也。无臣而为有臣。吾谁欺? 欺天乎? 且予与其死于臣之手也,无宁死于二三子之手乎? 且予纵不得大葬,予死于道路乎?"[论语·子罕]

【释义】

孔子病得很重,子路派门徒去做孔子的家臣料理后事。后来病情缓和,孔子说:"很久以来,仲由就弄虚作假。没有家臣却偏偏要装作有家臣,我骗谁呢? 难道骗上天吧? 与其死在家臣的手里,不如死在学生的手里,这样不是更好吗? 就算得不到隆重的安葬,难道会死在路边没人埋吗?"

【原文】

子贡曰:"有美玉于斯,韫椟而藏诸? 求善贾而沽诸?"子曰:"沽之哉! 沽之哉! 我待贾者也。"[论语·子罕]

【释义】

子贡说:"有一块美玉,是把它放匣中藏好呢? 还是找一个识货的商人卖掉呢?"孔子说:"卖掉吧! 卖掉吧! 我正等待着识货的商人呢。"

【原文】

子①欲居九夷。或曰:"陋,如之何?"子曰:"君子居之,何陋之有?"[论语·子罕]

【注释】

①罗泌《国名记》引逸《论语》:"子欲居九夷,从凤嬉。"○《宋史·苏舜钦传》引:

孔子曰:"吾欲居九夷。"

【释义】

孔子想搬到偏远的地方去住。有人说:"那里很简陋,怎么行呢?"孔子说:"君子住在那里,有什么简陋的呢?"

【原文】

子曰:"吾自卫反鲁,然后乐正,《雅》《颂》各得其所。"[论语·子罕]

【释义】

孔子说:"我从卫国回到鲁国以后,乐才得到订正,《雅》和《颂》也有了适当的安排。"

【原文】

子曰:"出则事公卿,入则事父兄,丧事不敢不勉,不为酒困,何有于我哉?"[论语·子罕]

【释义】

孔子说:"在外服侍公卿,在家伺候父母兄长,尽力办好丧事,不因酒而误事,这对我有什么困难呢?"

【原文】

子在川上曰:"逝者如斯夫! 不舍昼夜。"[论语·子罕]

孔子在河边说:"消逝的时光就像河水这样啊!日夜不停息。"

【原文】

子曰:"吾未见好德如好色者也!"[论语·子罕]

【释义】

孔子说:"我没见过喜爱道德如同喜爱美色的人!"

【原文】

子曰:"譬如为山,未成一篑,止,吾止也。譬如平地,虽覆一篑,进,吾往也。"[论语·子罕]

【释义】

孔子说:"比如堆土成山,只差一筐土就成功了,如果停下来,那是我自己停下来的。比如平整的土地,即使才倒下一筐土,如果要继续前进,那也是我自己要前进的。"

【原文】

子曰:"语之而不惰者,其回也与!"[论语·子罕]

【释义】

孔子说:"听我说话而从不懈怠的弟子,大概只有颜回吧!"

【原文】

子谓颜渊,曰:"惜乎! 吾见其进也,未见其止也。"〔论语·子罕〕

【释义】

孔子谈到颜渊,说:"可惜啊! 我只看见他不断进取,从没看见他停下来。"

【原文】

子曰:"苗而不秀者有矣夫! 秀而不实者有矣夫!"〔论语·子罕〕

【释义】

孔子说:"庄稼发芽而不开花是有的吧! 开花了而不结果实也是有的吧!"

【原文】

子曰:"后生可畏,焉知来者之不如今也? 四十、五十而无闻焉。斯亦不足畏也已。"〔论语·子罕〕

【释义】

孔子说:"年轻人值得尊重,怎么知道他们的将来不如现在的人呢? 但是,如果四五十岁了还默默无闻,那也就没有什么值得尊重的了。"

【原文】

子曰:"法语之言,能无从乎? 改之为贵。巽与之言,能无说乎? 绎之为贵。说而不绎,从而不改,吾未如之何也已矣。"〔论语·子罕〕

【释义】

孔子说:"严肃的劝诫的话,能不听从吗?但要改正错误才是可贵的。恭维的话,听了能够不高兴吗?但要以能仔细思考才是可贵的。盲目高兴而不假思索,表面接受而实际不改,我不知道该拿这种人怎么办了。"

【原文】

子曰:"主忠信,毋友不如己者,过则勿惮改。"〔论语·子罕〕

【释义】

孔子说:"要以忠诚守信为根本,不和不如自己的人交朋友,有了过错不怕去改正。"

【原文】

子曰:"三军可夺帅也,匹夫不可夺志也。"〔论语·子罕〕

【释义】

孔子说:"军队的主帅可以被夺去,一个人的志气却不可被夺去。"

【原文】

子曰:"衣敝缊袍,与衣狐貉者立,而不耻者,其由也与?"〔论语·子罕〕

【释义】

孔子说:"穿着破旧的棉袍,与穿着狐貉皮袍的人站在一起而不觉得可耻,大概只有仲由吧。"

【原文】

"不忮不求,何用不臧?"子路终身诵之。子曰:"是道也,何足以臧?"[论语·子罕]

【释义】

"不嫉妒,不贪求,难道不好吗?"子路听后,反复吟诵。孔子说:"仅仅做到这样,怎么能说够好呢?"

【原文】

子曰:"岁寒,然后知松柏之后彫①也。"[论语·子罕]

【注释】

①皇本"彫"作"凋"。

【释义】

孔子说:"天气真正冷了,才知道松柏是最后落叶的。"

【原文】

子曰:"知者不惑,仁者不忧,勇者不惧。"[论语·子罕]

【释义】

孔子说:"聪明的人没有困惑,有仁德的人没有忧愁,勇敢的人不会畏惧。"

【原文】

子曰:"可与共学,未可与适道;可与适道,未可与立;可与立,未可与权。"〔论语·子罕〕

【释义】

孔子说:"可以一起学习的人,未必志同道合;志同道合的人,未必可以一起建功立业;可以一起建功立业的人,未必可以一起权衡是非。"

【原文】

"唐棣之华,偏其反而。岂不尔思? 室是远而。"子曰:"未之思也,夫何远之有?"〔论语·子罕〕

【释义】

"唐棣树的花,翩翩地摇摆。我怎么能不想你? 只是住的地方太远了。"孔子说:"还是没有真的想念,如果真的想念,怎么会觉得遥远呢?"

【原文】

孔子于乡党,恂恂如也,似不能言者。其在宗庙朝廷,便便言,唯谨尔。朝,与下大夫言,侃侃如也;与上大夫言,訚訚如也。君在,踧踖如也,与与如也。〔论语·乡党〕

【释义】

孔子在乡里之间很恭敬,好像不会说话的样子。他在宗庙和朝廷上,讲话流畅,也很谨慎。上朝时,与下大夫说话,安详从容;与上大夫说话,正直诚恳。国君临朝

【原文】

君①召使摈,(孔子)色勃如也,足躩如也。揖所与立,左右手,衣前后,襜如也。趋进,翼如也。宾退,必复命,曰:"宾不顾矣。"[论语·乡党]

【注释】

①《文选·四子讲德论》注引:"君召"二句上题"子曰"二字。

【释义】

国君召孔子去接待宾客,孔子神色立即庄重起来,脚步也随之加快。他向站在一起的人作揖,向左或向右拱手,衣服前后摆动却很整齐。快步前进的时候,像鸟儿展开双翅一样。宾客辞别后,他一定向君主回报说:"客人已经不再回头看了。"

【原文】

(孔子)入公门,鞠躬如也,如不容。立不中门,行不履阈。过位,色勃如也,足躩如也,其言似不足者。摄齐升堂,鞠躬如也,屏气似不息者。出,降一等,逞颜色,怡怡如也。没阶,趋进,翼如也。复其位,踧踖如也。[论语·乡党]

【释义】

孔子进入朝廷大门,恭恭敬敬,好像没有容身之地。站立时,不站在门的中间,行走时,不踩在门槛。经过君位时,脸色庄重,脚步加快,说话就像气力不足的样子。提着衣襟走上堂去,恭恭敬敬,屏住气好像不敢呼吸一样。出来时,下了一级台阶,脸色才放松,显出轻松自得的样子。下完台阶,快步前行,如同鸟儿展翅一样。回到自己

的位置时,神情又恭恭敬敬。

【原文】

(孔子)执圭,鞠躬如也,如不胜。上如揖,下如授。勃如战色,足蹴蹴如有循。享礼,有容色。私觌,愉愉如也。[论语·乡党]

【释义】

孔子捧着玉圭出使外国,神情恭敬,好像手拿不动一样。上举时如同作揖,下执时好像要给人。脸色矜持而谨慎,脚步急促,好像沿着什么在走一样。献礼时雍容大方。私下以个人身份交往,显得轻松自在。

【原文】

君①子不以绀緅饰,红紫不以为亵服。当②暑,袗絺绤,必表而出之。缁③衣羔裘,素衣麑裘,黄衣狐裘。亵裘长,短右袂。必有寝衣,长一身有半。狐④貉之厚以居,去丧,无所不佩。非帷裳,必杀之。羔裘玄冠不以吊。吉月,必朝服而朝。

[论语·乡党]

玉圭

【注释】

①邢疏云:君子谓孔子也。

②《礼记·曲礼》郑注引:"当暑"上题"孔子曰"三字。

③同上。《玉藻》郑注引:孔子曰:"素衣麑裘。"孔子曰:"缁衣羔裘。"孔子曰:"黄衣狐裘。"

④《文选·辨命论》注引:子曰:"狐貉之厚以居。"

【释义】

君子不用天蓝色和铁灰色做衣服的镶边,不用红色和紫色做便服。夏天时,穿粗的或细的葛布单衣,出门时一定要加上一件外套。黑色外衣配黑色羔裘,白色外衣配白色鹿裘,黄色外衣配黄色狐裘。居家穿的皮衣比较长,但要把右边的衣袖做得短一截。睡觉时要有睡衣,睡衣有一个半人那么长。座位上铺着厚厚的狐貉皮。服丧期满,什么饰物都可以佩戴。平常穿的礼服,一定要剪去一些布。不穿黑色的羊皮衣和戴黑色的礼帽去吊丧。正月初一,一定要穿着正式的衣服去上朝。

【原文】

(君子)齐,必有明衣,布。齐必变食,居必迁坐。[论语·乡党]

【释义】

君子斋戒期间,必须穿洁净的布衣。斋戒期间,必须改变食物,变更住处。

【原文】

(君子)食不厌精,脍①不厌细。食饐而餲,鱼②馁而肉败,不食。色恶,不食。臭恶,不食。失饪,不③食。不时,不食。割不正,不食。不④得其酱,不食。肉虽多,不使胜食气。唯酒无量,不及乱。沽酒市脯,不食。不撤姜食,不多食。祭于公,不宿肉,祭肉不出三日。出三日,不食之矣。食不语,寝不言。虽⑤疏食菜羹瓜祭,必齐如也。[论语·乡党]

【注释】

①陆佃礼记解引:孔子曰:脍不厌细。

②事文类聚续集引:"鱼馁而肉败"以下一段上题"孔子曰"三字。

③陈襄古众集详定礼文引:孔子曰:不时不食。

④尔雅翼引:孔子曰:不得其酱,不食。

⑤论衡祭意篇引:孔子曰:虽疏食菜羹瓜祭,必齐如也。

【释义】

君子食物不嫌做得精,鱼肉不嫌切得细。食物放久变质了,鱼和肉腐烂了,不吃。颜色难看的,不吃。气味难闻的,不吃。烹调不当的,不吃。不到该当吃饭的时候,不吃。切割方法不对的,不吃。没有合适的调味料,不吃。肉虽然吃得多,但不超过饭量。酒不限量,但不能喝醉。买来的酒和肉干,不吃。姜可以吃,但也不宜多吃。参加国君祭祀,分到的肉不能留到第二天。祭祀用的肉不超过三天。超过三天,就不吃了。吃饭时不交谈,睡觉时不说话。虽是火糙米饭菜汤,也一定得先祭一祭,祭时要恭恭敬敬,好像斋戒了的一样。

【原文】

(君子)席不正,不坐。[论语·乡党]

【释义】

席子放得不合礼制,不坐。

【原文】

(君子)乡人饮酒,杖者出,斯出矣。[论语·乡党]

【释义】

君子与乡里人喝酒,要等老年人先出去,他才出去。

【原文】

(君子)乡人傩,朝服而立于阼阶。[论语·乡党]

【释义】

乡里人举行迎神驱鬼的仪式时,君子总是穿着朝服站在东面的台阶上。

【原文】

问人于他邦,(君子)再拜而送之。[论语·乡党]

【释义】

托人向他国的朋友问候,对受托者拜两次才告辞。

【原文】

康子馈药,拜而受之。曰:"丘未达,不敢尝。"[论语·乡党]

【释义】

季康子赠送药品,孔子拜谢后收下了,说:"我不清楚这种药的药性,不敢服用。"

【原文】

厩焚,子退朝,曰:"伤人乎?"不问马。[论语·乡党]

【释义】

马厩失火了,孔子退朝回来,问:"伤到人没有?"没有问马的情况。

【原文】

君赐食,(子)必正席先尝之。君赐腥,必熟而荐之。君赐生,必畜之。侍食于君,君祭,先饭。［论语·乡党］

【释义】

国君赐给煮熟的食物,孔子一定端坐好,先尝一点。国君赐给生肉,一定煮熟了,先给祖先上供。国君赐给活物,一定要饲养起来。陪同国君吃饭,在国君举行饭前祭礼的时候,一定要先吃饭。

【原文】

(子)疾,君视之,东首,加朝服拖绅。［论语·乡党］

【释义】

孔子病了,国君来探视,就头朝东,身上盖上朝服,拖着大腰带。

【原文】

君命召,(子)不俟驾行矣。［论语·乡党］

【释义】

国君召见,孔子不等车马驾好就动身了。

【原文】

(子)入太庙,每事问。［论语·乡党］

【释义】

孔子进入宗庙,每件事都问个详细。

【原文】

朋友死,无所归,(子)曰:"于我殡。"[论语·乡党]

【释义】

朋友死了,家中没有人料理后事,孔子说:"我为他办理丧事吧。"

【原文】

朋友之馈,虽车马,非祭肉,(子)不拜。[论语·乡党]

【释义】

朋友馈赠物品,即使是车马,只要不是祭肉,孔子也不拜谢。

【原文】

(子)寝不尸,居不客。[论语·乡党]

【释义】

孔子睡觉时不像死尸那样僵卧,平常在家也不像做客那样端坐。

【原文】

见①齐衰者,虽狎必变。见冕者与瞽者,虽亵必以貌,凶服者式之,式负版者。有盛馔,必变色而作。迅雷风烈,必变。[论语·乡党]

【注释】

①皇本、高丽本"见"上有"子"字。

【释义】

见到穿齐衰孝服的人,虽然是平日熟悉的,也必定改变神情。见到戴官帽的与盲人,即使是熟人,也一定以礼相待。在车中遇着拿了送死人衣物的人,手扶车前之横木,表示同情。遇到丰盛的菜肴,必站起身表示感谢。遇到急雷大风,必定改变神色。

【原文】

(子)升车,必正立执绥。车中,不内顾,不疾言,不亲指。〔论语·乡党〕

【释义】

孔子上了车,一定端正站好,手拉着绳子。在车上,不向里乱看,不急速说话,不用手指点。

【原文】

色斯举矣,翔而后集。曰:"山梁雌雉,时哉时哉!"子路共之,三嗅而作。〔论语·乡党〕

【释义】

鸟见人的脸色有变化,盘旋飞翔后集结在树上。孔子说:"山坡上的鸟,真知时呀!"子路向它们拱拱手,它们叫了三声飞走了。

【原文】

子曰:"先进于礼乐,野人也;后进于礼乐,君子也。如用之,则吾从先进。"[论语·先进]

【释义】

孔子说:"先学习礼乐然后做官,是普通的士人;先做官然后学习礼乐,是贵族子弟。如果选用人才,那我主张选用先学习礼乐的人。"

【原文】

子曰:"从我于陈、蔡者,皆不及门也。"[论语·先进]

【释义】

孔子说:"曾跟随我困在陈国、蔡国的学生,现在都不在我身边了。"

【原文】

德①行:颜渊,闵子骞,冉伯牛,仲弓。言语:宰我,子贡。政事:冉有,季路。文学:子游,子夏。[论语·先进]

【注释】

①《七经考文补遗》曰:古本《德行》上有"子曰"二字。

【释义】

道德良好的:颜渊,闵子骞,冉伯牛,仲弓。能说善辩的:宰我,子贡。适合从政的:冉有,季路。熟悉文献的:子游,子夏。

【原文】

子曰:"回也非助我者也,于吾言无所不说。"[论语·先进]

【释义】

孔子说:"颜回不是对我有帮助的人,他对我说的话没有不满意的。"

【原文】

子曰:"孝哉闵子骞! 人不问于其父母昆弟之言。"[论语·先进]

【释义】

孔子说:"闵子骞真孝顺呀! 人们都不怀疑他的父母兄弟称赞他的话。"

【原文】

南容三复白圭,孔子以其兄之子妻之。[论语·先进]

【释义】

南容多次诵读《白圭》之诗,孔子把侄女嫁给了他。

【原文】

季康子问:"弟子孰为好学?"孔子对曰:"有颜回者好学,不幸短命死矣,今也则亡。"[论语·先进]

【释义】

季康子问:"学生中谁是好学的?"孔子回答说:"有一个叫颜回的学生很好学,遗憾的是他短命死了。现在再也没有这样的学生了。"

【原文】

颜渊死,颜路请子之车以为之椁。子曰:"才不才,亦各言其子也。鲤也死,有棺而无椁。吾不徒行以为之椁。以吾从大夫之后,不可徒行也。"〔论语·先进〕

【释义】

颜渊死了,颜路请求孔子卖掉车子为颜渊置办个外椁。孔子说:"不管有没有才能,但各自都是自己的儿子。孔鲤死的时候,也是有棺无椁。我也没有徒步给他买椁。因为我曾经当过大夫,按理是不能步行的。"

【原文】

颜渊死,子曰:"噫! 天丧予! 天丧予!"〔论语·先进〕

【释义】

颜渊死了,孔子说:"唉! 老天爷是要我的命呀! 老天爷是要我的命呀!"

【原文】

颜渊死,子哭之恸。从者曰:"子恸矣。"曰:"有恸乎? 非夫人之为恸而谁为?"〔论语·先进〕

【释义】

颜渊死了,孔子哭得很悲伤。随从的人说:"您太伤心了!"孔子说:"我太伤心了吗? 我不为这样的人伤心,又要为谁伤心呢?"

【原文】

颜渊死，门人欲厚葬之，子曰："不可。"门人厚葬之。子曰："回也视予犹父也，予不得视犹子也。非我也，夫二三子也。"〔论语·先进〕

【释义】

颜渊死了，孔子的弟子们想要隆重地安葬他。孔子说："不能这样做。"孔子的弟子们还是隆重地安葬了他。孔子说："颜回把我当父亲一样看待，我却不能把他当亲生儿子一样看待。这种不合礼仪的事不是我的过错，是那些学生们干的。"

【原文】

季路问事鬼神。子曰："未能事人，焉能事鬼？"曰："敢问死。"曰："未知生，焉知死？"〔论语·先进〕

【释义】

子路问怎样侍奉鬼神。孔子说："还没侍奉好活人，谈什么侍奉鬼呢？"子路又问："请问死是怎么回事？"孔子回答说："还没弄清楚生，怎么能弄清楚死呢？"

【原文】

闵子侍侧，訚訚如也；子路，行行如也。冉有、子贡，侃侃如也。子乐。"若①由也，不得其死然。"〔论语·先进〕

【注释】

①皇本若上有"曰"字。

【释义】

　　闵子骞站在孔子身旁，温和而正直的样子；子路很刚强的样子；冉有、子贡安详快乐的样子。孔子非常高兴。说：“像仲由那样，恐怕不得善终。”

【原文】

　　鲁人为长府。闵子骞曰①：“仍旧贯，如之何？何必改作？”子曰：“夫人不言，言必有中。”〔论语·先进〕

【注释】

　　①《隋书·何妥》上事引孔子曰：“仍旧贯，何必改作？亦无如之何？”

【释义】

　　鲁国人准备改建长府。闵子骞说：“照老样子有什么不可以？为什么一定要改建呢？”孔子说：“这人平时不说话，一说就切中了要害。”

【原文】

　　子曰：“由之瑟奚为于丘之门？”门人不敬子路。子曰：“由也升堂矣，未入于室也。”〔论语·先进〕

【释义】

　　孔子说：“仲由鼓瑟，为什么会在我的门下呢？”学生们因此瞧不起子路。孔子于是说：“仲由的修养已经升堂了，只是还没有进入内室罢了。”

【原文】

子贡问:"师与商也孰贤?"子曰:"师也过,商也不及。"曰:"然则师愈与?"子曰:"过犹不及。"[论语·先进]

【释义】

子贡问:"子张和子夏,哪一个比较杰出?"孔子说:"子张过头了,子夏还不够。"子贡说:"那么子张要好一些吗?"孔子说:"过分与不足同样不好。"

【原文】

季①氏富于周公,而②求也为之聚敛而附益之。子曰:"非吾徒也。小子鸣鼓而攻之可也。"[论语·先进]

【注释】

①《后汉书》杨秉文传注引:孔子曰:"季氏富于周公。"

②《汉书·诸侯王表》师古注引此文,省"而"字,上题"孔子云"字。

【释义】

季氏的财富超过了周朝的公侯,而冉求还在帮他搜刮来增加他的钱财。孔子说:"冉求不是我的学生了,你们可以公开声讨他。"

【原文】

柴①也愚,参也鲁,师也辟,由也喭。子曰:"回也其庶乎,屡空。赐不受命,而货殖焉,亿则屡中。"[论语·先进]

【注释】

①朱注云:吴氏曰:"此章之首脱'子曰'二字。"或疑下章子曰,当在此章之首,而通为一章。

【释义】

高柴愚笨,曾参迟钝,颛孙师偏激,仲由鲁莽。孔子说:"颜回的修养差不多了吧,可是常常贫穷不堪。子贡不安本分去经商,猜测行情每每很准。"

【原文】

子张问善人之道。子曰:"不践迹,亦不入于室。"子曰:"论笃是与,君子者乎?色庄者乎?"[论语·先进]

【释义】

子张请教做善人的方法。孔子说:"如果不追随前人,那学问和修养就达不到最高境界。"孔子说:"言论笃实诚恳可以表示赞许,但要区分他是真君子,还是貌似庄重的人呢?"

【原文】

子路问:"闻斯行诸?"子曰:"有父兄在,如之何其闻斯行之?"冉有问:"闻斯行诸?"子曰:"闻斯行之。"公西华曰:"由也问闻斯行诸,子曰,'有父兄在';求也问闻斯行诸,子曰,'闻斯行之'。赤也惑,敢问。"子曰:"求也退,故进之;由也兼人,故退之。"[论语·先进]

【释义】

子路问："听说了就可以去做吗?"孔子说:"父亲和兄长还在,怎么能听说了就可以去做呢?"冉有问:"听说了就可以去做吗?"孔子说:"听说了就可以去做。"公西华说:"仲由问听说了就可以去做吗,您说'父亲和兄长还在';冉求问父亲和兄长还在,您却说'听说了就可以去做'。我有些困惑,所以冒昧地请教。"孔子说:"冉求做事比较退缩,所以我鼓励他前进;仲由做事好勇争胜,所以我让他保守些。"

【原文】

子畏于匡,颜渊后。子曰:"吾以女为死矣。"曰:"子在,回何敢死?"［论语·先进］

【释义】

孔子被匡地的人围困,颜渊后来才逃出来。孔子说:"我以为你已经死了呢。"颜渊说:"老师还活着,我怎么敢死呢?"

【原文】

季子然问:"仲由、冉求可谓大臣与?"子曰:"吾以子为异之问,曾由与求之问。所谓大臣者,以道事君,不可则止。今由与求也,可谓具臣矣。"曰:"然则从之者与?"子曰:"弑父与君,亦不从也。"［论语·先进］

【释义】

季子然问:"仲由、冉求可以称得上是大臣吗?"孔子说:"我以为您要问别的事,原来是问仲由和冉求啊。所谓大臣,用道义来侍奉君主,行不通就辞职。现在的仲由和冉求,可以称得上是称职的臣子。"季子然又问:"那么,他们会一切顺从上级吗?"

孔子说："如果是杀父杀君的事情，那他们是不会顺从的。"

【原文】

子路使子羔为费宰。子曰："贼夫人之子。"子路曰："有民人焉，有社稷焉，何必读书，然后为学？"子曰："是故恶夫佞者。"〔论语·先进〕

【释义】

子路让子羔担任费地的长官。孔子说："这简直是误人子弟。"子路说："既有民众又有社稷，为什么一定要读书才算学习呢？"孔子说："所以我讨厌强词夺理的人。"

【原文】

子路、曾皙、冉有、公西华侍坐。子曰："以吾一日长乎尔，毋吾以也。居则曰：'不吾知也！'如或知尔，则何以哉？"子路率尔而对曰："千乘之国，摄乎大国之间，加[1]之以师旅，因之以饥馑；由也为之，比及三年，可使有勇，且知方也。"夫子哂之。"求！尔何如？"对曰："方六七十，如五六十，求也为之，比及三年，可使足民。如其礼乐，以俟君子。""赤！尔何如？"对曰："非曰能之，愿学焉。宗庙之事，如会同，端章甫，愿为小相焉。""点！尔何如？"鼓瑟希，铿尔，舍瑟而作，对曰："异乎三子者之撰。"子曰："何伤乎？亦各言其志也。"曰："莫春者，春服既成，冠者五六人，童子六七人，浴乎沂，风乎舞雩，咏而归。"夫子喟然叹曰："吾与点也！"三子者出，曾皙后。曾皙曰："夫三子者之言何如？"子曰："亦各言其志也已矣。"曰："夫子何哂由也？"曰："为国以礼，其言不让，是故哂之。""唯求则非邦也与？""安见方六七十如五六十而非邦也者？""唯赤则非邦也与？""宗庙会同，非诸侯而何？赤也为之小。孰能为之大？"〔论语·先进〕

【注释】

①《晋书·食货志》引"加之以师旅，因之以饥馑"二句为孔子语。

【释义】

子路、曾皙、冉有、公西华在孔子身旁坐着。孔子说："我比你们年长一些，希望不要因此而拘束。你们平常总是说：'没有人了解我！'如果有人了解你们，那你们又要怎么做呢？"子路立刻答道："拥有一千辆兵车的国家，夹在大国中间，外面有军队侵犯，里面发生饥荒。如果让我来治理它，只要三年，可以使老百姓勇敢而懂得大道理。"孔子听了微微一笑。"冉求！你怎么样？"冉求回答说："方圆六七十里或五六十里的地方，如果我来治理，只要三年，可以使老百姓富足。至于礼乐教化，则需要君子来推行了。""公西赤，你怎么样？"公西赤回答："我不敢说能做什么，只是愿意学习罢了。宗庙祭礼或者外交会见的事，我愿意穿戴好礼服礼帽，做一个小小的司仪。""曾点，你怎么样？"弹瑟的声音渐稀，铿的一声，曾皙放下瑟站起来回答道："我的想法与他们三位讲的不同。"孔子说："那有什么关系呢？不过是各自谈谈志向罢了。"曾皙说："暮春三月，穿上春装，约上五六个成年人、六七个小孩子，在沂水里洗洗澡，在舞雩台上吹吹风，然后一路唱着歌儿回来。"孔子感叹说："我欣赏曾点的想法啊！"子路、冉有、公西华三人出去了，曾皙留在后面。曾皙问："他们三位的话怎么样？"孔子说："也不过是各自谈谈志向罢了。"曾皙说："那老师为什么要笑仲由呢！"孔子说："治理国家靠的是礼让，他的话却毫不谦让，所以笑他。"曾皙说："难道冉求讲的不是治理国家吗？"孔子说："谁说方圆七十里或五六十里就不是国家呢？"曾皙说："难道公西赤讲的就不是治理国家吗？"孔子说："有宗庙祭祀和外交会见，不是诸侯之国又是什么呢？如果公西赤只能做一个小司仪，那谁还能做大司仪呢？"

【原文】

颜渊问仁。子曰："克己复礼为仁。一日克己复礼，天下归仁焉。为仁由己，而由人乎哉？"颜渊曰："请问其目。"子曰："非礼勿视，非礼勿听，非礼勿言，非礼勿动。"颜

渊曰:"回虽不敏,请事斯语矣。"〔论语·颜渊〕

【释义】

颜渊问什么是仁。孔子说:"约束自己使言行都合于礼,这就是仁。一旦约束自己而使言行都合于礼,天下人就会称赞你。修德全靠自己,难道会靠别人吗?"颜渊说:"请说说具体的做法。"孔子说:"不合乎礼的不看,不合乎礼的不听,不合乎礼的不说,不合乎礼的不做。"颜渊说:"我虽然迟钝,也要努力做到这些。"

【原文】

仲弓问仁。子曰:"出门如见大宾,使民如承大祭。己所不欲,勿施于人。在邦无怨,在家无怨。"仲弓曰:"雍虽不敏,请事斯语矣。"〔论语·颜渊〕

【释义】

仲弓问什么是仁。孔子说:"走出家门,要像接待贵宾一样,役使百姓,要像承办大家典礼一样。自己不想做的事情,也不要强加给别人。在国家做官没有人怨恨,在家族做事也没有人怨恨。"仲弓说:"我虽然迟钝,也要努力做到这些。"

【原文】

司马牛问仁。子曰:"仁者其言也讱"曰:"其言也讱斯谓之仁已乎?"子曰:"为之难,言之得无讱?"〔论语·颜渊〕

【释义】

司马牛问什么是仁。孔子说:"仁者说话非常谨慎。"司马牛说:"说话谨慎就可以叫作仁了吗?"孔子说:"做起来困难,说起来能不谨慎吗?"

【原文】

司马牛问君子。子曰："君子不忧不惧。"曰："不忧不惧,斯谓之君子已乎?"子曰："内省不疚,夫何忧何惧?"［论语·颜渊］

【释义】

司马牛问什么是君子。孔子说："君子不忧愁也不恐惧。"司马牛说："不忧愁不恐惧,就可以叫作君子了吗?"孔子说："能自己反省而不感到任何愧疚,那又忧愁什么恐惧什么呢?"

【原文】

司马牛忧曰："人皆有兄弟,我独亡。"子夏曰："商闻之矣:死生有命,富贵在天。君子敬而无失,与人恭而有礼,四海之内皆兄弟也。君子何患乎无兄弟也?"［论语·颜渊］

【释义】

司马牛忧伤地说："别人都有兄弟,只有我没有。"子夏说："我听说过:生死各有命运主宰,富贵全取决于天意。君子态度认真又没有过失,待人谦恭有礼,那四海之内都是兄弟。君子何愁没有兄弟呢?"

【原文】

子张问明。子曰："浸润之谮,肤受之愬,不行焉,可为谓明也已矣。浸润之谮,肤受之愬,不行焉,可谓远也已矣。"［论语·颜渊］

【释义】

子张问什么叫贤明:孔子说:"日积月累的谗言和切肤之痛的诬告,在你这里都行不通,可以称得上是贤明了。日积月累的谗言和切肤之痛的诬告,在你这里都行不通,可以称得上是有远见了。"

【原文】

子贡问政。子曰:"足食,足兵,民信之矣。"子贡曰:"必不得已而去,于斯三者何先?"曰:"去兵。"子贡曰:"必不得已而去,于斯二者何先?"曰:"去食。自古皆有死,民无信不立。"〔论语·颜渊〕

【释义】

子贡问怎样治理政事。孔子说:"使粮食充足,军备充实,老百姓对政府就信任了。"子贡说:"如果迫不得已要去掉一项,在这三项之中先去掉哪一项呢?"孔子说:"去掉军备。"子贡又问:"如果迫不得已还要去掉一项,在这两项之中又先去掉哪一项呢?"孔子回答说:"去掉粮食。因为自古以来人难免一死,如果没有老百姓的信任,国家就会垮掉。"

【原文】

子张问崇德、辨惑。子曰:"主忠信,徙义,崇德也。爱之欲其生,恶之欲其死。既欲其生,又欲其死,是惑也。'诚①不以富,亦只以异。'"〔论语·颜渊〕

【注释】

①朱注云:"诚不以富"二句,程子曰:此错简当在第十六季氏篇"齐景公有马千驷"之上,因此下文亦有齐景公字而误也。

【释义】

　　子张问怎样增进德行,辨别迷惑。孔子说:"以诚信为原则,顺从大义,就可以增进德行。喜爱一个人便想要他活得长久,厌恶他时便又希望他马上死去。既想要他活得长久,又想要他马上死去,这就是迷惑。《诗经》说:'并非她家比我富,是你异心相辜负。'"

【原文】

　　齐景公问政于孔子。孔子对曰:"君君,臣臣,父父,子子。"公曰:"善哉! 信如君不君,臣不臣,父不父,子不子,虽有粟,吾得而食诸?"[论语·颜渊]

【释义】

齐景公

　　齐景公向孔子询问如何治理政事。孔子回答说:"君王要像君王,臣子要像臣子,父亲要像父亲,儿子要像儿子。"齐景公说:"说得对啊! 如果君王不像君王,臣子不像臣子,父亲不像父亲,儿子不像儿子。就算粮食很多,我吃得到吗?"

【原文】

　　子曰:"片言可以折狱者,其由也与?"子路无宿诺。[论语·颜渊]

【释义】

　　孔子说:"根据一面之词就可以断案的人,大概就只有仲由吧?"子路答应要做的事,从不拖延。

【原文】

子曰:"听讼,吾犹人也。必也使无讼乎。"［论语·颜渊］

【释义】

孔子说:"审判诉讼案件,我和别人一样。必须使诉讼永远消失。"

【原文】

子张问政。子曰:"居之无倦,行之以忠。"［论语·颜渊］

【释义】

子张问怎样治理政事。孔子说:"在位时不要倦怠,执行任务时要忠诚。"

【原文】

子曰:"博学于文,约之以礼,亦可以弗畔矣夫。"［论语·颜渊］

【释义】

孔子说:"君子广泛地学习文献知识,又以礼来约束自己,也就可以不背离人生正途了。"

【原文】

子曰:"君子成人之美,不成人之恶,小人反是。"［论语·颜渊］

【释义】

孔子说:"君子成全别人的好事,不促成别人的坏事,小人则正好相反。"

【原文】

季康子问政于孔子。孔子对曰："政者,正也。子帅以正,孰敢不正?"[论语·颜渊]

【释义】

季康子向孔子询问如何治理政事。孔子回答说:"政就是端正。您带头端正,谁敢不端正呢?"

【原文】

季康子患盗,问于孔子。孔子对曰:"苟子之不欲,虽赏之不窃。"[论语·颜渊]

【释义】

季康子因为盗贼太多而烦恼,向孔子询问对付的办法。孔子回答说:"如果您不贪图财物,即使奖励他们盗窃,他们也不会干的。"

【原文】

季康子问政于孔子曰:"如杀无道,以就有道,何如?"孔子对曰:"子为政,焉用杀?子欲善而民善矣。君子之德风,小人之德草,草上之风,必偃。"[论语·颜渊]

【释义】

季康子向孔子询问政事说:"如果杀掉为非作歹的人,亲近有修行的人,怎么样?"孔子回答说:"您治理国政,为什么要杀人呢?只要您一心向善,老百姓也就会跟着向善。领导者的德行就像风,老百姓的德行就像草,草受风吹,必然随着风倒。"

【原文】

子张问："士何如斯可谓之达矣?"子曰："何哉,尔所谓达者?"子张对曰："在邦必闻,在家必闻。"子曰："是闻也,非达也。夫达也者,质直而好义,察言而观色,虑以下人。在邦必达,在家必达。夫闻也者,色取仁而行违,居之不疑。在邦必闻,在家必闻。"[论语·颜渊]

【释义】

子张问："读书人怎样做,才能称得上通达呢?"孔子说："你所说的通达是什么意思?"子张回答说："在朝廷做官一定有名,在大夫家做事也一定有名。"孔子说："那是名声,不是通达。通达的人,品性正直而见义勇为,认真分析别人的言论和观察别人的脸色,凡事以谦逊自处。这样的人在朝廷做官一定通达,在大夫家做事也一定通达。至于那种有名的人,表面上做出爱好仁德的样子,实际行为却是另外一回事,以此自居还不疑惑。这就是你所说的在朝廷做官一定有名,在大夫家做事一定有名。"

【原文】

樊迟从游于舞雩之下,曰："敢问崇德,修慝,辨惑。"子曰："善哉问! 先事后得,非崇德与? 攻其恶,无攻人之恶,非修慝与? 一朝之忿,忘其身,以及其亲,非惑与?"[论语·颜渊]

【释义】

樊迟陪孔子在舞雩台散步,说："请问怎样增进品德,消除错误,辨别迷惑?"孔子说："问得好! 先做事再想报酬的事,不是可以增进品德吗? 多检查自己的过错少怪罪别人,不是可以消除错误吗? 由于一时的愤怒而忘掉了自己的处境,甚至连累到父母,不就是迷惑吗?"

【原文】

樊迟问仁。子曰:"爱人。"问知。子曰:"知人。"樊迟未达。子曰:"举直错诸枉,能使枉者直。"樊迟退,见子夏曰:"乡也吾见于夫子而问知,子曰:'举直错诸枉,能使枉者直。'何谓也?"子夏曰:"富哉言乎!舜[①]有天下,选于众,举皋陶,不仁者远矣。汤有天下,选于众,举伊尹,不仁者远矣。"[论语·颜渊]

【注释】

①《旧唐书》王志愔著《应正论》引"舜举咎繇,不仁者远"为孔子语。

【释义】

樊迟问什么是仁。孔子说:"爱护他人。"樊迟又问什么是智。孔子说:"了解他人。"樊迟没有听懂。孔子说:"提拔正直的人,使之位于不正直的人之上,就能够使不正直的人变得正直。"樊迟离开后,看见子夏说:"刚才我去问老师什么叫智,老师说:'提拔正直的人,使之位于不正直的人之上,就能够使不正直的人变得正直。'这是什么意思?"子夏说:"这话含义深刻呀!舜统治天下时,在众人之中提拔了皋陶,那些不正直的人就被疏远了。商汤统治天下时,在众人之中提拔了伊尹,那些不正直的人也就被疏远了。"

【原文】

子贡问友。子曰:"忠告而善道之,不可则止,毋自辱焉。"[论语·颜渊]

【释义】

子贡问如何交朋友。孔子说:"真诚相告,委婉劝导,他若不听就算了,不要自取

【原文】

子路问政。子曰:"先之,劳之。"请益。曰:"无倦。"〔论语·子路〕

【释义】

子路问如何治理政事。孔子说:"以身作则,吃苦耐劳。"子路想知道进一步的行为。孔子说:"不要倦怠。"

【原文】

仲弓为季氏宰,问政。子曰:"先有司,赦小过,举贤才。"曰:"焉知贤才而举之?"子曰:"举尔所知。尔所不知,人其舍诸?"〔论语·子路〕

【释义】

仲弓做了季氏的总管,向孔子请教如何治理政事。孔子说:"先选取各部门的负责人,不计较部下的小过失,提拔优秀的人。"仲弓问:"怎么知道谁是优秀的人,进而把他提拔起来呢?"孔子说:"提拔你知道的人。你不知道的,别人难道会遗弃吗?"

【原文】

子路曰:"卫君待子而为政,子将奚先?"子曰:"必也正名乎!"子路曰:"有是哉,子之迂也!奚其正?"子曰:"野哉,由也!君子于其所不知,盖阙如也。名不正,则言不顺;言不顺,则事不成;事不成,则礼乐不兴;礼乐不兴,则刑罚不中;刑罚不中,则民无所错手足。故君子名之必可言也,言之必可行也。君子于其言,无所苟而已矣。"〔论语·子路〕

【释义】

子路说:"如果卫君请您去治理政事,您要先做什么呢?"孔子说:"一定要先纠正名分呀!"子路说:"您太迂腐了吧!名分有什么可纠正的?"孔子说:"你真鲁莽啊!君子对于他不懂的事情,就不应该发表意见。名分不纠正,说话就不顺当;说话不顺当,事情就办不成;事情办不成,礼乐制度就不能上轨道;礼乐制度不能上轨道,刑罚就失去标准;刑罚失去标准,老百姓就不知所措了。所以君子定下一个名分,就一定要把它说得顺当,说了就一定要实行。君子对于自己说出来的话,要做到一丝不苟。"

【原文】

樊迟请学稼。子曰:"吾不如老农。"请学为圃。曰:"吾不如老圃。"樊迟出。子曰:"小人哉,樊须也!上好礼,则民莫敢不敬;上好义,则民莫敢不服;上好信,则民莫敢不用情。夫如是,则四方之民襁负其子而至矣,焉用稼?"［论语·子路］

【释义】

樊迟请求学种庄稼。孔子说:"我比不上有经验的农民。"樊迟又请求学种蔬菜。孔子说:"我比不上有经验的菜农。"樊迟离开后,孔子说:"樊迟真是个小人啊!在上者爱好礼,老百姓就没有人敢不恭敬;在上者喜好义,老百姓就没有人敢不服从;在上者喜好信,老百姓就没有人敢不实在。如果能够做到这样,四方的老百姓都会背负着儿女前来投奔,哪里还用得着你亲自种庄稼呢?"

【原文】

子曰:"诵《诗》三百,授之以政,不达;使于四方,不能专对;虽多,亦奚以为?"［论语·子路］

【释义】

孔子说:"熟读《诗经》三百篇,交给他政事,却不能顺利完成;叫他出使外国,又不能独立应对;这样念书再多,又有什么用呢?"

【原文】

子曰:"其身正,不令而行;其身不正,虽令不从。"[论语·子路]

【释义】

孔子说:"自身的行为端正,就是不下命令,百姓也知道该怎么做;自身的行为不端正,即使下命令,百姓也没人听从。"

【原文】

子曰:"鲁卫之政,兄弟也。"[论语·子路]

【释义】

孔子说:"鲁和卫两国的政事,就像兄弟一样相差无几。"

【原文】

子谓卫公子荆:"善居室。始有,曰:'苟合矣。'少有,曰:'苟完矣。'富有,曰:'苟美矣。'"[论语·子路]

【释义】

孔子谈到卫国的公子荆说:"他很懂得居家过日子。刚刚有一点财产,便说:'差不多够了。'稍多一些,便说:'差不多完备了。'富有以后,便说:'差不多完美了。'"

【原文】

子适卫,冉有仆。子曰:"庶矣哉!"冉有曰:"既庶矣,又何加焉?"曰:"富之。"曰:"既富矣,又何加焉?"曰:"教之。"[论语·子路]

【释义】

孔子到卫国,冉有给他驾车。孔子说:"这里人真多啊!"冉有问:"人多了该怎么办呢?"孔子说:"让他们富裕起来。"冉有又问:"富裕以后又该怎么办呢?"孔子说:"教育他们。"

【原文】

子曰:"苟有用我者,期月而已可也,三年有成。"[论语·子路]

【释义】

孔子说:"如果有人任用我治理国家,只要一年便可以初具规模,三年就会卓有成效。"

【原文】

子曰:"善人为邦百年,亦可以胜残去杀矣。诚哉是言也!"[论语·子路]

【释义】

孔子说:"善人治理国家,一百年下来,就可以消除残暴,废除杀戮了。这话说得真对呀!"

【原文】

子曰:"如有王者,必世而后仁。"[论语·子路]

【释义】

孔子说:"如果有理想的君主,也一定要三十年才能实现仁政。"

【原文】

子曰:"苟正其身矣,于从政乎何有? 不能正其身,如正人何?"[论语·子路]

【释义】

孔子说:"如果能端正自身的行为,治理国家还有什么困难呢? 如果不能端正自身的行为,又怎能使别人端正呢?"

【原文】

冉子退朝,子曰:"何晏也?"对曰:"有政。"子曰:"其事也? 如有政,虽不吾以,吾其与闻之。"[论语·子路]

【释义】

冉求退朝回来,孔子说:"今天怎么这么晚呀?"冉求说:"有政事。"孔子说:"只是一般的事务吧? 如果有政事,虽然现在国君不用我了,我也会知道情况的。"

【原文】

定公问:"一言而可以兴邦,有诸?"孔子对曰:"言不可以若是其几也。人之言曰:'为君难,为臣不易。'如知为君之难也,不几乎一言而兴邦乎?"曰:"一言而①丧邦,有诸?"孔子对曰:"言不可以若是其几也。人之言曰:'予无乐乎为君,唯其言而^②莫予违也。'如其善而莫之违也,不亦善乎? 如不善而莫之违也,不几乎一言而丧邦乎?"[论语·子路]

【注释】

①皇本"而"下有"可以"二字。②皇本、高丽本"而"下有"乐"字。

【释义】

鲁定公问:"一句话就可以使国家兴旺,有这样的事吗?"孔子回答说:"话不能这样说。人们说:'做国君很难,做臣子也不容易。'如果知道做国君的艰难,不就近于一句话可以使国家兴旺吗?"鲁定公又问:"一句话就可以使国家灭亡,有这样的事吗?"孔子回答说:"话不能这样说。人们说:'我做国君没有别的快乐,除了我的话都没有人敢违背。'如果说的话正确而没有人违抗,不也很好吗? 如果说的话不正确而没有人违抗,不就近于一句话可以使国家灭亡吗?"

【原文】

叶公问政。子曰:"近者说,远者来。"[论语·子路]

【释义】

叶公问如何治理政事。孔子说:"让近处的人高兴,让国外的人来投奔。"

【原文】

子夏为莒父宰,问政。子曰:"无欲速,无见小利。欲速则不达;见小利,则大事不成。"[论语·子路]

【释义】

子夏做了莒父的长官，问如何治理政事。孔子说："不要图快，不要贪小便宜。图快反而达不到目的，贪小便宜反而办不成大事。"

【原文】

叶公语孔子曰："吾党有直躬者，其父攘羊，而子证之。"孔子，曰："吾党之直者异于是：父为子隐，子为父隐。直在其中矣。"［论语·子路］

【释义】

叶公对孔子说："我的家乡有一个正直的人，他父亲偷了羊，他亲自去检举。"孔子说："我的家乡正直的人做法不同：父亲为儿子隐瞒，儿子为父亲隐瞒。直率就体现在这里面了。"

【原文】

樊迟问仁。子曰："居处恭，执事敬，与人忠。虽之夷狄，不可弃也。"［论语·子路］

【释义】

樊迟问什么是仁。孔子说："平常态度庄重，工作严肃认真，待人真心诚意。即使到了夷狄之地，也不可背弃这几条。"

【原文】

子贡问曰："何如斯可谓之士矣？"子曰："行己有耻，使于四方，不辱君命，可谓士矣。"曰："敢问其次。"曰："宗族称孝焉，乡党称弟焉。"曰："敢问其次。"曰："言必信，

行必果,硜硜然小人哉!抑亦可以为次矣。"曰:"今之从政者何如?"子曰:"噫!斗筲之人,何足算也?"[论语·子路]

【释义】

子贡问道:"怎样才能称得上是士?"孔子说:"做事有羞耻之心,出使外国不辜负国君的使命,就可以称得上是士了。"子贡说:"请问次一等的表现。"孔子说:"宗族的人称赞他孝顺父母,乡亲们称赞他尊敬长辈。"子贡说:"请问再次一等的表现。"孔子说:"说话一定守信,做事一定有结果,这种浅薄固执的小人,也可以算是再次一等的士吧。"子贡又说:"现在从政的那些人怎么样?"孔子说:"唉!这些器量狭小的人算得上什么呢?"

【原文】

子曰:"不得中行而与之,必也狂狷乎!狂者进取,狷者有所不为也。"[论语·子路]

【释义】

孔子说:"找不到言行适中的人相交,那就必然是和狂狷之人相交了!狂的人具有奋发向上,狷的人有所不为。"

【原文】

子曰:"南人有言曰:'人而无恒,不可以作巫医。'善夫!"[论语·子路]

【释义】

孔子说:"南方人有句话说:'人如果没有恒心,就不可以做巫医。'这话说得太好啦!"

【原文】

"不恒其德,或承之羞。"子曰:"不占而已矣。"〔论语·子路〕

【释义】

"人不能长久地保持自己的德行,就免不了要遭受耻辱。"孔子说:"这用不着去占卦。"

【原文】

子曰:"君子和而不同,小人同而不和。"〔论语·子路〕

【释义】

孔子说:"君子和谐相处却不盲目苟同,小人盲目苟同却不和谐相处。"

【原文】

子贡问曰:"乡人皆好之,何如?"子曰:"未可也。""乡人皆恶之,何如?"子曰:"未可也。不如乡人之善者好之,其不善者恶之。"〔论语·子路〕

【释义】

子贡问道:"全乡的人都喜欢他,这样的人怎么样?"孔子说:"还难说。"子贡又问:"全乡的人都厌恶他,这样的人怎么样?"孔子说:"还难说。不如乡里的好人称赞他,坏人厌恶他。"

【原文】

子曰:"君子易事而难说也,说之不以道,不说也;及其使人也,器之。小人难事而

易说也,说之虽不以道,说也。及其使人也,求备焉。"[论语·子路]

【释义】

孔子说:"君子容易侍奉却难以讨他欢喜,不用正当的方式去讨好,他是不会欢喜的。等他用人时,总能量才而用。小人难以侍奉却容易讨他欢喜,用不正当的方式去讨好,他也会欢喜。等他用人时。却总是百般挑剔。"

【原文】

子曰:"君子泰而不骄,小人骄而不泰。"[论语·子路]

【释义】

孔子说:"君子泰然自若而不骄傲,小人骄傲而不泰然自若。"

【原文】

子曰:"刚、毅、木、讷,近仁。"[论语·子路]

【释义】

孔子说:"刚强、果敢、朴实、沉默寡言,有这四种品德就接近仁德了。"

【原文】

子路问曰:"何如斯可谓之士矣?"子曰:"切切偲偲,怡怡如也,可谓士矣。朋友切切偲偲,兄弟怡怡。"[论语·子路]

【释义】

子路问道:"怎样才可以称为士呢?"孔子说:"互助切磋勉励,彼此和睦相处,就可以算是士了。朋友之间互相切磋勉励,兄弟之间彼此和睦相处。"

【原文】

子曰:"善人教民七年,亦可以即戎矣。"[论语·子路]

【释义】

孔子说:"善人教导百姓达七年之久,就可以让他们当兵打仗了。"

【原文】

子曰:"以不教民战,是谓弃之。"[论语·子路]

【释义】

孔子说:"让没有受过作战训练的百姓去打仗,等于抛弃他们。"

【原文】

宪问耻。子曰:"邦有道,谷。邦无道,谷,耻也。""克、伐、怨、欲不行焉,可以为仁矣?"子曰:"可以为难矣,仁则吾不知也。"[论语·宪问]

【释义】

原宪问什么是耻辱。孔子说:"国家政治清明,就做官拿俸禄;国家政治黑暗还做官拿俸禄,这就是耻辱。"原宪又问:"好胜、自夸、怨恨、贪欲都没有的人,可以算作仁吗?"孔子说:"这是很困难的事,但至于是否称得上仁,我就不确定了。"

【原文】

子曰:"士而怀居,不足以为士矣。"[论语·宪问]

【释义】

孔子说:"读书人怀恋安逸的生活,就不配做读书人。"

【原文】

子曰:"邦有道,危言危行;邦无道,危行言孙。"〔论语·宪问〕

【释义】

孔子说:"国家政治清明时,就正直地说话,正直地做事;国家政治黑暗时,就正直地做事,委婉地说话。"

【原文】

子曰:"有德者必有言,有言者不必有德。仁者必有勇,勇者不必有仁。"〔论语·宪问〕

【释义】

孔子说:"有德行的人一定有善言,有善言的人不一定有德行。行仁的人一定有勇气,有勇气的人不一定能行仁。"

【原文】

南宫适问于孔子曰:"羿善射,奡荡舟,俱不得其死然。禹稷躬稼而有天下。"夫子不答。南宫适出。子曰:"君子哉若人!尚德哉若人!"〔论语·宪问〕

【释义】

南宫适问孔子说:"羿擅长射箭,奡擅长水战,最后都不得好死。禹和稷都亲自下地种田,却得到了天下。"孔子没有回答,南宫适离开后,孔子说:"这个人真是个君子!这个人真崇尚道德!"

【原文】

子曰:"君子而不仁者有矣夫,未有小人而仁者也。"〔论语·宪问〕

【释义】

孔子说:"君子中没有仁德的人是有的,但是小人中没有有仁德的人。"

【原文】

子曰:"爱之,能勿劳乎?忠焉,能勿诲乎?"〔论语·宪问〕

【释义】

孔子说:"爱他,能不为他操劳吗?忠于他,能不给他规劝吗?"

【原文】

子曰:"为命,裨谌草创之,世叔讨论之,行人子羽修饰之,东里子产润色之。"〔论语·宪问〕

【释义】

孔子说:"郑国发表的公文,先由裨谌起草,再经过世叔斟酌,又由外交官子羽修饰,最后由子产润色定稿。"

【原文】

或问子产。子曰:"惠人也。"问子西。曰:"彼哉!彼哉!"问管仲。曰:"人也。

夺伯氏骈邑三百,饭疏食,没齿无怨恨。"［论语·宪问］

【释义】

有人问子产是个怎样的人。孔子说:"是个照顾百姓的人。"又问子西是个怎样的人。孔子说:"他呀! 他呀!"又问管仲是个怎样的人。孔子说:"他是个仁人,他分得伯氏的三百家骈邑,使伯氏终生吃粗粮,但到死也没有怨言。"

【原文】

子曰:"贫而无怨,难;富而无骄,易。"［论语·宪问］

【释义】

孔子说:"贫穷却不怨言,很难;富贵却不骄傲,则比较容易。"

【原文】

子曰:"孟公绰为赵魏老则优,不可以为滕、薛大夫。"［论语·宪问］

【释义】

孔子说:"孟公绰做赵氏、魏氏的家臣,可以游刃有余,但不能担任滕、薛这样小国的大夫。"

【原文】

子路问成人。子曰:"若臧武仲之知①,公绰之不欲,卞庄子之勇,冉求之艺,文之以礼乐,亦可以为成人矣。"曰:"今之成人者何必然? 见利思义,见危授命,久要不忘平生之言,亦可以为成人矣。"［论语·宪问］

【注释】

①"知"皇本作"智"。

【释义】

子路问什么是完人。孔子说："像臧武仲那样明智,孟公绰那样淡泊,卞庄子那样勇敢,冉求那样多才多艺,再用礼乐加以修饰,就可以称为完人了。"又说："现在所谓的完人又何必一定如此呢? 看见利益能想到大义,遇到危难敢于献身,长期处于困顿之中也能够不忘记平时的诺言,也可以称为完人了。"

【原文】

子问公叔文子于公明贾曰："信乎? 夫子不言,不笑,不取乎?"公明贾对曰："以告者过也。夫子时然后言,人不厌其言;乐然后笑,人不厌其笑;义①然后取,人不厌其取。"子曰："其然,岂其然乎?"[论语·宪问]

【注释】

①《素履子》引"义然后取人不厌其取"为孔子语。

【释义】

孔子向公明贾询问公叔文子,说："这是真的吗? 他不讲话,不笑,不拿取财物吗?"公明贾说："这是传话人说过·了头。他在适当的时候讲话,因此别人不讨厌他讲的话;真正高兴了才笑,因此别人不讨厌他笑;应该获取的才获取,因此别人不讨厌他获取。"孔子说："原来是这样,难道真是这样吗?"

【原文】

子曰:"臧武仲以防求为后于鲁,虽日不要君,吾不信也。"〔论语·宪问〕

【释义】

孔子说:"臧武仲凭借封地请求鲁君在鲁国替他立后代,虽然有人说他不是要挟君主,但我不相信。"

【原文】

子曰:"晋文公谲而不正,齐桓公正而不谲。"〔论语·宪问〕

【释义】

孔子说:"晋文公诡诈而不正派,齐桓公正派而不诡诈。"。

【原文】

子路曰:"桓公杀公子纠,召忽死之,管仲不死。"曰:"未仁乎?"子曰:"桓公九合诸侯,不以兵车,管仲之力也。如其仁,如其仁。"〔论语·宪问〕

【释义】

子路说:"齐桓公杀了公子纠,召忽为此自杀,但管仲却没有自杀。"接着说:"不能算是仁人吧?"孔子说:"桓公多次主持诸侯国的盟会,使天下不打仗,这都是管仲的功劳啊。这就是他的仁德,这就是他的仁德。"

【原文】

子贡曰:"管仲非仁者与? 桓公杀公子纠,不能死,又相之。"子曰:"管仲相桓公,

霸诸侯，一匡天下，民到于今受其赐。微管仲，吾其被发左衽矣。岂若匹夫匹妇之为谅也，自经于沟渎而莫之知也？"［论语·宪问］

【释义】

子贡说："管仲不能算是仁人吧？齐桓公杀了公子纠，管仲没为主子自杀，反而做了桓公的宰相。"孔子说："管仲做桓公的宰相，辅佐他称霸诸侯，使天下得到匡正，老百姓到现在还受着他的恩赐。如果没有管仲，我们可能都像落后民族那样披头散发，衣襟向左边开了吧。难道真要像普通男女那样坚守小信，在沟渠中自杀，死了还没有人知道才好吗？"

管仲

【原文】

公叔文子之臣大夫僎与文子同升诸公。子闻之，曰："可以为'文'矣。"［论语·宪问］

【释义】

公叔文子的家臣僎由于文子的举荐，与文子一同做了大夫。孔子知道了这件事后说："可以给他'文'的谥号了。"

【原文】

子言卫灵公之无道也。康子曰："夫如是，奚而不丧？"孔子曰："仲叔圉治宾客，祝鮀治宗庙，王孙贾治军旅。夫如是，奚其丧？"［论语·宪问］

【释义】

孔子谈到卫灵公的无道。季康子说:"既然如此,为什么还没有败亡呢?"孔子说:"他用仲叔圉负责外交,祝蛇掌管祭祀,王孙贾统管军队。既然如此,怎么会败亡呢?"

【原文】

子曰:"其言之不怍,则为之也难。"[论语·宪问]

【释义】

孔子说:"一个人如果大言不惭,那他做起来就一定很困难。"

【原文】

陈成子弑简公。孔子沐浴而朝,告于哀公曰:"陈恒弑其君,请讨之。"公曰:"告夫三子。"孔子曰:"以吾从大夫之后,不敢不告也。君曰'告夫三子'者。"之三子告,不可。孔子曰:"以吾从大夫之后,不敢不告也。"[论语·宪问]

【释义】

陈成子杀了齐简公。孔子斋戒沐浴以后,上朝向鲁哀公报告说:"陈恒把他的君主杀了,请您出兵讨伐他。"哀公说:"你去向三位大夫报告吧。"孔子退出来后说:"因为我曾经做过大夫,所以不敢不来报告,君主却说'你去向三位大夫报告吧。'"孔子去向三位大夫报告,但三位大夫不愿派兵讨伐。孔子说:"因为我曾经做过大夫,所以不敢不来报告呀。"

【原文】

子路问事君。子曰:"勿欺也,而犯之。"[论语·宪问]

【释义】

子路问怎样侍奉君主。孔子说:"不要欺骗他,还要当面直谏。"

【原文】

子曰:"君子上达,小人下达。"[论语·宪问]

【释义】

孔子说:"君子不断上进,追求仁义,小人放纵欲望,追求财利。"

【原文】

子曰:"古之学者为己,今之学者为人。"[论语·宪问]

【释义】

孔子说:"古代的学者学习为了充实自己,今天的学者学习为了炫耀。"

【原文】

蘧伯玉使人于孔子,孔子与之坐而问焉。曰:"夫子何为?"对曰:"夫子欲寡其过而未能也。"使者出,子曰:"使乎! 使乎!"[论语·宪问]

【释义】

蘧伯玉派使者去拜访孔子。孔子请他坐下,然后问道:"先生最近在做什么?"使者回答说:"先生想要减少自己的错误,但还没能做到。"使者走了以后,孔子说:"好一位使者! 好一位使者!"

【原文】

子曰："不在其位,不谋其政。"曾子曰："君子思不出其位。"［论语·宪问］

【释义】

孔子说："不担任那个职位,就不要考虑那个职位的政务。"曾子说："君子的考虑以自己的职位为范围。"

【原文】

子曰："君子耻其言而①过其行也。"［论语·宪问］

【注释】

①"而"皇本作"之"。

【释义】

孔子说："君子认为说得多而做得少是一件可耻的事情。"

【原文】

子曰："君子道者三,我无能焉:仁者不忧,知者不惑,勇者不惧。"子贡曰："夫子自道也。"［论语·宪问］

【释义】

孔子说："君子向往三种境界,我都未能做到:仁德的人不忧愁,明智的人不迷惑,勇敢的人不畏惧。"子贡说："这正是老师对自己的描述呀。"

【原文】

子①贡方人。子曰："赐也贤乎哉？夫我则不暇。"[论语·宪问]

【注释】

①《三国志·胡质传》引：孔子曰："子贡方人。"

【释义】

子贡评论别人的短处。孔子说："赐，你已经很贤良了吗？我可没有闲工夫去评论别人。"

【原文】

子曰："不患人之不己知，患其不能也。"[论语·宪问]

【释义】

孔子说："不要担心别人不了解自己，只担心自己没有能力。"

【原文】

子曰："不逆诈，不亿不信，抑亦先觉者，是贤乎！"[论语·宪问]

【释义】

孔子说："不预先揣测别人会欺诈，不凭空猜测别人会失信，却能及早发觉这些状况，这样的人真是贤良！"

【原文】

微生亩谓孔子曰："丘，何为是栖栖者与？无乃为佞乎？"孔子曰："非敢为佞也，

疾固也。"［论语·宪问］

【释义】

微生亩对孔子说:"孔丘,你为什么这样忙忙碌碌? 该不是为了讨好别人吧?"孔子说:"我不想讨好别人,只是厌恶那些顽固的人。"

【原文】

子曰:"骥不称其力,称其德也。"［论语·宪问］

【释义】

孔子说:"对于千里马,不称赞它的力气,而要称赞它的德行。"

【原文】

或曰:"以德报怨,何如?"子曰:"何以报德? 以直报怨,以德报德。"［论语·宪问］

【释义】

有人说:"用恩德来回报怨恨,怎么样?"孔子说:"那又用什么来回报恩德呢? 应该用正直来回报怨恨,用恩德来回报恩德。"

【原文】

子曰:"莫我知也夫!"子贡曰:"何为其莫知子也?"子曰:"不怨天,不尤人,下学而上达,知我者其天乎!"［论语·宪问］

【释义】

孔子说:"没有人了解我啊!"子贡说:"为什么没有人了解您呢?"孔子说:"不抱怨上天,不责怪别人,广泛学习知识而通达天理,了解我的大概只有天吧!"

【原文】

公伯寮想子路于季孙。子服景伯以告,曰:"夫子固有惑志于公伯寮,吾力犹能肆诸市朝。"子曰:"道之将行也与,命也;道之将废也与,命也。公伯寮其如命何!"[论语·宪问]

【释义】

公伯寮在季孙面前毁谤子路。子服景伯把这件事告诉了孔子,说:"季孙已经被公伯寮迷惑住了,但我还可以把公伯寮杀了陈尸街头。"孔子说:"大道如果实行,这是天命;大道如果被废止,这也是天命。公伯寮能把天命怎么样呢!"

【原文】

子曰:"贤者辟世,其次辟地,其次辟色,其次辟言。"子曰:"作者七人矣。"[论语·宪问]

【释义】

孔子说:"贤者逃避动荡的社会而隐居,次一等的逃避到另外一个地方去,再次一点的逃避别人丑陋的嘴脸,再次一点的回避无理的言语。"孔子又说:"这样做的已经有七个人了。"

【原文】

子路宿于石门。晨门曰:"奚自?"子路曰:"自孔氏。"曰:"是知其不可而为之者与?"[论语·宪问]

【释义】

子路在石门过夜。早晨进城,守城的人问:"从哪里来的?"子路说:"从孔子那里来。"守门人说:"就是那个明知行不通却还要去做的人吗?"

【原文】

子击磬于卫,有荷蒉而过孔氏①之门者,曰:"有心哉,击磬乎!"既而曰:"鄙哉!硁硁乎! 莫己知也,斯己而已矣。深则厉,浅则揭。"子曰:"果哉! 末之难矣。"[论语·宪问]

【注释】

①"氏"皇本、高丽本作"子"

【释义】

孔子在卫国击磬时,有一个背着草筐的人从门前经过说:"这个击磬的人有心思啊!"一会儿又说:"声音硁硁的,太固执了! 没有人了解自己,就放弃算了。水深就穿着衣服蹚过去,水浅就撩起衣服走过去。"孔子说:"说得真干脆! 可他不知道我的难处。"

【原文】

子张曰:"《书》云:'高宗谅阴,三年不言。' 何谓也?"子曰:"何必高宗? 古之人

【释义】

子张说:"《尚书》说:'高宗守丧时,三年不谈政事。'这是什么意思?"孔子说:"不仅是高宗,古人都是这样。国君死了,所有官员都各管自己的职事,听命于宰相三年。"

【原文】

子曰:"上好礼,则民易使也。"［论语·宪问］

【释义】

孔子说:"在上位的人喜好礼,百姓就容易接受指挥。"

【原文】

子路问君子。子曰:"修己以敬。"曰:"如斯而已乎?"曰:"修己以安人。"曰:"如斯而已乎?"曰:"修己以安百姓。修己以安百姓,尧舜其犹病诸!"［论语·宪问］

【释义】

子路问怎样做一个君子。孔子说:"修养自己,严肃谨慎地对待一切。"子路问:"这样就可以了吗?"孔子说:"修养自己,以安顿家人。"子路又问:"这样就可以了吗?"孔子说:"修养自己,以安顿百姓。不过,修养自己以安顿百姓,就连尧舜也觉得很难做到!"

【原文】

原壤夷俟。子曰:"幼而不孙弟,长而无述焉,老而不死,是为贼。"以杖叩其胫。

【释义】

原壤伸开双腿等待孔子到来。孔子说："年幼你不谦逊友爱,长大了又没有什么可说的贡献,现在老而不死,真是祸害。"说着,用拐杖敲他的小腿。

【原文】

阙党童子将命。或问之曰:"益者与?"子曰:"吾见其居于位也,见其与先生并行也。非求益者也,欲速成者也。"［论语·宪问］

【释义】

阙党的一个童子来向孔子传话。有人问孔子:"这个孩子是求上进的孩子吗?"孔子说:"我看见他坐在成年人的位子上,又见他和长辈并肩而行,这不是要求上进的人,只是个想走捷径的人。"

【原文】

卫灵公问陈于孔子。孔子对曰:"俎豆之事,则尝闻之矣;军旅之事,未之学也。"明日遂行。在陈绝粮,从者病,莫能兴。子路愠见曰:"君子亦有穷乎?"子曰:"君子固穷,小人穷斯滥矣。"［论语·卫灵公］

【释义】

卫灵公向孔子问军队作战布阵的方法。孔子回答说:"礼仪方面的事情,我曾经听说过;军队方面的事情,从来没有学过。"第二天孔子便离开了卫国。孔子在陈国断了粮,跟随的人都病倒了,不能起身。子路怒气冲冲地来见孔子,说:"君子也有走投无路的时候吗?"孔子说:"君子能安守穷困,换作小人便会胡作非为。"

【原文】

子曰："赐也！女以予为多学而识之者与？"对曰："然，非与？"曰："非也。予一以贯之。"［论语·卫灵公］

【释义】

孔子说："赐啊！你以为我是学习得多了才记住所有知识的吗？"子贡答道："是啊，难道不是这样吗？"孔子说："不是的。我是用一个中心思想来把它们贯彻始终。"

【原文】

子曰："由！知德者鲜矣。"［论语·卫灵公］

【释义】

孔子说："由啊！了解德的人太少了。"

【原文】

子曰："无为而治者其舜也与？夫何为哉？恭己正南面而已矣。"［论语·卫灵公］

【释义】

孔子说："无所事事而能使天下太平的人，大概只有舜吧？他做了什么呢？只是庄严端正地坐在王位上罢了。"

【原文】

子张问行。子曰："言忠信，行笃敬，虽蛮貊之邦，行矣。言不忠信，行不笃敬，虽州里,行乎哉? 立则见其参于前也,在舆则见其倚于衡也,夫然后行。"子张书诸绅。
[论语·卫灵公]

【释义】

子张问怎样才能行得通。孔子说:"说话真诚守信,行为踏实认真,即使到了蛮荒的部族国家,也能够行得通。说话不真诚守信,行为不踏实认真,即使在本乡本土,能行得通吗? 站立时仿佛看见这几个字显现在前面,坐在车中仿佛看见这几个字在横木上,这样才能够行得通。"子张把孔子的话记在衣带上。

【原文】

子曰:"直哉史鱼! 邦有道,如矢;邦无道,如矢。君子哉蘧伯玉! 邦有道,则仕;邦无道,则可卷而怀之。"[论语·卫灵公]

【释义】

孔子说:"史鱼真是刚直啊! 国家政治清明时他像箭一样直,国家政治黑暗时他也像箭一样直。蘧伯玉真是君子啊! 国家政治清明时他做官,国家政治黑暗时他便隐退了。"

【原文】

子曰:"可与言而不与之言,失人;不可与言而与之言,失言。知者不失人,亦不失言。"[论语·卫灵公]

【释义】

孔子说:"可以和他谈话却不和他谈话,就会错失人才;不可以和他谈话却和他谈话,就会说错话。聪明人既不会错失人才,也不会说错话。"

【原文】

子曰:"志士仁人,无求生以害仁,有杀身以成仁。"[论语·卫灵公]

【释义】

孔子说:"志士仁人,不会为了活命而背弃仁道,却肯牺牲生命来成全仁道。"

【原文】

子贡问为仁。子曰:"工欲善其事,必先利其器。居是邦也,事其大夫之贤者,友其士之仁者。"[论语·卫灵公]

【释义】

子贡问怎样才能做到仁。孔子说:"工匠要做好工作,必须先磨快工具。住在一个国家,要侍奉大夫中的贤人,并且结交士人中的仁人。"

【原文】

颜渊问为邦。子曰:"行夏之时,乘殷之辂,服周之冕,乐则韶舞。放郑声,远佞人。郑声淫,佞人殆。"[论语·卫灵公]

【释义】

颜渊问怎样治理国家。孔子说:"依照夏代的历法,乘坐殷代的车子,戴着周代的礼帽,奏《韶》和《武》乐,禁止郑国的乐曲,疏远奸佞的小人。郑国的音乐浮秽不正派,奸佞的小人会带来危险。"

【原文】

子曰:"人无远虑,必有近忧。"［论语·卫灵公］

【释义】

孔子说:"一个人不做长远的打算,一定会很快就有麻烦。"

【原文】

子曰:"已矣乎! 吾未见好德如好色者也。"［论语·卫灵公］

【释义】

孔子说:"没希望了,我从来没有见过爱好品德像爱好美色那样的人。"

【原文】

子曰:"臧文仲其窃位者与! 知柳下惠之贤而不与立也。"［论语·卫灵公］

【释义】

孔子说:"臧文仲是一个窃居官位的人吧! 知道柳下惠是个贤人,却不举荐他做官。"

【原文】

子曰:"躬自厚而薄责于人,则远怨矣。"［论语·卫灵公］

【释义】

孔子说:"多责备自己,而少责怪别人,就可以远离怨恨了。"

【原文】

子曰:"不曰'如之何,如之何'者,吾末如之何也已矣!"[论语·卫灵公]

【释义】

孔子说:"不说'怎么办,怎么办'的人,我对他也不知该怎么办才好!"

【原文】

子曰:"群居终日,言不及义,好行小慧,难矣哉!"[论语·卫灵公]

【释义】

孔子说:"一群人整天聚在一起,言谈不涉及道义,却喜欢卖弄小聪明,这种人难以走上人生的正途!"

【原文】

子曰:"君子义以为质,礼以行之,孙以出之,信以成之。君子哉!"[论语·卫灵公]

【释义】

孔子说:"君子以义作为根本,用礼加以实践,用谦逊的语言说出来,用忠诚的态度去完成。这就是君子了。"

【原文】

子曰:"君子病无能焉,不病人之不己知也。"[论语·卫灵公]

【释义】

孔子说:"君子责怪自己没有才能,不责怪别人不知道自己。"

【原文】

子曰:"君子疾没世而名不称焉。"[论语·卫灵公]

【释义】

孔子说:"君子的遗憾是:到死时,没有名声被人称颂。"

【原文】

子曰:"君子求诸己,小人求诸人。"[论语·卫灵公]

【释义】

孔子说:"君子要求的是自己,小人要求的是别人。"

【原文】

子曰:"君子矜而不争,群而不党。"[论语·卫灵公]

【释义】

孔子说:"君子自重而不与人争执,合群而不拉帮结派。"

【原文】

子曰:"君子不以言举人,不以人废言。"[论语·卫灵公]

【释义】

孔子说:"君子不因为言谈而推举人,也不因为他是坏人而否定他的言论。"

【原文】

子贡问曰:"有一言而可以终身行之者乎?"子曰:"其'恕'乎?己所不欲,勿施于人。"[论语·卫灵公]

【释义】

子贡问道:"有没有一句话可以让人终身奉行的呢?"孔子说:"应该是'恕道'吧!自己不愿意的事,不要强加在别人身上。"

【原文】

子曰:"吾之于人也,谁毁谁誉?如有所誉者,其有所试矣。斯民也,三代之所以直道而行也。"[论语·卫灵公]

【释义】

孔子说:"我对于别人,诋毁过谁?赞美过谁?如果我赞美了,一定是曾经考验过他。夏商周三代的人就是用这种方法,才能直道而行。"

【原文】

子曰:"吾犹及史之阙文也,有马者借人乘之,今亡矣夫。"[论语·卫灵公]

【释义】

孔子说:"我还能够看到史书里存疑的地方,有马的人先给别人使用,今天看不到这种情况了。"

【原文】

子曰:"巧言乱德,小不忍,则乱大谋。"[论语·卫灵公]

【释义】

孔子说:"花言巧语混淆道德,小事情不能忍耐,就会毁掉大的计划。"

【原文】

子曰:"众恶之,必察焉;众好之,必察焉。"[论语·卫灵公]

【释义】

孔子说:"大家都厌恶的人,一定要考察才能做判断;大家都喜欢的人,也一定要考察才能做判断。"

【原文】

子曰:"人能弘道,非道弘人。"[论语·卫灵公]

【释义】

孔子说:"人能够发扬大道,而不是道来弘扬人。"

【原文】

子①曰:"过而不改,是谓过矣。"[论语·卫灵公]

【注释】

①《韩诗外传》三引:孔子曰:"过而改之,是不过也。"

【释义】

孔子说:"有了错误而不改正,这才是错误。"

【原文】

子曰:"吾尝终日不食,终夜不寝,以思,无益,不如学也。"[论语·卫灵公]

【释义】

孔子说:"我曾经整天不吃饭,整夜不睡觉,都用来思考,可是没有什么收获,还不如去学习。"

【原文】

子曰:"君子谋道不谋食。耕也,馁在其中矣;学也,禄在其中矣。君子忧道不忧贫。"[论语·卫灵公]

【释义】

孔子说:"君子追求的是道而不是衣食。亲自耕田,也可能会挨饿;努力学习,也可以得到俸禄。君子担忧的是道而不是贫穷。"

【原文】

子曰:"知及之,仁不能守之,虽得之,必失之。知及之,仁能守之,不庄以莅之,则民不敬。知及之,仁能守之,庄以莅之,动之不以礼,未善也。"[论语·卫灵公]

【释义】

孔子说:"靠明智得到了它,但不能靠仁德保持它,那么即使得到了,也一定会失去。靠明智得到了它,靠仁德保持了它,不能用庄重的态度去治理,那老百姓也不会服从。靠明智得到了它,靠仁德保持了它,又能用庄重的态度去治理,但不能合乎利益的要求,那还是不够完善。"

【原文】

子曰:"君子不可小知而可大受也,小人不可大受而可小知也。"[论语·卫灵公]

【释义】

孔子说:"君子不能从小处显示才干,但却可以担当重任;小人不能担当重任,但却可以从小处显示才干。"

【原文】

子曰:"民之于仁也,甚于水火。水火,吾见蹈而死者矣,未见蹈仁而死者也。"[论语·卫灵公]

【释义】

孔子说:"百姓对于仁的需要超过了对水与火的需要。我见过因为水与火而牺牲生命的人,却从没有看见因为仁德而牺牲生命的人。"

【原文】

子曰:"当仁,不让于师。"[论语·卫灵公]

【释义】

孔子说:"遇到行仁的事,即使对老师也不必谦让。"

【原文】

子曰:"君子贞而不谅。"［论语·卫灵公］

【释义】

孔子说:"君子坚持大原则,但不拘于小信。"

【原文】

子曰:"事君,敬其事而后其食。"［论语·卫灵公］

【释义】

孔子说:"侍奉君王,认真做好分内的工作,然后才想到俸禄的事。"

【原文】

子曰:"有教无类。"［论语·卫灵公］

【释义】

孔子说:"进行教育要一视同仁,没有区别。"

【原文】

子曰:"道不同,不相为谋。"［论语·卫灵公］

【释义】

孔子说:"志向不同,不能在一起相互商议。"

【原文】

子曰:"辞达而已矣。"〔论语·卫灵公〕

【释义】

孔子说:"言辞能做到达意就可以了。"

【原文】

师冕见,及阶,子曰:"阶也。"及席,子曰:"席也。"皆坐,子告之曰:"某在斯,某在斯。"师冕出,子张问曰:"与师言之道与?"子曰:"然,固相师之道也。"〔论语·卫灵公〕

【释义】

师冕来见孔子,走到台阶前,孔子说:"这是台阶。"走到座席旁,孔子说:"这是坐席。"等大家都坐下来,孔子告诉他:"某人在这里,某人在这里。"师冕离开后,子张问:"这就是与盲人谈话的方式吗?"孔子说:"这就是接待盲人的方式。"

【原文】

季氏将伐颛臾。冉有、季路见于孔子曰:"季氏将有事于颛臾。"孔子曰:"求!无乃尔是过与?夫颛臾,昔者先王以为东蒙主,且在邦域之中矣,是社稷之臣也。何以伐为?"冉有曰:"夫子欲之,吾二臣者皆不欲也。"孔子曰:"求!周任有言曰:'陈力就列,不能者止。'危而不持,颠而不扶,则将焉用彼相矣?且尔言过矣,虎兕出于柙,龟玉毁于椟中,是谁之过与?"冉有曰:"今夫颛臾,固而近于费。今不取,后世必为子孙忧。"孔子曰:"求!君子疾夫舍曰'欲之'而必为之辞。丘也闻有国有家者,不患寡而患不均,不患贫而患不安。盖均无贫,和无寡,安无倾。夫如是,故远人不服,则修文德以来之。既来之,则安之。今由与求也,相夫子,远人不服,而不能来也;邦分崩离析,而不能守也;而谋动于戈于邦内。吾恐季孙之忧,不在颛臾,而在萧墙之内也。”

[论语·季氏]

【释义】

季氏准备攻打颛臾。冉有、子路去见孔子说:“季氏准备对颛臾用兵了。”孔子说:“冉求!这难道不应该责备你吗?这个颛臾,是古代君主任命在东蒙山主持祭祀的,并且在鲁国的疆界中,是鲁国的附庸,为什么要去攻打它呢?”冉有说:“季氏想要这么做,我和子路都不赞同。”孔子说:“冉求!周任说过:‘能够贡献力量,才去任官就职,如果不能,就辞职不干;’遇到危险却不扶持,将要摔倒了却不搀扶,那要助手干什么呢?何况你的说法是错的。老虎、犀牛从笼子里跑了出来,龟甲、美玉在匣子中毁坏了,这是谁的过错呢?”冉有说:“现在那个颛臾,城墙牢固又接近费地,现在不把它攻取,今后一定会成为子孙的忧患。”孔子说:“冉求!君子最讨厌那种不直说却一定要找借口的人。我听说,有国有家的人,不怕贫穷,就怕财富不均;不怕人少,就怕社会动乱。财富平均就无所谓贫穷,和睦相处就不怕人少,社会安定就不会倾覆。如果这样,远方的人还不归服,就修养礼义仁德来使他们归服。归服之后,就要好好安顿他们。现在你们辅佐季氏,远方的人不归服却没有办法招引他们,国家分崩离析却没有办法守护,反而想在国境以内发动战争。我担心季氏的忧患不在颛臾,却在自己的内部。”

【原文】

孔子曰:“天下有道,则礼乐征伐自天子出;天下无道,则礼乐征伐自诸侯出。自诸侯出,盖十世希不失矣;自大夫出,五世希不失矣;陪臣执国命,三世希不失矣。天下有道,则政不在大夫。天下有道,则庶人不议。”[论语·季氏]

【释义】

孔子说："政治清明，那么制作礼乐和出兵征伐都由天子决定。政治混乱，那么制作礼乐和出兵征伐都由诸侯决定。诸侯决定的话，大约传至十代就很少有不失去的；大夫决定的话，传至五代很少有不失去的；大夫的家臣把持朝政的话，传至三代很少有不失去的。政治清明，那么政权就不会落到大夫手中。政治清明，那么老百姓就不会议论政治。"

【原文】

孔子曰："禄之去公室五世矣，政逮于大夫四世矣，故夫三桓之子孙微矣。"〔论语·季氏〕

【释义】

孔子说："鲁国失去国家政权已经有五代了，政权由大夫把持已经四代了，所以三桓的子孙就要衰微了。"

【原文】

孔子曰："益者三友，损者三友，友直，友谅，友多闻，益矣；友便辟，友善柔，友便佞，损矣。"〔论语·季氏〕

【释义】

孔子说："有益的朋友有三种，有害的朋友也有三种。与正直的人为友，与守信的人为友，与见多识广的人为友，是有益的。与谄媚奉承的人为友，与可以讨好的人为友，与花言巧语的人为友，是有害的。"

【原文】

孔子曰:"益者三乐,损者三乐。乐节礼乐,乐道人之善,乐多贤友,益矣。乐骄乐,乐佚游,乐宴乐,损矣。"[论语·季氏]

【释义】

孔子说:"有益的快乐有三种,有害的快乐也有三种。以得到礼乐的调节为乐,以讲别人的优点为乐,以结交益友为乐,是有益的。以骄傲自满为乐,以游荡无度为乐,以吃吃喝喝为乐,是有害的。"

【原文】

孔子曰:"侍于君子有三愆:言未及之而言谓之躁;言及之而不言谓之隐;未见颜色而言谓之瞽。"[论语·季氏]

【释义】

孔子说:"侍奉君子有三种过失:还没轮到自己说话就先说了,这叫急躁;轮到自己说了却不说,这叫隐瞒;不看别人脸色而说话,这叫瞎子。"

【原文】

孔子曰:"君子有三戒:少之时,血气未定,戒之在色;及其壮也,血气方刚,戒之在斗;及其老也,血气既衰,戒之在得。"[论语·季氏]

【释义】

孔子说:"君子有三种戒忌:年轻时,血气尚未稳定,要戒女色;到了壮年,血气旺盛,要戒争斗;到了老年,血气已经衰弱,要戒贪得。"

【原文】

孔子曰:"君子有三畏:畏天命,畏大人,畏圣人之言。小人不知天命而不畏也,狎大人,侮圣人之言。"[论语·季氏]

【释义】

孔子说:"君子有三种敬畏:敬畏天命,敬畏有道德的人,敬畏圣人的话。小人不懂得天命而不敬畏,轻佻地对待有道德的人,亵渎圣人的话。"

【原文】

孔子曰:"生而知之者,上也;学而知之者,次也;困而学之,又其次也;困而不学,民斯为下矣。"[论语·季氏]

【释义】

孔子说:"生来就明白的是上等的人;通过学习才明白的是次一等的人;遇到困难才去学习的又是次一等的;遇到困难仍不肯学习的人是最下等的人。"

【原文】

孔子曰:"君子有九思:视思明,听思聪,色思温,貌思恭,言思忠,事思敬,疑思问,忿思难,见得思义。"[论语·季氏]

【释义】

孔子说:"君子有九种思虑:看的时候要考虑是否清楚;听的时候要考虑是否明白;神情是否温和;容貌是否恭敬;说话是否真诚;做事是否认真;有了疑问,要想到向人请教;愤怒时要想想后果;有利可得时要想想是否正当。"

【原文】

孔子曰:"见善如不及,见不善如探汤;吾见其人矣,吾闻其语矣。隐居以求其志,行义以达其道;吾闻其语矣,未见其人也。"(论语·季氏]

【释义】

孔子说:"看到善的行为生怕追不上,看到不善的行为如同把手伸进开水里;我见过这样的人,也听过这样的话。通过隐居来保持自己的志向,施行仁义来贯彻自己的主张,我听过这样的话,但没有看到这样的人。"

【原文】

齐①景公有马千驷,死之日,民无德而称焉。伯夷、叔齐饿于首阳之下,民到于今称之。其斯之谓与?[论语·季氏]

【注释】

①朱注云:胡氏曰:"程子以为第十二篇(颜渊篇)错简'诚不以富,亦只以异'当在此章之首。今详文势,似当在'其斯之谓与'之上。言人之所称,不在于富,而在于异也。"愚谓此说近是,而章首当有孔子曰字,盖阙文耳。

【释义】

齐景公有四千匹马,但他死的时候,老百姓不觉得他有什么德行可以称赞。伯夷、叔齐饿死在首阳山下,老百姓直到现在还称赞他们的德行。大概就是这个意思吧?

【原文】

陈亢问于伯鱼曰:"子亦有异闻乎?"对曰:"未也。尝独立,鲤趋而过庭。曰:'学诗乎?'对曰:'未也。''不学诗,无以言。'鲤退而学《诗》。他日,又独立,鲤趋而过庭。曰:'学礼乎?'对曰:'未也。''不学礼,无以立。'鲤退而学礼。闻斯二者。"陈亢退而喜曰:"问一得三,闻《诗》,闻礼,又闻君子之远其子也。"［论语·季氏］

【释义】

陈亢问伯鱼说:"您从老师那里听过不同的教诲吗?"伯鱼回答说:"没有。他曾经一个人站在庭院,我恭敬地走过,他问:'学《诗》了吗?'我说:'没有。'他说:'不学《诗》,就不会说话。'我退下后便学起《诗》来。又有一天,他一个人站在庭院,我恭敬地走过。他又叫住我问:'学礼了吗?'我说:'没有。'他便说:'不学礼,就无法处世。'我退下后便学起礼来。我所听到的就只有这两件事。"陈亢离开后高兴地说:"我问一件事有三件收获:知道要学《诗》,知道要学礼,还知道君子不偏爱自己的儿子。"

【原文】

邦①君之妻,君称之曰夫人,夫人自称曰小童;邦人称之曰君夫人,称诸异邦曰寡小君;异邦人称之亦曰君夫人。［论语·季氏］

【注释】

①孔安国曰:"孔子言正礼也。"

【释义】

国君的妻子,国君称她为夫人,她自称小童;国人称她为君夫人,对他国人则称她为寡小君,他国人也称她为君夫人。

【原文】

阳货欲见孔子,孔子不见,归孔子豚。孔子时其亡也,而往拜之。遇诸途。谓孔子曰:"来!予与尔言。"曰:"怀其宝而迷其邦,可谓仁乎?"曰:"不可。好从事而亟失时,可谓知乎?"曰:"不可。日月逝矣,岁不我与。"孔子曰:"诺,吾将仕矣。"［论语·阳货］

【释义】

阳货希望孔子去拜见他,孔子不去,他便送给孔子一只乳猪。孔子趁他不在的时候前去拜谢,不巧在路上遇见了。阳货对孔子说:"你过来!我要跟你讲话。"他又说:"具备才干却任凭自己的国家混乱,这叫仁吗?"他自己接口说:"不可以。想从政做官却屡次失去时机,这叫智吗?"接下去又说:"不可以。岁月流逝,时间不等人啊。"孔子说:"好吧,我会去做官。"

【原文】

子曰:"性相近也,习相远也。"［论语·阳货］

【释义】

孔子说:"人的本性是相近的,只因为教养的不同,便有很大的差异了。"

【原文】

子曰:"唯上知与下愚不移。"［论语·阳货］

【释义】

孔子说:"只有上等的智者和下等的愚人是改变不了的。"

【原文】

子之武城,闻弦歌之声。夫子莞尔而笑,曰:"割鸡焉用牛刀?"子游对曰:"昔者偃也闻诸夫子曰:'君子学道则爱人,小人学道则易使也。'"子曰:"二三子!偃之言是也。前言戏之耳。"〔论语·阳货〕

【释义】

孔子来到武城,听到琴瑟歌唱的声音。孔子微微一笑,说:"杀鸡何必用宰牛刀呢?"子游回答说:"以前我听您说过:'君子学了礼乐之道就会爱人,老百姓学了礼乐之道就容易服从。'"孔子说:"学生们!偃的话很对。我刚才不过是跟他开玩笑罢了。"

【原文】

公山弗扰以费畔,召,子欲往。子路不说,曰:"末之也,已,何必公山氏之之也。"子曰:"夫召我者,而岂徒哉?如有用我者,吾其为东周乎!"〔论语·阳货〕

【释义】

公山弗扰占据费邑反叛,来召孔子,孔子打算前去。子路不高兴地说:"没有地方去就算了,为什么一定要去公山弗扰那里呢?"孔子说:"他来召我,难道没有打算吗?如果有人用我,我就要复兴周礼!"

【原文】

子张问仁于孔子。孔子曰："能行五者于天下为仁矣。""请问之。"曰："恭、宽、信、敏、惠。恭则不侮，宽则得众，信则人任焉，敏则有功，惠则足以使人。"[论语·阳货]

【释义】

子张问孔子什么是仁。孔子说："能在天下实行五种德行就可以说是仁了。"子张说："请问是哪五种德行?"孔子说："恭敬、宽厚、诚信、勤快、施惠。恭敬就不会招来侮辱，宽厚就能得到支持，诚信就会得到任用，勤快就会取得成效，施惠就能够领导别人。"

子张

【原文】

佛肸召，子欲往。子路曰："昔者由也闻诸夫子曰：'亲于其身为不善者，君子不入也。'佛肸以中牟畔，子之往也，如之何?"子曰："然，有是言也。不曰坚乎，磨而不磷；不曰白乎，涅而不缁。吾岂匏瓜也哉? 焉能系而不食?"[论语·阳货]

【释义】

佛肸召孔子，孔子想去。子路说："以前我听老师说过：'自己公开做坏事的人那里，君子是不去的。'佛盼占据中牟而叛乱，您却要去，这是为什么呢?"孔子说："是啊，我是说过这样的话，但是，你知道吗? 最坚硬的东西，磨也磨不薄；最洁白的东西，染也染不黑。我难道只是个葫芦吗? 怎么能够只挂在那里而不能让人食用呢?"

【原文】

子曰:"由也! 女闻六言六蔽矣乎?"对曰:"未也。""居①! 吾语女。好仁不好学,其蔽也愚;好知不好学,其蔽也荡;好信不好学,其蔽也贼;好直不好学,其蔽也绞;好勇不好学,其蔽也乱;好刚不好学,其蔽也狂。"〔论语·阳货〕

【注释】

①"居"上皇本有"曰"字。

【释义】

孔子说:"仲由! 你听说过六种品德和六种弊病吗?"子路回答:"没有。"孔子说:"你坐下! 我来告诉你。喜好仁德却不喜好学习,弊病是容易愚昧上当;喜好聪明却不喜好学习,弊病是容易浮荡无边;喜好诚实却不喜好学习,弊病是容易伤害自己;喜好直率却不喜好学习,弊病是容易说话尖酸刻薄;喜好勇敢而不喜好学习,弊病是容易为非作歹;喜好刚强而不喜好学习,弊病是容易狂妄自大。"

【原文】

子曰:"小子何莫学夫《诗》?《诗》可以兴,可以观,可以群,可以怨。迩之事父,远之事君,多识于鸟兽草木之名。"〔论语·阳货〕

【释义】

孔子说:"学生们怎么不学《诗经》呢?《诗经》可以引发真情实感,可以观察社会风俗,可以交往朋友,可以纾解怨恨。近可以侍奉父母,远可以侍奉君王,还可以多认识鸟兽草木的名称。"

【原文】

子谓伯鱼曰:"女为《周南》《召南》矣乎? 人而不为《周南》《召南》,其犹正墙面而立也与?"［论语·阳货］

【释义】

孔子对儿子伯鱼说:"你读过《周南》《召南》了吗? 一个人如果没读过《周南》《召南》,大概就未免面朝墙壁站着的人吧?"

【原文】

子曰:"礼云礼云,玉帛云乎哉? 乐云乐云,钟鼓云乎哉?"［论语·阳货］

【释义】

孔子说:"总是说礼呀礼呀,难道仅仅指玉帛这些礼物吗? 总是说乐呀乐呀,难道仅仅指钟鼓这些乐器吗?"

【原文】

子曰:"色厉而内荏,譬诸小人,其犹穿窬之盗也与?"［论语·阳货］

【释义】

孔子说:"外表严厉内心虚弱的人,用小人来做比喻,大概就像个钻墙洞的小偷吧?"

【原文】

子曰:"乡愿,德之贼也。"［论语·阳货］

【释义】

孔子说:"好好先生是败坏道德的人。"

【原文】

子曰:"道听而途说,德之弃也。"[论语·阳货]

【释义】

孔子说:"听到传闻便到处传播,是背弃道德的做法。"

【原文】

子曰:"鄙夫可与事君也与哉？其未得之也,患不得之;既得之,患失之。苟患失之,无所不至矣。"[论语·阳货]

【释义】

孔子说:"能跟品质低下的人一起侍奉君主吗？当他没有得到职位的时候,害怕不能得到;当他得到以后,又害怕失去。如果害怕失去,就什么事情都做得出来了。"

【原文】

子曰:"古者民有三疾,今也或是之亡也。古之狂也肆,今之狂也荡;古之矜也廉,今之矜也忿戾;古之愚也直,今之愚也诈而已矣。"[论语·阳货]

【释义】

孔子说:"古代人们有三种毛病,现在的人恐怕连这些毛病都比不上了。古人狂妄不过是不拘小节,现在的人狂妄便放荡无礼;古人矜持还能方正威严,现在的人矜持便愤世嫉俗了;古人愚笨还算直率,现在的人愚笨却只知道欺诈,如此罢了。"

【原文】

子曰:"巧言令色,鲜矣仁。"[论语·阳货]

【释义】

孔子说:"花言巧语,假装和善,这种人很少有仁心。"

【原文】

子曰:"恶紫之夺朱也,恶郑声之乱雅乐也,恶利口之覆邦家者。"[论语·阳货]

【释义】

孔子说:"我厌恶用紫色取代红色,厌恶用郑国的声乐扰乱雅乐,厌恶用伶牙俐齿颠覆国家的人。"

【原文】

子曰:"予欲无言。"子贡曰:"子如不言,则小子何述焉?"子曰:"天何言哉? 四时行焉,百物生焉,天何言哉?"[论语·阳货]

【释义】

孔子说:"我想不说话了。"子贡说:"老师如果不说话,那么我们要传述什么呢?"孔子说:"天讲了什么呢? 四季照样运行,万物照样生长,天讲了什么呢?"

【原文】

孺悲欲见孔子,孔子辞以疾。将命者出户,取瑟而歌,使之闻之。[论语·阳货]

【释义】

孺悲想见孔子,孔子推说生病了。传命的人刚出房门,孔子便取下瑟弹唱,故意让孺悲听到。

【原文】

宰我问:"三年之丧,期已久矣。君子三年不为礼,礼必坏;三年不为乐,乐必崩。旧谷既没,新谷既升,钻燧改火,期可已矣。"子曰:"食夫稻,衣夫锦,于女安乎?"曰:"安。""女①安,则为之! 夫君子之居丧,食旨不甘,闻乐不乐,居处不安,故不为也。今女安,则为之!"宰我出。子曰:"予之不仁也! 子生三年,然后免于父母之怀。夫三年之丧,天下之通丧也,予也有三年之爱于其父母乎?"[论语·阳货]

【注释】

①"女"上皇本有"曰"字。

【释义】

宰我问道:"为父母守丧三年,时间有点太久了。君子三年不习礼仪,礼仪一定会荒废;三年不奏乐,音乐一定会被毁掉。陈谷子吃完了,新谷子也登场了,钻火的燧木用了一次,一年也就可以了。"孔子说:"守丧不满三年就吃白米饭,穿绸缎衣,你心安吗?"宰我说:"心安。"孔子说:"你心安,那你就去做吧! 君子在守丧时,吃美食不觉得可口,听音乐不感到快乐,住在家里不觉得安适,因此不去做。现在你既然觉得心安,就去做吧!"宰我离开后,孔子说:"宰我真不仁啊! 子女生下来,三年才离开父母的怀抱。为父母守丧三年,是天下通行的丧礼,宰我给了父母三年的爱吗?"

【原文】

子曰:"饱食终日,无所用心,难矣哉! 不有博弈者乎? 为之,犹贤乎已。"[论语·阳货]

【释义】

孔子说:"整天吃饱了饭,对什么事都不花心思,这样的人真难以教诲! 不是有下棋之类的游戏吗? 去玩玩也比这样无聊好啊。"

【原文】

子路曰:"君子尚勇乎?"子曰:"君子义以为上。君子有勇而无义为乱,小人有勇而无义为盗。"[论语·阳货]

【释义】

子路问:"君子崇尚勇敢吗?"孔子说:"君子崇尚道义。君子只有勇敢而没有道义,就会作乱,小人只有勇敢而没有道义,就会偷盗。"

【原文】

子贡曰①:"君子亦有恶乎?"子曰:"有恶。恶称人之恶者,恶居下流而讪上者,恶勇而无礼者,恶果敢而窒者。"曰:"赐也亦有恶乎?""恶徼以为知者,恶不孙以为勇者,恶讦以为直者。"[论语·阳货]

【注释】

①"曰"上皇本、高丽本有"问"字。

【释义】

子贡问:"君子也有憎恶的事吗?"孔子说:"有憎恶。憎恶述说别人缺点的人,憎恶身居下位却毁谤上司的人,憎恶勇敢却不守礼义的人,憎恶果敢却一意孤行的人。"孔子问:"赐啊,你也有憎恶的事吗?"子贡回答:"憎恶把剽窃当作有学问的人,憎恶把傲慢当作勇敢的人。憎恶把揭露别人隐私当作直率的人。"

【原文】

子曰:"唯女子与小人为难养也,近之则不孙,远之则怨。"[论语·阳货]

【释义】

孔子说:"只有女人和小人是难以共处的,亲近了就会放肆,疏远了就会抱怨。"

【原文】

子曰:"年四十而见恶焉,其终也已!"[论语·阳货]

【释义】

孔子说:"四十岁了还被人厌恶,这一生就没希望了!"

【原文】

微①子去之,箕子为之奴,比干谏而死。孔子曰:"殷有三仁焉。"[论语·微子]

【注释】

①《史记·宋世家》赞通此章为孔子之言。

【释义】

微子离开纣王,箕子做了他的奴隶,比干因谏劝被杀死了。孔子说:"殷朝有这三位仁人啊!"

【原文】

柳①下惠为士师,三黜。人曰:"子未可以去乎?"曰:"直道而事人,焉往而不三黜?枉道而事人,何必去父母之邦②?"[论语·微子]

【注释】

①《孟子疏》引此章,文首冠"孔子云"三字。
②朱注云:胡氏曰:"此必有孔子断之之言而亡之矣。"

【释义】

柳下惠担任狱官,多次被免职。有人对他说:"您不能离开鲁国吗?"他说:"坚持原则工作,在哪个地方不会被多次罢免?放弃原则工作,又为什么要离开自己的祖国呢?"

【原文】

齐景公待孔子曰:"若季氏,则吾不能;以季、孟之间待之。"曰:"吾老矣,不能用也。"孔子行。[论语·微子]

【释义】

齐景公讲到对待孔子的礼节时说:"像鲁君对待季氏那样,我做不到,我用介于季氏和孟氏之间的礼节对待他。"又说:"我老了,不能任用他了。"孔子于是离开了齐国。

【原文】

齐人归女乐,季桓子受之,三日不朝。孔子行。〔论语·微子〕

【释义】

齐国送给鲁国一批舞女,季桓子接受了,三天没有上朝。孔子便离开了。

【原文】

楚狂接舆歌而过孔子曰:"凤兮,凤兮！何德之衰？往者不可谏,来者犹可追。已而,已而！今之从政者殆而！"孔子下,欲与之言。趋而辟之,不得与之言。〔论语·微子〕

【释义】

楚国的狂人接舆唱着歌经过孔子的车旁,唱道:"凤凰呀！凤凰呀！为什么你的德行如此衰败？过去的事情不可挽回,未来的还可以把握。算了吧！算了吧！今天的从政的人太危险了！"孔子下车,想和他讲话,他却赶快避开,孔子便没能够和他谈话。

【原文】

长沮、桀溺耦而耕。孔子过之,使子路问津焉。长沮曰:"夫执舆者为谁?"子路曰:"为孔丘。"曰:"是鲁孔丘与?"曰:"是也。"曰:"是知津矣。"问于桀溺。桀溺曰:"子为谁?"曰:"为仲由。"曰:"是鲁孔丘之徒与?"对曰:"然。"曰:"滔滔者,天下皆是也,而谁以易之？且而与其从辟人之士也,岂若从辟世之士哉?"耰而不辍。子路行以告。夫子怃然曰:"鸟兽不可与同群,吾非斯人之徒与而谁与？天下有道,丘不与易

也。"〔论语·微子〕

【释义】

长沮、桀溺在一起耕地。孔子路过,派子路向他们打听渡口的位置。长沮问道:"那个手拉缰绳的人是谁?"子路说:"是孔丘。"长沮问:"是鲁国的孔丘吗?"子路回答:"是的。"长沮便说:"那他知道渡口在哪里。"子路又去问桀溺。桀溺问道:"你是谁?"子路说:"是仲由。"桀溺问:"是鲁国孔丘的学生吗?"子路回答:"是。"桀溺便说:"就像洪水泛滥一样,天下到处都动荡不安,你和谁在一起去改变呢?与其跟着逃避坏人的人,何不跟着彻底躲避世道的人呢?"说完继续埋头耕作。子路回来后,把二人的话告诉了孔子。孔子怅然地说:"没有办法和飞禽走兽同群,我不和世上的人相处又和谁相处呢?如果天下太平,我就不会去改变它了。"

【原文】

子路从而后,遇丈人,以杖荷莜。子路问曰:"子见夫子乎?"丈人曰:"四体不勤,五谷不分,孰为夫子?"植其杖而芸。子路拱而立。止子路宿,杀鸡为黍而食之,见其二子焉。明日,子路行以告。子曰:"隐者也。"使子路反见之。至,则行矣。子路曰:"不仕无义。长幼之节,不可废也;君臣之义,如之何其废之?欲洁其身,而乱大伦。君子之仕也,行其义也。道之不行,已知之矣。"〔论语·微子〕

【释义】

子路跟随孔子赶路,落在后面,遇到一位老人,用拐杖挑着除草的工具。子路问道:"您见到我的老师了吗?"老人说:"四肢不劳动,五谷分不清,谁是你的老师?"说完便放下拐杖,锄起草来。子路恭敬地站在一边。老人留下子路过夜,杀鸡做饭款待他,还叫自己的两个儿子来相见。第二天,子路赶上了孔子,并把自己的经历告诉了孔子。孔子说:"这是一位隐士。"让子路返回去拜见他。子路返回时,老人却出门了。子路说:"不从政是不合乎道义的。长幼之间的礼节不可废弃,君臣之间的大义又怎么能废弃呢?原本想洁身自好,却败乱了最重要的伦常关系。君子从政,是为了推行道义。至于政治理想难以实现,我们早已知道了。"

【原文】

逸民:伯夷、叔齐、虞仲、夷逸、朱张、柳下惠、少连。子曰:"不降其志,不辱其身,伯夷、叔齐与?"谓:"柳下惠、少连,降志辱身矣;言中伦,行中虑,其斯而已矣。"谓:"虞仲、夷逸,隐居放言,身中清,废中权。我则异于是,无可无不可。"[论语·微子]

【释义】

隐逸的贤人有:伯夷、叔齐、虞仲、夷逸、朱张、柳下惠、少连。孔子说:"不委屈自己的志向,不辱没自己的人格,是伯夷、叔齐吧?"又说:"柳下惠、少连委屈了自己的志向,辱没了自己的人格;但他们言语合乎规范,行为经过思虑,就是如此罢了。"又说:"虞仲、夷逸隐居起来,放肆直言,人格清高,放弃自我合乎权宜。我跟这些人都不同,没有一定要这样做,也没有一定不能这样做。"

【原文】

大①师挚适齐,亚饭干适楚,三饭缭适蔡,四饭缺适秦,鼓方叔入于河,播鼗武入于汉,少师阳、击磬襄入于海。[论语·微子]

【注释】

①朱注云:此记贤人之隐遁以附前章,然未必夫子之言也;○安井息轩曰:孔子所尝语门弟子,其无曰者,以不下断辞也。

【释义】

太师挚到齐国了,亚饭干到楚国去,三饭缭到蔡国去,四饭缺到秦国去,打鼓的方叔到了黄河边,敲小鼓的武到了汉水边,少师阳和击磬的襄到了海边。

【原文】

周①公谓鲁公曰:"君子不施其亲,不使大臣怨乎不以。故旧无大故,则不弃也。无求备于一人。"〔论语·微子〕

【注释】

①朱注云:胡氏曰:"夫子尝与门弟子言之欤?"

【释义】

周公对鲁公说:"君子不疏远他的亲族,不会让大臣抱怨自己没有受到重视;老臣旧属没有严重的过错,就不会遗弃不用。不会对一个人求全责备。"

【原文】

周①有八士:伯达、伯适、仲突、仲忽、叔夜、叔夏、季随、季骒。〔论语·微子〕

【注释】

①朱注云:孔子于三仁、逸民、师挚、八士,皆称赞而品列之。

【释义】

周代有八位贤士:伯达、伯适、仲突、仲忽、叔夜、叔夏、季随、季骒。

【原文】

子夏之门人问交于子张。子张曰:"子夏云何?"对曰:"子夏曰:'可者与之,其不可者拒之。'"子张曰:"异乎吾所闻:君子尊贤而容众,嘉善而矜不能。我之大贤与,于人何所不容? 我之不贤与,人将拒我,如之何其拒人也?"〔论语·子张〕

【释义】

子夏的学生向子张请教如何与人交朋友。子张问:"子夏怎样说的?"学生回答说:"子夏说:'值得交往的就交往,不值得交往的就加以拒绝。'"子张说:"我所听到的与此不同:君子尊敬贤人,也接纳普通人;称赞行善的人,也同情未能行善的人。如果我自己很好,什么人不能容纳呢? 如果我自己不好,别人将会拒绝我,我又凭什么去拒绝别人呢?"

【原文】

曾子曰:"吾闻诸夫子,人未有自致者也,必也亲丧乎。"〔论语·子张〕

【释义】

曾子说:"我听老师说过,人没有充分表露感情的机会,如果有,一定是在父母过世的时候。"

【原文】

曾子曰:"吾闻诸夫子,孟庄子之孝也,其他可能也;其不改父之臣与父之政,是难能也。"〔论语·子张〕

【释义】

曾子说："我听老师说过,孟庄子的孝行,别的也许还可以做到,但他不更换父亲任用的旧臣及其政策,这是别人难以做到的。"

【原文】

卫公孙朝问于子贡曰:"仲尼焉学?"子贡曰:"文①武之道,未坠于地,在人。贤者识其大者,不贤者识其小者,莫不有文武之道焉。夫子焉不学? 而亦何常师之有?"〔论语·子张〕

【注释】

①"文武之道,未坠于地"《白虎·通礼乐》篇引此为孔子之言。

【释义】

卫国的公孙朝向子贡请教:"仲尼的学问是从哪里来的呢?"子贡说:"周文王、周武王的教化并没有失传,而是散落在人间。贤能的人掌握重要的部分,不贤能的人掌握了次要的部分,没有什么地方没有文王和武王的教化。我的老师在何处不曾学习到呢? 他何必要有固定的老师呢?"

【原文】

叔孙武叔语大夫于朝曰:"子贡贤于仲尼。"子服景伯以告子贡。子贡曰:"譬之宫墙,赐之墙也及肩,窥见室家之好。夫子之墙数仞,不得其门而入,不见宗庙之美,百官之富。得其门者或寡矣。夫子之云,不亦宜乎?"〔论语·子张〕

【释义】

叔孙武叔在朝廷对大夫们说："子贡比他的老师仲尼更贤能。"子服景伯把这话告诉了子贡。子贡说："以围墙为例，我的墙只有肩膀那么高，别人可以看到房子里面的情况。老师的墙却有几丈高，如果找不到门进去，根本就看不到里面宗庙的壮观，房屋的堂皇。能够找到大门的人很少。叔孙武叔这样说不是很正常吗？"

【原文】

叔孙武叔毁仲尼。子贡曰："无以为也！仲尼不可毁也。他人之贤者，丘陵也，犹可逾也。仲尼，日月也，无得而逾焉，人虽欲自绝，其何伤于日月乎？多见其不知量也！"［论语·子张］

【释义】

叔孙武叔毁谤孔子。子贡说："不要这样做！仲尼是毁谤不了的。别人的贤能，像是山丘一样，还可以越过去。仲尼像太阳和月亮，不可能越过去。人即使想断绝与太阳和月亮的关系，对太阳和月亮又有什么损害呢？只是表明了他自不量力罢了。"

【原文】

陈子禽谓子贡曰："子为恭也，仲尼岂贤于子乎？"子贡曰："君子一言以为知，一言以为不知，言不可不慎也！夫子之不可及也，犹天之不可阶而升也。夫子之得邦家者，所谓立之斯立，道之斯行，绥之斯来，动之斯和。其生也荣，其死也哀，如之何其可及也？"［论语·子张］

【释义】

陈子禽对子贡说："你太谦让了，仲尼难道真的比你贤能吗？"子贡说："君子一句话可以表现他的智慧,也可以一句话表现他的愚蠢,所以说话不能不谨慎! 我的老师不可追赶,就好像天不可以靠梯子爬上去一样。老师如果能在诸侯之国、大夫之家负责政事,就能使百姓自立就能自立,引导百姓前进百姓就能前进,有所安抚远方的人就来归服,有所动员百姓就能响应。他在世时誉满天下,死时万众悲痛,我们怎么能够赶得上呢?"

【原文】

尧①曰:"咨! 尔舜! 天之历数在尔躬,允执其中。四海困穷,天禄永终。"舜亦以命禹。曰:"予小子履,敢用玄牡,敢昭告于皇皇后帝:有罪不敢赦。帝臣不蔽,简在帝心。朕躬有罪,无以万方;万方有罪,罪在朕躬。"周有大赉,善人是富。"虽有周亲,不如仁人。百姓有过,在予一人。"谨②权量,审法度,修废官,四方之政行焉。兴③灭国,继绝世,举逸民,天下之民归心焉。所④重:民,食,丧,祭。宽则得众,信则民任焉,敏则有功,公则说⑤。[论语·尧曰]

【注释】

①安井息轩曰:"愚以此章为孔子所尝,为门人语也。"

②《公羊传》昭公三十二年注引:"谨"上冠"孔子曰"三字。

③同上。宣公十七年注引:"兴"上冠"孔子曰"三字。

④《汉书·艺文志》引"所"上冠"孔子曰"三字。

⑤皇本"说"上有"民"字。

【释义】

尧说:"哦! 舜呀! 天命已经降临在你身上了,你要忠实地坚持正义原则。如果天下百姓穷困不堪,上天的禄位也就永远没有了。"舜也用这番话告诫禹。商汤说:

"在下履,谨用黑色公牛来做祭祀,向伟大的天帝报告:有罪的人我不敢擅自赦免,我自己的罪过也不敢隐瞒,因为您心里非常清楚。如果我本人有罪,请不要牵连百姓;如果百姓有罪,罪过都由我一人承担。"周朝大封诸侯,使善人都得到财富。武王说:"虽然有至亲的人,也不如有仁人。百姓如果有什么过错,由我一人来承担。"谨慎地审定度量衡,审查礼乐制度,恢复废弃的官职,政令便可以通行了。恢复灭亡的国家,接续已断绝的世系,提拔隐逸的贤人,百姓便真心实意归服了。应该重视的是:人民,粮食,丧事,祭祀。宽厚就会得到大众的拥护,诚信就会得到百姓的信任,勤敏就会取得重大功绩,公平就会使人人满意。

【原文】

子张问于孔子曰:"何如斯可以从政矣?"子曰:"尊五美,屏四恶,斯可以从政矣。"子张曰:"何谓五美?"子曰:"君子惠而不费,劳而不怨,欲而不贪,泰而不骄,威而不猛。"子张曰:"何谓惠而不费?"子曰:"因民之所利而利之,斯不亦惠而不费乎?择可劳而劳之,又谁怨?欲仁而得仁,又焉贪?君子无众寡,无小大,无敢慢,斯不亦泰而不骄乎?君子正其衣冠,尊其瞻视,俨然人望而畏之,斯不亦威而不猛乎?"子张曰:"何谓四恶?"子曰:"不教而杀谓之虐;不戒视成谓之暴;慢令致期谓之贼;犹之与人也,出纳之吝谓之有司。"[论语·尧曰]

【释义】

子张问孔子说:"怎样做才能治理政事呢?"孔子说:"推崇五种美德,摒除四种恶行,才能治理政事。"子张问:"什么是五种美德?"孔子说:"施惠于人,自己却不需什么耗费;役使百姓,百姓却没有怨恨;有欲望却不贪心;泰然自若却并不骄傲;态度威严却不凶猛。"子张又问:"什么叫施惠于人自己却不需什么耗费?"孔子说:"顺着百姓能够得利的事情而使他们得利,这不就是施惠于人自己却不需什么耗费吗?选择可以役使百姓的时候去役使,谁会怨恨呢?想得仁便得到了仁,还贪求什么呢?无论人数多少,事情多大,从不敢怠慢,这不就是泰然自若却并不骄傲吗?君子服装整齐,表情庄重,让人望而生畏,这不就是威严却不凶猛吗?"子张又问:"什么是四种恶行?"孔子说:"不先教育规范便加以杀戮叫作虐;不先告诫而要求成绩叫作暴;政令松懈而要求严格叫作贼;要给人东西,出手吝啬叫作小气。"

【原文】

孔子曰:"不知命,无以为君子也;不知礼,无以立也;不知言,无以知人也。"[论语·尧曰]

【释义】

孔子说:"不了解命运,就没法做君子;不懂得礼仪,就没法立身;不了解言语的使用,就不能够了解别人。"

【原文】

孔子与君图事于庭,图政于堂。[论语·乡党礼仪礼士疏相引见]

【释义】

孔子与国君在庭院商量事情,在朝堂讨论政事。

【原文】

孔①子曰:"仁以为己任,不亦重乎?死②而后已,不亦远乎?"[论语·后汉书蔡遵传注引]

【注释】

①今本《论语·泰伯》篇作"曾子曰"。

②《后汉书·张衡传》注引:"死而后已,不亦远乎"一句为孔子之言。

【释义】

孔子说:"把实现仁的理想当作自己的使命,不是很重大的事情吗? 到死为止,不是很遥远的吗?"

【原文】

子①张问士。子曰:"见危致命,见利思义。"[论语·选文殷仲文解尚书表注引]

【注释】

①今本《论语·子张》篇作:子张曰:"士见危致命,见得思义,祭思敬,丧思哀,其可已矣。"

【释义】

子张问什么是士人。孔子说:"遇到危险,不惜牺牲性命去挽救,看到利益,要思虑是否合乎道义。"

【原文】

孔①子曰:"君子日知其所亡,月无忘其所能。"[论语·后汉书烈女传注引]

【注释】

①今本《论语·子张》篇为子夏之言,而无"君子"二字。

【释义】

孔子说:"每天都能知道自己未知的知识,每月都能不忘掉已经学会的知识。"

【原文】

孔①子曰:"博学而笃志,切问而近思,仁在其中矣。"[论语·后汉书章帝纪正义诏引]

【注释】

①《后汉书》注云:论语文也。○今本《论语·子张》篇为子夏之言。

【释义】

孔子说:"广泛地学习,志向坚定,勤恳发问,并且去思考,仁就在其中了。"

【原文】

子①曰:"小人之过也必文。"[论语·文选杨子幼报孙会宗书注引]

【注释】

①今本《论语·子张》篇作子夏曰。

【释义】

孔子说:"小人有了过错,一定要加以掩饰。"

【原文】

有①始有卒者,其唯圣人乎?[论语·汉书董仲舒传引]

【注释】

①师古曰:"《论语》载孔子之言。"○今本《论语·子张》篇为子夏之言。

【释义】

做事能贯彻始终,只有圣人吗?

【原文】

大夫退死,葬以士礼。[论语·礼记王制疏引]

【释义】

大夫退避而死,葬礼降为士的标准。

【原文】

玉粲之璱兮,其琛瓅猛也。[逸论语·说文引]

【释义】

玉石纹理粲然排列如同瑟弦,罗列得整整齐齐。

【原文】

如①玉之莹。[逸论语·说文引]

【注释】

①《初学记二十七》引作玉如莹也。

【释义】

像玉石一样晶莹。

【原文】

玉十,谓之区。治玉谓之琢,亦谓之雕。磋,玉色鲜白也。莹,玉色也。瑛,玉光也。瓊,赤玉也。璿、瑾、瑜,美玉也。璑,三采玉也。玲、瑲、琤①,玉声也。瑣②玉,佩也。瑱,充耳也。璪,玉饰以水藻也。[逸论语·初学记二十七引]

【注释】

①"琤"下御览八百四引有"瑱瑝"二字。
②瑣,玉佩,同上,作璬玉佩玉。

【释义】

十种玉称为区。打磨玉称为琢,也称为雕。瑳,代表玉色鲜白。莹,代表玉色。瑛,代表玉的光彩。瓊,代表赤玉。璿、瑾、瑜,代表美玉。璑,代表三彩玉。玲、瑲、琤,代表玉的声音。瑣玉,是用来佩戴的。瑱,是用来充耳的。璪,代表刻有水藻花纹的玉饰。

【原文】

璠玙,鲁之宝玉也。孔子曰:"美哉璠玙!远而望之,奂若也;近而视之,瑟若也。一则理胜,一则孚胜。"[逸论语·初学记二十七,又御览八百四引]

【释义】

璠玙是鲁国的宝玉。孔子说:"璠玙真是美丽呀!远远望去,能发出火光。走近

观看,透明并有条纹。一方面靠条纹取胜,一方面靠光彩取胜。"

二、《孝经》所载孔子言行

【原文】

仲尼居,曾子侍。子曰:"先王有至德要道,以顺天下,民用和睦,上下无怨,汝知之乎?"曾子避席曰:"参不敏,何足以知之?"子曰:"夫孝,德之本也,教之所由生也。复坐,吾语汝。身体发肤,受之父母,不敢毁伤,孝之始也。立身行道,扬名于后世,以显父母,孝之终也。夫孝,始于事亲,中于事君,终于立身。《大雅》云:'无念尔祖,聿修厥德。'"[开宗明义章第一]

【释义】

孔子在家里闲坐,曾参坐在旁边陪着。孔子说:"先王有至为高尚的品行和道德,使天下人心归顺,人民和睦相处,上上下下都没有怨恨不满。你知道那是为什么吗?"曾参离开座位说:"我生性愚笨,哪里会知道呢?"孔子说:"这就是孝,它是德行的基础,是教化派生的根源。你回到原位,我告诉你。人的身体、毛发皮肤,都是父母给的,不敢予以损毁伤残,这是孝的开始。人在世上有所建树,名声显扬于后世,从而使父母显耀,这是孝的终极目标。所谓孝,最初是从侍奉父母开始,然后是效忠于国君,最后是建功立业。《大雅》说:'怎么能不思念你的先祖呢?要称颂先祖的美德啊!'"

【原文】

子曰:"爱亲者不敢恶于人,敬亲者不敢慢于人。爱敬尽于事亲,而德教加于百姓,刑于四海,盖天子之孝也。《甫刑》云:'一人有庆,兆民赖之。'"[天子章第二]

【释义】

孔子说:"能够爱自己父母的人不会厌恶别人的父母,能够尊敬自己父母的人不会怠慢别人的父母。以亲爱恭敬之心侍奉双亲,而将德行教化施于百姓,成为百姓效法的对象,这就是天子的孝道呀!《甫刑》说:'天子有善行,百姓都信赖他。'"

【原文】

在上不骄,高而不危。制节谨度,满而不溢。高而不危,所以长守贵也。满而不溢,所以长守富也。富贵不离其身,然后能保其社稷,而和其民人,盖诸侯之孝也。《诗》云:"战战兢兢,如临深渊,如履薄冰。"[诸侯章第三]

【释义】

在上位而不骄傲,位置再高也不会有倾覆的危险。生活节俭、遵守法律,财富再多也不会损益。居高位而没有倾覆的危险,所以能够长久地保持尊贵的地位。财富多而不损益,所以能够长久地保存自己的财富。富贵不流失,才能保住国家的安全,使百姓和睦相处,这就是诸侯的孝道。《诗经》说:"战战兢兢,就像在深水潭边一样,就像脚踩薄冰一样。"

【原文】

非先王之法服,不敢服。非先王之法言,不敢道。非先王之德行,不敢行。是故非法不言,非道不行,口无择言,身无择行,言满天下无口过,行满天下无怨恶。三者备矣,然后能守其宗庙,盖卿大夫之孝也。《诗》云:"夙夜匪懈,以事一人。"[卿大夫章第四]

《诗经》书影

【释义】

不是先王规定的合乎礼法的衣服不敢穿戴。不是先王说的合乎礼法的言语不敢说。不是先王实行的道德行为不敢去做。所以不合乎礼法的话不说,不合乎礼法的事不做;开口说话不需选择,自己的行为也不必考虑,所说的话遍及天下也没有过失,所做的事传遍天下也不会有怨恨。衣服、语言、行为都能符合礼法的准则,才能守住自己的宗庙,这就是卿、大夫的孝道。《诗经》说:"从早到晚都不能松懈,要专心侍奉天子。"

【原文】

资于事父以事母,而爱同。资于事父以事君,而敬同。故母取其爱,而君取其敬,兼之者父也。故以孝事君则忠,以敬事长则顺。忠顺不失,以事其上,然后能保其禄位,而守其祭祀,盖士之孝也。《诗》云:"夙兴夜寐,无忝尔所生。"[士章第五]

【释义】

用侍奉父亲的态度去侍奉母亲,爱心是相同的。用侍奉父亲的态度去侍奉国君,敬心也是相同的。侍奉母亲是用爱心,侍奉国君是用尊敬之心,侍奉父亲是两者兼有。所以用孝道来侍奉国君才能忠诚,用尊敬之心来侍奉上级才能顺从。能做到忠诚和顺从,才能保住自己的俸禄和职位,并守住对祖先的祭祀,这就是士人的孝道。《诗经》说:"要早起晚睡努力去做,不要玷污了你的父母。"

【原文】

用天之道,分地之利,谨身节用,以养父母,此庶人之孝也。故自天子至于庶人,孝无终始,而患不及者,未之有也。[庶人章第六]

【释义】

利用自然的规律,认清土地的特点,行为谨慎,节省俭约,以此来供养父母,这就是普通百姓的孝道了。所以从天子到百姓,孝道是无始无终的,有人担心自己做不到,那是没有的事情。

【原文】

曾子曰:"甚哉!孝之大也。"子曰:"夫孝,天之经也,地之义也,民之行也。天地之经,而民是则之,则天之明,因地之利,以顺天下。是以其教不肃而成,其政不严而治。先王见教之可以化民也,是故先之以博爱,而民莫遗其亲。陈之于德义,而民兴行。先之以敬让,而民不争。道之以礼乐,而民和睦。示之以好恶,而民知禁。《诗》云:'赫赫师尹,民具尔瞻。'"[三才章第七]

【释义】

曾子说:"太伟大了!孝道真是博大精深。"孔子说:"孝道犹如天上星辰的运行规律,地上万物的生长法则,是人类最根本的品行。天地有其自然规律,人类从中领悟到实行孝道的法则。效法上天日月星辰的规律,利用大地万物的法则,顺乎自然规律治理天下。因此教化不须严肃的手段就能成功,政治不须严厉的方法就能得以治理。从前的君主看到教育可以感化民众,所以他带头实行博爱,于是没人敢遗弃自己的双亲。向人民陈述德行道义,人民就会去遵行。他又带头倡导恭敬和谦让,于是人民就不相互争斗。用礼仪和音乐引导他们,于是人民就和睦相处。告诉人民美和丑的区别,人民就知道不会违反禁令。《诗经》说:'威严显赫的太师尹,人民都仰望着你。'"

【原文】

子曰:"昔者明王之以孝治天下也,不敢遗小国之臣,而况于公、侯、伯、子、男乎,故得万国之欢心,以事其先王。治国者不敢侮于鳏寡,而况于士民乎,故得百姓之欢心,以事其先君。治家者不敢失于臣妾,而况于妻子乎,故得人之欢心,以事其亲。夫然,故生则亲安之,祭则鬼享之。是以天下和平,灾害不生,祸乱不作。故明王之以孝治天下也如之。《诗》云:'有觉德行,四国顺之。'"[孝治章第八]

【释义】

孔子说:"从前圣明的君王是以孝道治理天下的,对小国的臣子也不遗弃,更何况是公、侯、伯、子、男等诸侯了,所以得到了诸侯各国的欢心,使他们甘愿侍奉先王。治理国家的诸侯,即便是对鳏夫和寡妇也不敢欺侮,更何况对士人和百姓了,所以会得到百姓的欢迎,使他们帮助自己祭祀祖先。管理卿邑的卿大夫,即便对奴仆婢妾也不失礼,更何况对妻子、儿女了,所以会得到众人的欢心,使他们乐意奉养双亲。这样,父母双亲在世时安乐、祥和,死后享受后代的祭祀。因此天下祥和太平,自然灾害不发生,也没有反叛暴乱的人祸。所以圣明的君王以孝道治理天下。《诗经》说:'天子有伟大的德行,四方的国家都会来归顺。'"

【原文】

曾子曰:"敢问圣人之德,无以加于孝乎?"子曰:"天地之性^①,人为贵。人之行,莫大于孝。孝莫大于严父,严父莫大于配天,则周公其人也。昔者周公郊祀后稷,以配天。宗祀文王于明堂,以配上帝。是以四海之内,各以其职来祭。夫圣人之德,又何以加于孝乎。故亲生之膝下,以养父母日严。圣人因严以教敬,因亲以教爱。圣人之教不肃而成,其政不严而治,其所因者本也。父子之道,天性也,君臣之义也。父母生之,续莫大焉。君亲临之,厚莫重焉。故不爱其亲而爱他人者,谓之悖德。不敬其亲而敬他人者,谓之悖礼。以顺则逆,民无则焉。不在于善,而皆在于凶德,虽得之,君子不贵也。君子则不然,言思可道,行思可乐,德义可尊,作事可法,容止可观,进退可度,以临其民。是以其民畏而爱之,则而象之。故能成其德教,而行其政令。《诗》云:'淑人君子,其仪不忒。'"[圣治章第九]

【注释】

①邢疏云:"性生也。"

【释义】

曾子说:"我冒昧地请问,圣人的德行,有比孝道更大的吗?"孔子说:"天地万物中,人类最高贵。人类的品行中,没有比孝道更大的了。在孝道之中,没有比敬重父亲更重要的了。敬重父亲,没有比在祭天时将祖先配祀更重大的了,能够做到这一点的只有周公。当初,周公在郊外祭天时,把始祖后稷配给天帝。在明堂祭祀时,又把父亲文王配祀天帝。所以各地的诸侯能够恪尽职守,协助祭祀活动。因此圣人的德行,又怎么能超过孝道呢?子女在父母膝下长大,因此日益懂得对父母亲的尊敬。圣人依据子女对父母的尊敬来教导人们孝敬,又依据子女对父母的亲情来教导他们爱父母。圣人的教化不需要严厉的手段就可以成功,不需要严厉的方式就可以把国家治理好,原因是他们依据人们孝道的本性。父子之间的关系,体现了人类的天性,也体现了君臣之间的义理。父母生下儿女,使后代得以延续,这是最为重要的事。父亲对于子女又犹如君王,没有比这样的恩爱更厚重的了。所以哪种不敬爱自己的父母却去爱别人的行为,就是违背道德的。不尊敬自己的父母而尊敬别人的行为,就是违背礼法的。如果让人民顺从违背礼法的事,人民肯定不会效法的。不是靠善行,而是靠违背道德礼法,虽然能成功,也是为君子所不齿的。君子不会这样,其言谈会让人们奉行,其作为会给人们带来欢乐,其立德行义能使人们尊敬,其行为举止能让人们效法,其容貌行止会让人们无可挑剔,其进退有度,不违背礼法。所以百姓敬畏并爱戴他,并学习效仿他。所以君子能够成就其德治教化,顺利地推行其政令。《诗经》说:'善人君子,容貌举止丝毫不差。'"

【原文】

子曰:"孝子之事亲也,居则致其敬,养则致其乐,病则致其忧,丧则致其哀,祭则致其严,五者备矣,然后能事亲。事亲者,居上不骄,为下不乱,在丑①不争。居上而骄,则亡。为下而乱,则刑。在丑而争,则兵。三者不除,虽日用三牲之养,犹为不孝也。"[纪孝行章第十]

【注释】

①御注云:"丑众也。"

【释义】

孔子说:"孝子侍奉双亲,日常家居时要态度恭敬,供奉饮食时要保持愉快的心情,父母生病时要忧心忡忡,父母去世时要悲痛不已,祭祀时要严肃对待,这五方面做到了,才算尽到孝道。侍奉双亲,要身居高位而不骄傲,身居下层而不作乱,地位低下而不争斗。身居高位而骄傲势必会导致灭亡,身居下层而作乱就会遭受刑罚,地位低下而争斗则会导致相互残杀。这三种行为不去除,即使天天用三牲的肉食奉养父母,也是不孝之人。"

【原文】

子曰:"五刑之属三千,而罪莫大于不孝。要君者无上,非圣人者无法,非孝者无亲,此大乱之道也。"[五刑章第十一]

【释义】

孔子说:"应当处以五刑的罪有三千多,其中最严重的是不孝。用武力胁迫君主的人目中无人,诽谤圣人的人目无法纪,反对行孝的人目无双亲。这些人是天下大乱的根源。"

【原文】

子曰:"教民亲爱,莫善于孝。教民礼顺,莫善于悌。移风易俗,莫善于乐。安上治民,莫善于礼。礼者,敬而已矣。故敬其父,则子悦。敬其兄,则弟悦。敬其君,则臣悦。敬一人而千万人悦。所敬者寡而悦者众,此之谓要道也。"[广要道章第十二]

【释义】

孔子说:"教育人民相亲相爱,没有比孝道更好的了。教育人民懂礼和顺,没有比悌道更好的了。移风易俗,没有比音乐教化更好的了。使君主安心,人民服从,没有比礼教更好的了。所谓礼,就是敬爱的意思。所以尊敬他的父亲,儿子就会高兴。尊敬他的兄长,弟弟就会高兴。尊敬他的君主,臣子就会高兴。尊敬一个人,却能使千万人高兴。所尊敬的人虽然少,但高兴的人却很多,这就是礼敬的意义啊。"

【原文】

子曰:"君子之教以孝也,非家至而日见之也。教以孝,所以敬天下之为人父者也。教以悌,所以敬天下之为人兄者也。教以臣,所以敬天下之为人君者也。《诗》云:'恺悌君子,民之父母。'非至德,其孰能顺民如此其大者乎。"[广至德章第十三]

【释义】

孔子说:"君子用孝道教化人,并不是挨家挨户、天天当面去教导。以孝道教导人们,是为了让天下的父亲都能得到尊敬。以悌道教导人们,是为了让天下的兄长都能受到尊敬。以为臣之道教导人们,是为了让天下的君主能受到尊敬。《诗经》说:'和乐谦谦地君子,是民众的父母。'如果没有至高无上的德行,怎么能使天下民众顺从并成就伟大的事业呢!"

【原文】

子曰:"君子之事亲孝,故忠可移于君。事兄悌,故顺可移于长。居家理,故治可移于官。是以行成于内,而名立于后世矣。"[广扬名章第十四]

【释义】

孔子说:"君子侍奉父母能尽孝,就能把对父母的孝心移作对国君的忠心。侍奉兄长能顺从,就能把这种顺从移作对前辈的敬从。在家里能处理好家务,所以会把理家的经验用于治理国家。因此说在家里能养成良好品德的人,其名声也会显扬于后世了。"

【原文】

曾子曰:"若夫慈爱恭敬,安亲扬名,则闻命矣。敢问子从父之令,可谓孝乎?"子曰："是何言与？是何言与？昔者天子有争臣七人，虽无道不失其天下。诸侯有争臣五人，虽无道不失其国。大夫有争臣三人，虽无道不失其家。士有争友，则身不离于名。父有争子，则身不陷于不义。故当不义，则子不可以不争于父，臣不可以不争于君，故当不义则争之。从父之令，又焉得为孝乎？"［谏诤章第十五］

【释义】

曾子说："像慈爱、恭敬、安亲、扬名这些孝道，已经听过了老师的教诲。我想再问一下，儿子一味地遵从父亲的命令，能称得上是孝顺吗？"孔子说："这是什么话呢？这是什么话呢？从前，天子身边有七个直言相谏的大臣，所以纵使天子昏庸也不会失去天下。诸侯有五个直言相谏的大臣，所以即便无道也不会失去他的封地。大夫有三个直言劝谏的家臣，所以即使他无道也不会失去家园。士身边有直言相劝的朋友，自己的名声就不会丧失。父亲有敢于直言相劝的儿子，就不会陷于不义之中。所以遇到不义之事时，儿子不可以不劝阻父亲，大臣不可以不劝阻君王。所以对于不义之事，一定要劝阻。如果只是遵从父亲的命令，又怎么称得上是孝顺呢？"

【原文】

子曰："昔者明王事父孝，故事天明；事母孝，故事地察；长幼顺，故上下治。天地明察，神明彰矣。故虽天子，必有尊也，言有父也；必有先也，言有兄也。宗庙致敬，不忘亲也。修身慎行，恐辱先也。宗庙致敬，鬼神著矣。孝悌之至，通于神明，光于四海，无所不通。《诗》云：'自西自东，自南自北，无思不服。'"［感应章第十六］

【释义】

孔子说："从前，贤明的帝王侍奉父亲很孝顺，所以祭祀上天时能够明白天的道理；侍奉母亲很孝顺，所以祭祀地时能够明察地的道理。理顺处理长幼关系，所以上下平安无事。能够明察天地的道理,神明就会降下福瑞。所以虽然贵为天子,也有他所尊敬的人,就是他的父亲;必然有长于他的人,就是他的兄长。到宗庙里祭祀,不忘自己的亲人。修身养性,谨慎行事,唯恐辱没了先人。到宗庙祭祀,神明就赐福。对父母兄长孝敬顺从到了极致,就会感动天地,任何地方都可以感应相通。《诗经》说:'从西到东,从南到北,没有人不想归服。'"

【原文】

子曰:"君子之事上也,进思尽忠,退思补过。将顺其美,匡救其恶,故上下能相亲也。《诗》云:'心乎爱矣,遐不谓矣,中心藏之,何日忘之。'"[事君章第十七]

【释义】

孔子说:"君子侍奉君王,在朝进言时要尽其忠心,退朝时要考虑弥补君王的过失。发扬君王的优点,匡正君王的过失,君臣关系才能亲敬。《诗经》说:'心中洋溢着爱,无论多么遥远,真诚的心永藏心中,没有忘记的那一天。'"

【原文】

子曰:"孝子之丧亲也,哭不偯,礼无容,言不文,服美不安,闻乐不乐,食旨不甘,此哀戚①之情也。三日而食,教民无以死伤生,毁不灭性,此圣人之政也。丧不过三年,示民有终也。为之棺椁衣衾而举之,陈其簠簋而哀戚之。擗踊哭泣,哀以送之,卜其宅兆,而安措之。为之宗庙,以鬼享之。春秋祭祀,以时思之。生事爱敬,死事哀戚,生民之本尽矣,死生之义备矣,孝子之事亲终矣。"[丧亲章第十八]

【注释】

①戚,石台本、宋熙宁石刻岳本、郑注本作慽,孝经终。

【释义】

孔子说:"孝子的亲人去世了,哭得声嘶力竭,举止失去了端正,言语没有了文采,穿上漂亮的衣服会感到不安,听到美妙的音乐也不快乐,吃美味的食物不觉得可口,这就是悲伤哀痛的感情。丧礼三天后要吃东西,这是教导人民不要因为悲哀而损伤了身体,不要因为哀痛灭绝了人的天性,这是圣人的教诲。守丧不超过三年,是告诉人们守丧是有期限的。办丧事的时候,要准备好棺椁、衣服、被子等,安置好遗体,陈列上簠、簋等器具,以寄托哀思。出殡的时候,捶胸顿足,号啕大哭。选好墓穴,用以安葬。兴建起祭祀用的庙宇,使亡灵有所归依,并享受祭祀。在春秋时祭祀,以表达哀思。父母在世时以爱和敬来侍奉他们,去世后则怀着哀戚之情料理丧事,才算尽到了孝道,完成了养生送死的义务,侍奉父母这才算是结束了。"

【原文】

仲尼闲居,曾子侍坐。子曰:"参先王有至德要道,以训天下,民用和睦,上下亡怨,女知之乎?"曾子辟席曰:"参不敏,何足以知之乎?"子曰:"夫孝,德之本也,教之所繇生也。复坐,吾语女。身体发肤,受之父母,不敢毁伤,孝之始也。立身行道,扬名于后世,以显父母,孝之终也。夫孝,始放事亲,中于事君,终于立身。《大雅》云:'亡念尔祖,聿修其德。'"[开宗明义章第一]

【释义】

孔子在家里闲坐,曾参坐在旁边陪着。孔子说:"先王有至为高尚的品行和道德,使天下人心归顺,人民和睦相处,上上下下都没有怨恨不满。你知道那是为什么吗?"曾参恭敬地离开座位说:"我生性愚笨,哪里会知道呢?"孔子说:"这就是孝,它是德行的基础,是教化派生的根源。你回到原位,我告诉你。人的身体、毛发皮肤,都是父母给的,不敢予以损毁伤残,这是孝的开始。人在世上有所建树,名声显扬于后世,从而使父母显耀,这是孝的终极目标。所谓孝,最初是从侍奉父母开始,然后是效忠于国君,最后是建功立业。《大雅》说:'怎么能不思念你的先祖呢? 要称颂先祖的美德啊!'"

【原文】

子曰:"爱亲者不敢恶于人,敬亲者不敢慢于人。爱敬尽于事亲,然后德教加于百姓,刑于四海,盖天子之孝也。《吕刑》云:'一人有庆,兆民赖之。'"[天子章第二]

【释义】

孔子说:"能够爱自己父母的人不会厌恶别人的父母,能够尊敬自己父母的人不会怠慢别人的父母。以亲爱恭敬之心侍奉双亲,而将德行教化施于百姓,成为百姓效法的对象,这就是天子的孝道呀!《吕刑》说:'天子有善行,百姓都信赖他。'"

【原文】

子曰:"居上不骄,高而不危。制节谨度,满而不溢。高而不危,所以长守贵也。满而不溢,所以长守富也。富贵不离其身,然后能保其社稷,而和其民人,盖诸侯之孝也。《诗》云:'战战兢兢,如临深渊,如履薄冰。'"[诸侯章第三]

【释义】

孔子说:"在上位而不骄傲,位置再高也不会有倾覆的危险。生活节俭、遵守法律,财富再多也不会损益。居高位而没有倾覆的危险,所以能够长久地保持尊贵的地位。财富多而不损益,所以能够长久地保存自己的财富。富贵不流失,才能保住国家的安全,使百姓和睦相处,这就是诸侯的孝道。《诗经》说:'战战兢兢,就像在深水潭边一样,就像脚踩薄冰一样。'"

【原文】

子曰:"非先王之法服,不敢服。非先王之法言,不敢道。非先王之德行,不敢行。是故非法不言,非道不行,口亡择言,身亡择行,言满天下亡口过,行满天下亡怨恶。三者备矣,然后能保其禄位而守其宗庙,盖卿大夫之孝也。《诗》云:'夙夜匪解,以事一人。'"[卿大夫章第四]

【释义】

孔子说:"不是先王规定的合乎礼法的衣服不敢穿戴。不是先王说的合乎礼法的言语不敢说。不是先王实行的道德行为不敢去做。所以不合乎礼法的话不说,不合乎礼法的事不做;开口说话不需选择,自己的行为也不必考虑,所说的话遍及天下也没有过失,所做的事传遍天下也不会有怨恨。衣服、语言、行为都能符合礼法的准则,才能守住自己的宗庙,这就是卿、大夫的孝道。《诗经》说:'从早到晚都不能松懈,要专心侍奉天子。'"

【原文】

子曰:"资于事父以事母,其爱同。资于事父以事君,其敬同。故母取其爱,而君取其敬,兼之者父也。故以孝事君则忠,以弟事长则顺,忠顺不失,以事其上,然后能保其爵禄,而守其祭祀,盖士之孝也。《诗》云:'夙兴夜寐,亡忝尔所生。'"[士章第五]

【释义】

孔子说:"用侍奉父亲的态度去侍奉母亲,爱心是相同的。用侍奉父亲的态度去侍奉国君,敬心也是相同的。侍奉母亲是用爱心,侍奉国君是用尊敬之心,侍奉父亲是两者兼有。所以用孝道来侍奉国君才能忠诚,用尊敬之心来侍奉上级才能顺从。能做到忠诚和顺从,才能保住自己的俸禄和职位,并守住对祖先的祭祀,这就是士人的孝道。《诗经》说:'要早起晚睡努力去做,不要玷污了你的父母。'"

【原文】

子曰:"因天之时,就地之利,谨身节用,以养父母,此庶人之孝也。"[庶人章第六]

【释义】

孔子说:"利用自然的规律,认清土地的特点,行为谨慎,节省俭约,以此来供养父母,这就是普通百姓的孝道了。"

【原文】

子曰:"故自天子以下至于庶人,孝亡终始,而患不及者,未之有也。"[孝平章第七]

【释义】

孔子说:"所以从天子到百姓,孝道是无始无终的,有人担心自己做不到,那是没有的事情。"

【原文】

曾子曰:"甚哉!孝之大也。"子曰:"夫孝,天之经也,地之义也,民之行也。天地之经,而民是则之,则天之明,因地之利,以训天下。是以其教不肃而成,其政不严而治。先王见教之可以化民也,是故先之以博爱,而民莫遗其亲。陈之以德谊,而民兴

行。先之以敬让，而民不争。道之以礼乐，而民和睦。示之以好恶，而民知禁。《诗》

云：'赫赫师尹，民具尔瞻。'"［三才章第八］

【释义】

曾子说："太伟大了！孝道真是博大精深。"孔子说："孝道犹如天上星辰的运行规律，地上万物的生长法则，是人类最根本的品行。天地有其自然规律，人类从中领悟到实行孝道的法则。效法上天日月星辰的规律，利用大地万物的法则，顺乎自然规律治理天下。因此教化不须严肃的手段就能成功，政治不须严厉的方法就能得以治理。从前的君主看到教育可以感化民众，所以他带头实行博爱，于是没人敢遗弃自己的双亲。向人民陈述德行道义，人民就会去遵行。他又带头倡导恭敬和谦让，于是人民就不互相争斗。用礼仪和音乐引导他们，于是人民就和睦相处。告诉人民美和丑的区别，人民就知道不会违反禁令。《诗经》说：'威严显赫的太师尹，人民都仰望着你。'"

【原文】

子曰："昔者明王之以孝治天下也，不敢遗小国之臣，而况于公、侯、伯、子、男乎，故得万国之欢心，以事其先王。治国者不敢侮于鳏寡，而况于士民乎，故得百姓之欢心，以事其先君。治家者不敢失于臣妾之心，而况于妻子乎，故得人之欢心，以事其亲。夫然，故生则亲安之，祭则鬼享之。是以天下和平，灾害不生，祸乱不作。故明王之以孝治天下也如此。《诗》云：'有觉德行，四国顺之。'"［孝治章第九］

【释义】

孔子说："从前圣明的君王是以孝道治理天下的，对小国的臣子也不遗弃，更何况是公、侯、伯、子、男等诸侯了，所以得到了诸侯各国的欢心，使他们甘愿侍奉先王。治理国家的诸侯,即便是对鳏夫和寡妇也不敢欺侮,更何况对士人和百姓了,所以会得到百姓的欢迎,使他们帮助自己祭祀祖先。管理卿邑的卿大夫,即便对奴仆婢妾也不失礼,更何况对妻子、儿女了,所以会得到众人的欢心,使他们乐意奉养双亲。这样,父母双亲在世时安乐、祥和,死后享受后代的祭祀。因此天下祥和太平,自然灾害不发生,也没有反叛暴乱的人祸。所以圣明的君王以孝道治理天下。《诗经》说:'天子有伟大的德行,四方的国家都会来归顺。'"

【原文】

曾子曰:"敢问圣人之德,亡以加于孝乎?"子曰:"天地之性①,人为贵。人之行,莫大于孝。孝莫大于严父,严父莫大于配天,则周公其人也。昔者周公郊祀后稷,以配天。宗祀文王于明堂,以配上帝。是以四海之内,各以其职来助祭。夫圣人之德,又何以加于孝乎。是故亲生毓之,以养父母日严。圣人因严以教敬,因亲以教爱。圣人之教不肃而成,其政不严而治,其所因者本也。"[圣治章第十]

【注释】

①孔传云:性生也。

【释义】

曾子说:"我冒昧地请问,圣人的德行,有比孝道更大的吗?"孔子说:"天地万物中,人类最高贵。人类的品行中,没有比孝道更大的了。在孝道之中,没有比敬重父亲更重要的了。敬重父亲,没有比在祭天时将祖先配祀更重大的了,能够做到这一点的只有周公。当初,周公在郊外祭天时,把始祖后稷配给天帝。在明堂祭祀时,又把父亲文王配祀天帝。所以各地的诸侯能够恪尽职守,协助祭祀活动。因此圣人的德行,又怎么能超过孝道呢?子女在父母膝下长大,因此日益懂得对父母亲的尊敬。圣人依据子女对父母的尊敬来教导人们孝敬，又依据子女对父母的亲情来教导他们爱父母。圣人的教化不需要严厉的手段就可以成功，不需要严厉的方式就可以把国家治理好，原因是他们依据人们孝道的本性。"

【原文】

子曰："父子之道，天性也，君臣之谊也。父母生之，绩莫大焉。君亲临之，厚莫重焉。"［父母生绩章第十一］

【释义】

孔子说："父子之间的关系，体现了人类的天性，也体现了君臣之间的义理。父母生下儿女，使后代得以延续，这是最为重要的事。父亲对于子女又犹如君王，没有比这样的恩爱更厚重的了。"

【原文】

子曰："不爱其亲而爱他人者，谓之悖德。不敬其亲而敬他人者，谓之悖礼。以训则昏民，亡则焉不在于善，而皆在于凶德。虽得志，君子弗从也。君子则不然，言思可道，行思可乐，德谊可尊，作事可法，容止可观，进退可度，以临其民，是以其民畏而爱之，则而象之。故能成其德教，而行其政令。诗云：'淑人君子，其仪不忒。'"［孝优劣章第十二］

【释义】

孔子说："那种不敬爱自己的父母却去爱别人的行为，就是违背道德的。不尊敬自己的父母而尊敬别人的行为，就是违背礼法的。如果让人民顺从违背礼法的事，人民肯定不会效法的。不是靠善行，而是靠违背道德礼法，虽然能成功，也是为君子所不齿的。君子不会这样,其言谈会让人们奉行,其作为会给人们带来欢乐,其立德行义能使人们尊敬,其行为举止能让人们效法,其容貌行止会让人们无可挑剔,其进退有度,不违背礼法。所以百姓敬畏并爱戴他,并学习效仿他。所以君子能够成就其德治教化,顺利地推行其政令。《诗经》说:'善人君子,容貌举止丝毫不差。'"

【原文】

子曰:"孝子之事亲也,居则致其敬,养则致其乐,疾则致其忧,丧则致其哀,祭则致其严,五者备矣,然后能事其亲。事亲者,居上不骄,为下不乱,在丑①不争,居上而骄,则亡。为下而乱,则刑。在丑而争,则兵。此三者不除,虽日用三牲之养,犹为不孝也。"[纪孝行章第十三]

【注释】

①孔传云:丑,群类也。

【释义】

孔子说:"孝子侍奉双亲,日常家居时要态度恭敬,供奉饮食时要保持愉快的心情,父母生病时要忧心忡忡,父母去世时要悲痛不已,祭祀时要严肃对待,这五方面做到了,才算尽到孝道。侍奉双亲,要身居高位而不骄傲,身居下层而不作乱,地位低下而不争斗。身居高位而骄傲势必会导致灭亡,身居下层而作乱就会遭受刑罚,地位低下而争斗则会导致相互残杀。这三种行为不去除,即使天天用三牲的肉食奉养父母,也是不孝之人。"

【原文】

子曰:"五刑之属三千,而罪莫大于不孝,要君者亡上,非圣人者亡法,非孝者亡

【释义】

孔子说:"应当处以五刑的罪有三千多,其中最严重的是不孝。用武力胁迫君主的人目中无人,诽谤圣人的人目无法纪,反对行孝的人目无双亲。这些人是天下大乱的根源。"

【原文】

子曰:"教民亲爱,莫善于孝。教民礼顺,莫善于弟。移风易俗,莫善于乐。安上治民,莫善于礼。礼者,敬而已矣。故敬其父,则子说。敬其兄,则弟说。敬其君,则臣说。敬一人而千万人说。所敬者寡而说者众,此之谓要道也。"[广要道章第十五]

【释义】

孔子说:"教育人民相亲相爱,没有比孝道更好的了。教育人民懂礼和顺,没有比悌道更好的了。移风易俗,没有比音乐教化更好的了。使君主安心,人民服从,没有比礼教更好的了。所谓礼,就是敬爱的意思。所以尊敬他的父亲,儿子就会高兴。尊敬他的兄长,弟弟就会高兴。尊敬他的君主,臣子就会高兴。尊敬一个人,却能使千万人高兴。所尊敬的人虽然少,但高兴的人却很多,这就是礼敬的意义啊。"

【原文】

子曰:"君子之教以孝也,非家至而日见之也。教以孝,所以敬天下之为人父者也。教以弟,所以敬天下之为人兄者也。教以臣,所以敬天下之为人君者也。《诗》云:'恺悌君子,民之父母。'非至德,其孰能训民如此其大者乎?"[广至德章第十六]

【释义】

孔子说："君子用孝道教化人，并不是挨家挨户、天天当面去教导。以孝道教导人们，是为了让天下的父亲都能得到尊敬。以悌道教导人们，是为了让天下的兄长都能受到尊敬。以为臣之道教导人们，是为了让天下的君主能受到尊敬。《诗经》说：'和乐谦谦的君子，是民众的父母。'如果没有至高无上的德行，怎么能使天下民众顺从并成就伟大的事业呢！"

【原文】

子曰："昔者明王事父孝，故事天明。事母孝，故事地察。长幼顺，故上下治。天地明察，鬼神章矣。故虽天子必有尊也，言有父也，必有先也。言有兄也，必有长也。宗庙致敬，不忘亲也。修身慎行，恐辱先也。宗庙致敬，鬼神著矣。孝弟之至，通于神明，光于四海，亡所不暨。《诗》云：'自东自西，自南自北，亡思不服。'"［应感章第十七］

【释义】

孔子说："从前，贤明的帝王侍奉父亲很孝顺，所以祭祀上天时能够明白天的道理；侍奉母亲很孝顺，所以祭祀地时能够明察地的道理。理顺处理长幼关系，所以上下平安无事。能够明察天地的道理，神明就会降下福瑞。所以虽然贵为天子，也有他所尊敬的人，就是他的父亲；必然有长于他的人，就是他的兄长。到宗庙里祭祀，不忘自己的亲人。修身养性，谨慎行事，唯恐辱没了先人。到宗庙祭祀，神明就赐福。对父母兄长孝敬顺从到了极致，就会感动天地，任何地方都可以感应相通。《诗经》说：'从西到东，从南到北，没有人不想归服。'"

【原文】

子曰:"君子事亲孝,故忠可移于君。事兄弟,故顺可移于长。居家理,故治可移于官。是以行成于内,而名立于后世矣。"[广扬名章第十八]

【释义】

孔子说:"君子侍奉父母能尽孝,就能把对父母的孝心移作对国君的忠心。侍奉兄长能顺从,就能把这种顺从移作对前辈的敬从。在家里能处理好家务,所以会把理家的经验用于治理国家。因此说在家里能养成良好品德的人,其名声也会显扬于后世了。"

【原文】

子曰:"闺门之内,具礼矣乎! 严亲严兄,妻子臣妾,繇百姓徒役也。"[闺门章第十九]

【释义】

孔子说:"家庭内部,也是有礼法的。双亲犹如君,兄长如上,妻子臣妾犹如百姓徒役。"

【原文】

曾子曰:"若夫慈爱恭敬,安亲扬名,参闻命矣。敢问子从父之命,可谓孝乎?"子曰:"参是何言与? 是何言与? 言之不通邪。昔者天子有争臣七人,虽亡道不失天下。诸侯有争臣五人,虽亡道不失其国。大夫有争臣三人,虽亡道不失其家。士有争友,则身不离于令名。父有争子,则身不陷于不谊。故当不谊,则子不可以不争于父,臣不可以不争于君,故当不谊则争之,从父之命,又安得为孝乎?"[谏争章第二十]

【释义】

　　曾子说:"像慈爱、恭敬、安亲、扬名这些孝道,已经听过了老师的教诲。我想再问一下,儿子一味地遵从父亲的命令,能称得上是孝顺吗?"孔子说:"这是什么话呢? 这是什么话呢? 这样说道理讲不通啊。从前,天子身边有七个直言相谏的大臣,所以纵使天子昏庸也不会失去天下。诸侯有五个直言相谏的大臣,所以即便无道也不会失去他的封地。大夫有三个直言劝谏的家臣,所以即使他无道也不会失去家园。士身边有直言相劝的朋友,自己的名声就不会丧失。父亲有敢于直言相劝的儿子,就不会陷于不义之中。所以遇到不义之事时,儿子不可以不劝阻父亲,大臣不可以不劝阻君王。所以对于不义之事,一定要劝阻。如果只是遵从父亲的命令,又怎么称得上是孝顺呢?"

【原文】

　　子曰:"君子之事上也。进思尽忠。退思补过。将顺其美。匡救其恶。故上下能相亲也。《诗》云:'心乎爱矣,遐不谓矣,忠心臧之,何日忘之。'"[事君章第二十一]

【释义】

　　孔子说:"君子侍奉君王,在朝进言时要尽其忠心,退朝时要考虑弥补君王的过失。发扬君王的优点,匡正君王的过失,君臣关系才能亲敬。《诗经》说:'心中洋溢着爱,无论多么遥远,真诚的心永藏心中,没有忘记的那一天。'"

【原文】

　　子曰:"孝子之丧亲也,哭不偯,礼亡容。言不文,服美不安,闻乐不乐,食旨不甘,此哀戚之情也。三日而食,教民亡以死伤生也,毁不灭性,此圣人之正也。丧不过三年示民有终也。为之棺椁衣衾以举之，陈其簠簋而哀戚之。哭泣擗踊，哀以送之，卜其宅兆，而安措之。为之宗庙，以鬼享之。春秋祭祀，以时思之。生事爱敬，死事哀戚，生民之本尽矣，死生之谊备矣，孝子之事终矣。"［丧亲章第二十二］

【释义】

孔子说："孝子的亲人去世了，哭得声嘶力竭，举止失去了端正，言语没有了文采，穿上漂亮的衣服会感到不安，听到美妙的音乐也不快乐，吃美味的食物不觉得可口，这就是悲伤哀痛的感情。丧礼三天后要吃东西，这是教导人民不要因为悲哀而损伤了身体，不要因为哀痛灭绝了人的天性，这是圣人的教诲。守丧不超过三年，是告诉人们守丧是有期限的。办丧事的时候，要准备好棺椁、衣服、被子等，安置好遗体，陈列上簠、簋等器具，以寄托哀思。出殡的时候，捶胸顿足，号啕大哭。选好墓穴，用以安葬；兴建起祭祀用的庙宇，使亡灵有所归依，并享受祭祀。在春秋时祭祀，以表达哀思。父母在世时以爱和敬来侍奉他们，去世后则怀着哀戚之情料理丧事，才算尽到了孝道，完成了养生送死的义务，侍奉父母这才算是结束了。"

三、儒书所载孔子言行

【原文】

昔孙叔敖相楚，妻不衣帛，马不秣粟。孔子曰："不可，大俭极下。"此《蟋蟀》所为作也。［盐铁论·通有］

【释义】

从前孙叔敖当楚国的宰相时，他的妻子不穿丝绸的衣服，不用粮食去喂马。孔子说:"人不能太俭朴,太俭朴就和下级相接近了。"这就是《蟋蟀》所讽刺的事情。

【原文】

孔子能方不能圆,故饥于黎邱。[盐铁论·论儒]

【释义】

孔丘做人能方不能圆,所以会在黎丘挨饿。

【原文】

孔子适卫,因嬖臣弥子瑕以见卫夫人,子路不说。[盐铁论·论儒]

【释义】

孔子去卫国,通过宠臣弥子瑕晋见卫夫人,子路因此不高兴。

【原文】

孔子曰:"不通于论者,难于言治道,不同者不相与谋。"[盐铁论·忧边]

【释义】

孔子说:"不通晓道理的人,很难和他们谈论治理国家的道理。志向不同的人,不能在一起谋划做事。"

【原文】

季、孟之权,三桓之富,不可及也,孔子为之曰"微"。为人臣,权均于君,富侔于国者,亡。[盐铁论·褒贤]

【释义】

季孙、孟孙的权势，三桓的财富，谁也比不上，但是孔子说他们"衰败了"。作为臣子，和君主一样有权势，财富与国库相当，必然会灭亡。

【原文】

孔子曰："诗人疾之不能默，丘疾之不能伏。"是以东西南北七十说而不用，然后退而修王道，作《春秋》，垂之万世之后，天下折中焉。［盐铁论·相刺］

【释义】

孔子说："诗人对丑恶的事不能沉默，我痛恨天下失道而不能袖手旁观。"所以他东西南北到处游说但不被重用，然后返回鲁国研究王道，编写了《春秋》，让它流传百世，作为判断事物的标准。

【原文】

孔子读《史记》，喟然而叹，伤正德之废，君臣之危也。［盐铁论·散不足］

【释义】

孔子读《史记》，感慨万千，对正统道德的废除和君臣关系的破损感到担心。

【原文】

孔子仕于鲁，前仕三月及齐平，后仕三月及郑平，务以德安近而绥远。当此之时，鲁无敌国之难，邻境之患。强臣变节而忠顺，故季桓隳其都城。大国畏义而合好，齐人来归郓、讙、龟阴之田。［盐铁论·备胡］

【释义】

孔子在鲁国做官,前三个月使鲁国和齐国和好,后三个月又使鲁国和郑国和好,他是用仁德来安定近处的百姓和安抚远方的国家的。当时,鲁国没有敌对国家的威胁,没有邻近国家的忧患。势力很强的大臣也变得忠顺起来,所以季桓子拆毁了他的都城。强大的邻国为仁义所慑服,来和鲁国和好,齐国把所占领的郓、讙、龟阴等地归还给鲁国。

【原文】

孔子曰:"吾于《河广》,知德之至也。"而欲得之,各反其本,复诸古而已。[盐铁论·执务]

【释义】

孔子说:"我看了《河广》,明白了最高的道德。"要想得到最高的道德,各种事物都必须符合仁义,使国家回到古代去就可以了。

【原文】

孔子曰:"进见而不以能往者,非贤士才女也。"[盐铁论·大论]

【释义】

孔子说:"没人推荐或介绍却周游列国,到处游说,并不像贤士和才女那样有自己的才能。"

【原文】

子赣由其家来谒于孔子,孔子正颜,举杖磬折而立,曰:"子之大亲,毋乃不宁乎?"

敢杖而立,曰:"子之兄弟,亦得无恙乎?"曳杖倍下行,曰:"妻子家中,得毋病乎?"故身之倨佝,手之高下,颜色声气,各有宜称。所以明尊卑、别疏戚也。[贾子新书·容经]

【释义】

子赣从家里来拜见孔子,孔子神色端正,举着拐杖弯腰而立,说:"你的父母,生活得很安宁吧?"敢杖而立,说:"你的兄弟,身体都好吧?"拖着拐杖向下走,说:"家里的人,没人得病吧?"身体的弯曲程度,手的位置高低,神情声调,都非常恰当。非常明白尊卑高下、远近亲疏的道理。

【原文】

子路见孔子之背磬折,举哀,曰:"唯由也见。"孔子闻之曰:"由也,何以遗亡也?"[贾子新书·容经]

【释义】

子路看到孔子的后背曲折如磬,悲伤号哭,说:"只有我看见了。"孔子听到后说:"由啊,为什么就遗忘了呢?"

【原文】

孔子南游,适楚,至于阿谷之隧,有处子佩瑱而浣者。孔子曰:"彼妇人其可与言矣乎!"抽觞以授子贡,曰:"善为之辞,以观其语。"子贡曰:"吾,北鄙之人也,将南之楚,逢天之暑,思心潭潭,愿乞一饮,以表我心。"妇人对曰:"阿谷之隧,隐曲之汜,其水载清载浊,流而趋海,欲饮则饮,何问妇人乎?"受子贡觞,迎流而挹之,奂然而弃之,促流而挹之,奂然而溢之,坐、置之沙上,曰:"礼固不亲授。"子贡以告。孔子曰:"丘知之矣。"抽琴去其轸,以授子贡,曰:"善为之辞,以观其语。"子贡曰:"向子之言,穆如清风,不悖我语,和畅我心。于此有琴而无轸,愿借子以调其音。"妇人对曰:"吾,鄙野之人也,僻陋而无心,五音不知,安能调琴?"子贡以告。孔子曰:"丘知之矣。"抽絺绤五两,以授子贡,曰:"善为之辞,以观其语。"子贡曰:"吾,北鄙之人也,将南之楚。于此有絺绤五两,吾不敢以当子身,敢置之水浦。"妇人对曰:"客之行,差迟乖人,分其资财,弃之野鄙。吾年甚少,何敢受子?子不早去,今窃有狂夫守之者矣。"〔韩诗外传一〕

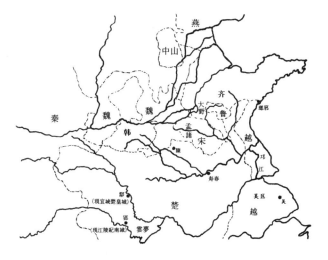

春秋战国时期的中国地图

【释义】

孔子到南方游历,来到楚国,走到阿谷郊野,遇到一个戴着佩玉的女子正在洗衣。孔子说:"这个女子或许可以和她谈谈!"于是拿出一个酒杯交给子贡说:"你想好言辞对她去说,看她怎么讲。"子贡对那个女子说:"我是北方边远地方的人,打算到南方的楚国去。正碰上炎热的天气,心里像火烧一样,希望讨杯水喝,散发我心里的热气。"女子回答说:"阿谷的郊野,幽深曲折的水边,水有的清有的浊,都奔流到海,你想喝就舀着喝吧,何必要问我这个洗衣的女子呢?"说完,还是接过子贡的酒杯,迎着水流舀了一杯,翻转杯子把水倒掉,又顺着水流舀了一杯,杯子装得满满的,接着跪着把酒杯放在沙地上,说:"按照礼节,我不能把酒杯亲手交给你。"子贡把情况告诉孔子。孔子说:"我明白她的意思了。"又拿出一把琴,抽掉调音的琴把,把它交给子贡,说:"你想好言辞对她去说,看她怎么讲。"子贡对女子说:"刚才你的话,像温和的清风,既没有误解我的意思,又使我心情舒畅。这里有一把琴,却没有调音的琴把,希望你帮助我把琴音调好。"女子回答说:"我是个乡下粗野的女子,生活在偏僻地区,很愚笨,不懂得分辨五音,怎么能够帮助你把琴音调好呢?"子贡把情况告诉了孔子。孔子说:"我明白她的意思了。"又拿出五两麻布交给子贡说:"你想好言辞对她去说,看她怎么讲。"子贡对女子说:"我是北方边远地方的人,打算到南方的楚国去,这里有五两麻布,我不敢当面交给你,冒昧地把它放在水边了。"女子回答说:"过路的客人啊,你真是逗留很久了。你又分出自己的财物,丢在这野外。我年纪很轻,怎么敢接受呢?你若不早早离开,我恐怕暗中有狂暴的人在窥伺着你呢?"

【原文】

哀公问孔子曰:"有智寿乎?"孔子曰:"然。人有三死,而非命也者①,自取之也:居处不理,饮食不节,劳过者,病共杀之。居下而好干上,嗜欲无厌,求索不止者,刑共杀之。少以敌众,弱以侮强,忿不量力者,兵共杀之。故有三死而非命者②,自取之也。"[韩诗外传一]

【注释】

①者字衍。

②者当作也。

【释义】

鲁哀公问孔子说:"智者长寿还是仁者长寿?"孔子回答说:"好,人有三种死,都不是他命中该死的,是自己的行为导致的:不按时作息,无节制饮食,劳累过度的,疾病就杀了他。处在下位而干涉上司的政事,无休止地追求各种欲望,刑法会杀了他。凭少数触犯众多的人,凭着弱小侮辱强敌,不顾环境发怒,行动不自量力的,军队会杀了他。这三种死法,不是命中该死的,是人自找的。"

【原文】

荆伐陈,陈西门坏,因其降民使修之,孔子过而不式。子贡执辔而问曰:"礼,过三人则下,二人则式。今陈之修门者众矣,夫子不为式,何也?"孔子曰:"国亡而弗知,不智也;知而不争,非忠也;亡①而不死,非勇也。修门者虽众,不能行一于此,吾故弗式也。"[韩诗外传一]

【注释】

①亡当作争。

【释义】

楚国攻打陈国,陈国西门坏了。楚国派陈国投降的老百姓去修理,孔子经过时,不低头伏在车前横木上向他们表示敬意。子贡拿着辔绳问孔子道:"按照礼的规矩,车子经过三人就要下车,经过二人就低头伏在车前横木上表示敬意。现在陈国修城门的百姓这么多,您不伏在车前横木上表示敬意,为什么呢?"孔子说:"国家将要灭亡却不知道,这是不聪明;知道国家将要灭亡而不抗争,这是不忠;抗争失败而不去死,这是不勇敢。修城门的人虽然多,这三条一条都不能做到,因此我不向他们表示敬意。"

【原文】

孔子曰:"君子有三忧:弗知,可无忧与! 知而不学,可无忧与! 学而不行,可无忧

【释义】

孔子说："君子有三件忧虑的事：不知哪里有老师，能不忧虑吗？知道哪里有老师而不学习，能不忧虑吗？学了道理后而不能实行，能不忧虑吗？"

【原文】

孔子曰："口欲味，心欲佚，教之以仁；心欲兵，身恶劳，教之以恭；好辩论而畏惧，教之以勇；目好色，耳好声，教之以义。"《易》曰："艮其限，列其夤，厉薰心。"《诗》曰："吁嗟女兮，无与士耽。"皆防邪禁佚，调和心志。［韩诗外传二］

【释义】

孔子说："口里想着美味，心里贪图安乐，对这种人要用仁爱去教育；心里贪图安逸，身体厌恶劳苦，对这种人用恭敬去教育；对喜好辩论而又胆怯的人，要用勇敢去教育。对眼睛喜好美丽的颜色，耳朵喜好美丽的声音的人，要用礼义去教育。"《周易》说："腰部的活动停止了，脊肉裂开了，感到了危险，像火在烧心。"《诗经》说："哎呀妹子啊，不要与男子在一起欢乐。"这都是说要防止邪僻，禁止淫欲，调和思想感情。

【原文】

孔子曰："不慎其前，而悔其后，嗟乎！虽悔无及矣。"［韩诗外传二］

【释义】

孔子说："不在事前小心谨慎，而在事后悔恨交加，真是可悲呀！虽然后悔也来不及了。"

【原文】

传曰:孔子云:"美哉! 颜无父之御也。马知后有舆而轻之,知上有人而爱之。马亲其正,而爱其事。如使马能言,彼将必曰:'乐哉! 今日之驷也。'至于颜沦少衰矣,马知后有舆而轻之,知上有人而敬之,马亲其正,而敬其事。如使马能言,彼将必曰:'驷来! 其人之使我也。'至于颜夷而衰矣,马知后有舆而重之,知上有人而畏之,马亲其正,而畏其事。如使马能言,彼将必曰:'驷来! 驷来! 女不驷,彼将杀女。'故御马有法矣,御民有道矣,法得则马和而欢,道得则民安而集。《诗》曰:'执辔如组,两骖如舞。'此之谓也。"〔韩诗外传二〕

【释义】

古书上说:孔子说:"多好啊! 颜无父驾驭马车的技术。马知道后面拖着车子,但感到很轻松,知道车上坐着人却喜爱他。马拉着车子,喜爱它所做的工作。如果马能够说话,它一定会说:'多么快乐啊! 今天的奔跑。'到了颜沦,技术就差了一些。马知道后面拉着车子,但感到很轻松,知道车上坐着人却尊敬他,马拉着车子,认真地对待自己的工作。如果马能够说话,它一定会说:'奔跑啊! 是这个人在驱使我。'到了颜夷,技术更差了。马知道后面拖着车子,感到很重,知道车上坐着人但很害怕他。马拉着车子,很恐惧自己的工作。如果马能够说话,它一定会说:'奔跑! 奔跑! 你不奔跑,他会杀死你。'所以驾驭马车是有方法的,统治老百姓是有规律的。掌握了方法,马就会和顺而又欢喜,掌握了规律,人民就会安乐而又和顺。《诗经》说:'执掌的缰绳像丝带一样有次序,两边的骖马步调均匀像在跳舞。'说的就是这个道理。"

【原文】

孔子遭齐①程本子于郯之间,倾盖而语终日。有间,顾子路曰:"由,束②帛十匹,以赠先生。"子路不对。有问,又顾曰:"束帛十匹,以赠先生。"子路率尔而对曰:"昔者由也闻之于夫子,士不中道相见,女无媒而嫁者,君子不行也。"孔子曰:"夫《诗》不云乎:'野有蔓草,零露溥兮。有美一人,青扬宛兮。邂逅相遇,适我愿兮。'且夫齐程本子,天下之贤士也,吾于是而不赠,终身不之见也。大德不逾闲,小德出入可也。"

[韩诗外传二]

【注释】

①《初学记》十七引作:孔子过齐遇程本子于郯郊之间。《御览》八百十八引作:孔子之齐遇程本子于谭郊之间。

②"束"上从《初学记》当补"来取"二字。

【释义】

孔子在郯这个地方遇见了齐国的程本子,双方都倾斜着车盖交谈,说了一整天的话。过了一会,孔子转脸对子路说:"仲由,拿十匹布帛送给先生。"子路不回答。又过了一会,孔子转脸对子路说:"拿十匹布帛来送给先生。"子路很轻率地回答说:"过去我听先生说过,男子没有介绍人互相见面,女子不经过媒人嫁人,君子是不做这种事的。"孔子说:"《诗经》不是说过:'野地里有蔓草,落下露珠很圆。有一个美人,眉清目秀。没有料到和她相遇,恰好符合我的心愿。'而且齐国程本子是天下贤良的人才,我在这里不赠送,终生不会再有机会见到他了。不要逾越重大礼节的界限,轻微的礼节有点出入还是可以的。"

【原文】

子路与巫马期薪于韫丘之下,陈之富人有处师氏者,诣车百乘,舣于韫丘之上。子路与①巫马期曰:"使子无忘子之所知,亦无进子之所能,得此富,终身无复见夫子,子为之乎?"巫马期喟然仰天而叹,阘然投镰于地,曰:"吾尝闻之夫子,勇士不忘丧其元,志士仁人不忘在沟壑。子不知予与? 试予与? 意者,其志与?"子路心惭,故负薪先归。孔子曰:"由来,何为偕出而先返也?"子路曰:"向也,由与巫马期薪于韫丘之下,陈之富人有处师氏者,诣车百乘,觞于韫丘之上,由谓巫马期曰:'使子无忘子之所知,亦无进子之所能,得此富,终身无复见夫子,子为之乎?'巫马期喟然仰天而叹,阘然投镰于地,曰:'吾尝闻②夫子:勇士不忘丧其元,志士仁人不忘在沟壑。子不知予与? 试予与? 意者,其志与?'由也心惭,故先负薪归。"孔子援琴而弹:"《诗》曰:'肃肃鸨羽,集于苞栩。王事靡监,不能蓺稷黍。父母何怙? 悠悠苍天,曷其有所?'予道不行邪,使汝愿者。"[韩诗外传二]

【注释】

①与,当作谓。

②"闻"下脱"之"字。

【释义】

　　子路与巫马期在韫丘下面砍柴,陈国有个姓处师的富人,在山下停了一百辆车子,在山上游玩喝酒。子路对巫马期说:"假使你没有忘记你知道的道理,也没有增进你现有的才能,如果能得到这样多的财富,但却终身不许再见到老师,你愿意这样做吗?"巫马期仰脸向天叹息,把镰刀扔在地上说:"我曾经听夫子说,勇敢的人不忘记丢掉自己的脑袋,志士仁人不忘记抛尸在山沟里。你是不了解我呢? 还是想试探我呢? 或者这就是你自己的志向呢?"子路心里很惭愧,背着烧柴先回来了。孔子说:"仲由,为什么与巫马期一起出去而自己先回来了呢?"子路说:"刚才我与巫马期在韫丘下面砍柴,陈国一个姓处师的富人,在山下停放了一百辆车子,在山上游玩喝酒。我问巫马期说:'假使你没有忘记学到的道理,也没有增进你的才干,如果让你得到这样多的财富,但却终身不许再见到老师,你愿意这样做吗?'亚马期仰脸向天叹息,把镰刀扔在地上,说:'我曾经听夫子说,勇敢的人不忘记丢掉自己的脑袋,志士仁人不忘记抛尸在山沟里。你是不了解我呢?还是试探我呢?或者这就是你自己的志向呢?'我感到很惭愧,所以先背着烧柴回来了。"孔子拿起琴来弹着,说:"《诗经》说:'鹎鸟振动翅膀,飞向茂盛的大树。君王的事永远不会停止,不能种稷种黍。父母的生活靠什么?悠悠的青天,我何时能回到自己的住所?'我的主张行不通,竟使你羡慕那个陈国的富人。"

【原文】

孔子曰:"士有五:有势尊贵者,有家富厚者,有资勇悍者,有心智惠者,有貌美好者。有势尊贵者,不以爱民行义理,而反以暴敖。家富厚者,不以振穷救不足,而反以侈靡无度。资勇悍者,不以卫上攻战,而反以侵陵私斗。心智惠者,不以端计数,而反以事奸饰诈。貌美好者,不以统朝莅民,而反以蛊女从欲。此五者,所谓士失其美质者也。"[韩诗外传二]

【释义】

孔子说:"士人有五种:有的人权势地位尊贵,有的人家庭财产丰厚,有的人天性勇敢强悍,有的人心灵聪明智慧,有的人容貌端庄美好。地位尊贵的人,不爱护百姓,依照义理做事,反而残暴傲慢地欺凌别人。家财丰厚的人,不利用家财赈救贫穷的人,反而利用它来奢侈浪费。勇敢强悍的人,不利用勇敢保卫国君,攻城打仗,反而利用它来侵犯凌辱别人。聪明智慧的人,不利用聪明智慧审察治理国家的规律,反而利用它来为非作歹,修饰奸诈的行为。容貌端庄的人,不利用它来统率朝廷官吏,治理人民,反而利用它来诱惑妇女放纵情欲。这五种人,就是那些丧失了美好品质的士人。"

【原文】

子夏读《诗》已毕。夫子问曰:"尔亦何大于《诗》矣?"子夏对曰:"《诗》之于事也,昭昭乎若日月之光明,燎燎乎如星辰之错行。上有尧舜之道,下有三王之义,弟子不敢忘。虽居蓬户之中,弹琴以咏先王之风。有人亦乐之,无人亦乐之,亦可发愤忘食矣。《诗》曰:'衡门之下,可以栖迟;泌之洋洋,可以乐饥。'"夫子造然变容,曰:"嘻! 吾子始可以言《诗》已矣,然子以见其表,未见其里。"颜渊曰:"其表已见,其里又何有哉?"孔子曰:"窥其门,不入其中,安知其奥藏之所在乎! 然藏又非难也。丘尝悉心尽志,已^①入其中,前有高岸,后有深谷,冷冷然如此,既立而已矣。不能见其里,未谓精微者也。"[韩诗外传二]

【注释】

①何大可言之谡。

②已闻作以。

【释义】

子夏读完了《诗经》。孔子问他:"你可以谈谈《诗经》了吗?"子夏回答说:"《诗经》记载的事件,光明灿烂像太阳、月亮的光辉,明亮耀眼像星星交错在天空中。前有尧舜治理天下的原则,后有三王开创天下的主张,弟子不敢忘记这些事情。虽然居住在茅草屋里,也要弹琴歌咏先王的教化。有人理解我,我觉得快乐,无人理解我,我也觉得快乐,这也可以说是努力学习,达到忘食的地步了。《诗经》说:'在这简陋的小屋下面,可以从容休息;泌邱的洋洋泉水,可以解渴充饥。'"孔子突然变了脸色说:"啊! 你现在可以谈论《诗经》了,然而你还只看到了它的外表,还没有看到里面的内容。"颜渊说:"它的外表已经看见了,它的里面又有什么呢?"孔子说:"只从门外窥看,不进入房子里面,哪里知道东西放在什么地方呢?然而要知道藏着的东西也并不是难事。我曾经专心致志地探索,已经进入到里面,看见前面有高耸的河岸,后面有幽深的峡谷,它里面如此清凉,我就在那里久久站立。如果不能看到它里面的情景,是不能说了解了它的奥妙啊。"

【原文】

楚庄王寝疾,卜之,曰:"河为祟。"大夫曰:"请用牲。"庄王曰:"止。古者,圣王制祭不过望,濉漳江汉,楚之望也,寡人虽不德,河非所获罪也。"遂不祭,三日而疾有瘳。孔子闻之,曰:"楚庄王之霸,其有方矣,制节守职,反身不贰,其霸不亦宜乎!"[韩诗外传三]

【释义】

楚庄王得病了,进行占卜,说:"河神在作怪。"大夫说:"请杀牲进行祭祀。"庄王说:"不要。古代圣王的制度规定,诸侯国君的祭祀不超出国内的山川。濉、漳、江、汉是楚国望祭的山川,我虽然缺乏道德,但不会得罪河神。"于是不祭,三天以后疾病竟然好了。孔子听到后说:"楚庄王称霸诸侯,是有道理的。遵循礼义的节度,坚守自己的职分,反省自己,他的称霸不是很应该的吗?"

【原文】

传曰:宋大水。鲁人吊之曰:"天降淫雨,害于粢盛,延及君地,以忧执政,使臣敬吊。"宋人应之,曰:"寡人不仁,齐戒不修,使民不时,天加之以灾,又遗君忧,拜命之辱。"孔子闻之,曰:"宋国其庶几矣。"弟子曰:"何谓?"孔子曰:"昔桀纣不任其过,其亡也忽焉。成汤文王知任其过,其兴也勃焉。过而改之,是不过也。"宋人闻之,乃夙兴夜寐,吊死问疾,戮力宇内。三岁,年丰政平。[韩诗外传三]

【释义】

古书上说:宋国发生了水灾。鲁国的使者慰问说:"上天接连不断下大雨,损害庄稼,蔓延到了全国土地,给执掌政事的大臣带来了忧虑,国君派我来表示慰问。"宋国使者转达宋国国君的话,说:"我不仁爱,没有很好地修养品德,役使百姓违背了农时,上天降给我们灾害,使你们国君也为我们忧虑,我感谢他派使者慰问我们。"孔子听到后,说:"宋国大概要复兴起来了。"学生们说:"为什么这么说呢?"孔子说:"过去夏桀商纣不承担自己的过错,他们就迅速灭亡了。商汤王周文王知道要承担自己的过错,他们就迅速兴盛起来了。有了过错就改掉,这就不是过错。"宋国听到了孔子的话,就早起晚睡,哀悼死去的人,慰问有疾病的人,努力治理国家的政事。连续三年,年年丰收,社会太平。

【原文】

传曰:鲁有父子讼者,康子欲杀之。孔子曰:"未可杀也。夫民父子讼之为不义久矣,是则上失其道。上有道,是人亡矣。"讼者闻之,请无讼。康子曰:"治民以孝,杀一不义,以僇不孝,不亦可乎?"孔子曰:"否。不教而听其狱,杀不辜也;三军大败,不可诛也;狱谳不治,不可刑也。上陈之教,而先服之,则百姓从风矣;邪行不从,然后俟之以刑,则民知罪矣。夫一仞之墙,民不能逾,百仞之山,童子登游焉,陵迟故也。今其仁义之陵迟久矣,能谓民无逾乎?《诗》曰:'俾民不迷。'昔之君子道其百姓不使迷,是以威厉而刑措不用也。故形其仁义,谨其教道,使民目晰焉而见之,使民耳晰焉而闻之,使民心晰焉而知之,则道不迷,而民志不惑矣。《诗》曰:'示我显德行。'故道义不易,民不由也;礼乐不明,民不见也。《诗》曰:'周道如砥,其直如矢。'言其易也。'君子所履,小人所视。'言其明也。'睠言顾之,潸焉出涕。'哀其不闻礼教而就刑诛也。夫散其本教,而待之刑辟,犹决其牢,而发以毒矢也,亦不哀乎! 故曰:未可杀也。

昔者,先王使民以礼,譬之如御也,刑者,鞭策也,今犹无辔衔而鞭策以御也。欲马之进,则策其后,欲马之退,则策其前。御者以劳,而马亦多伤矣。今犹此也,上忧劳而民多罹刑。《诗》曰:'人而无礼,胡不遄死!'为上无礼,则不免乎患;为下无礼,则不免乎刑;上下无礼,胡不遄死!"康子避席再拜曰:"仆虽不敏,请承此语矣。"孔子退朝,门人子路难曰:"父子讼、道邪?"孔子曰:"非也。"子路曰:"然则夫子胡为君子而免之也?"孔子曰:"不戒责成,害也;慢令致期,暴也;不教而诛,贼也。君子为政,避此三者。且《诗》曰:'载色载笑,匪怒伊教。'"[韩诗外传三]

【释义】

古书上说:鲁国有父子两个人打官司,季康子要杀掉他们。孔子说:"不可以杀。老百姓不知道父子打官司是不义的事已经很久了,这是由于在上位的人丧失了正道。在上位的人如果具有正道,这样的人就不会有了。"打官司的两父子听到了孔子的话,请求不打这场官司了。季康子说:"管理百姓在于推行孝道,杀一个没有仁义的人,用来羞辱不孝的行为,不可以吗?"孔子说:"不对。不进行教育就判决案件,等于是杀无罪的人;.军队打了败仗,就不可以诛杀他们;判决案件不正确,就不可以用刑罚处置他们。在上位的人陈述国家的教令,而且带头实行,老百姓就会顺从教化;如果带头实行了政令,有的老百姓还不顺从教化,就用刑罚处置他们,他们就会知道自己的罪过了。一仞高的墙,老百姓不能超越过去,百仞的高山,小孩子却能登上去游玩,是由于山顺着斜坡慢慢低下来。现在仁义的衰微已经很久了,还能说老百姓不能超越吗?《诗经》说:'使老百姓不迷惑。'过去君子教导百姓不使他们迷惑,尽管言辞猛烈,然而刑罚也没有用过。所以,要显著表彰那些具有仁义的人,谨慎地教导百姓实行仁义,使百姓的眼睛清清楚楚地看到,使百姓的耳朵清清楚楚地听到,使百姓的心里清清楚楚地知道,那么正确的道路就不会模糊,老百姓的思想也不会迷惑了。《诗经》说:'指示给我一条提高道德品质的道路吧。'所以实行道义不容易,百姓就不会遵循;

礼乐如果不明显,百姓就不会看见。《诗经》说:'周朝的正道像磨刀石一样平,像箭杆一样直。'这是说走这条路容易。'在位的人走着的路,百姓才能看清楚。'这是说的这条路非常显明。'回过头来看,眼泪往下落。'这是说痛惜老百姓没有受到礼义的教育,就受到了刑罚的诛杀。疏忽根本的教育,用刑罚对待老百姓,就好像是打开牢狱,用毒箭射他们,不是很令人悲哀的吗? 所以说不可以杀害他们。过去,贤明的君王依照礼义的原则役使百姓,比如像驾驭马车,刑罚就像是鞭子。而现在役使老百姓,就好像是没有缰绳笼头,而只用鞭子驾驭马车。要马前进,就用鞭子抽打它的后面,要马后退,就用鞭子抽打它的前面。驾车的人非常劳苦,马受的伤也非常多。现在役使老百姓就像这个样子,在上位的人非常忧愁劳苦,而百姓也有很多人遭受刑罚。《诗经》说:'做人没有礼义,为什么不早些死呢?'在上位的人没有礼义,就免不了遭受祸患;百姓没有礼义,就免不了遭受刑罚;在上位的君子和在下位的老百姓都没有礼义,为什么不早些死啊?"季康子离开座席再次拜谢说:"我虽然不聪明,还是接受这些教训吧。"孔子从朝廷退出来,学生子路反驳他说:父子两人打官司,是正道吗?"孔子说"不是。"子路说:"那么老师为什么要说服季康子免掉他们的罪过呢?"孔子说:"不告诫百姓就要求他们做到,是伤害百姓;实行政令怠慢却要百姓完成,是虐待百姓;不教育百姓就诛杀他们,是残杀百姓。在位的君子推行政事,要避开这三件事。而且《诗经》说:'和颜悦色又满脸带笑,不发怒生气却谆谆教导。'"

【原文】

舜生于诸冯,迁于负夏,卒于鸣条,东夷之人也。文王生于岐周,卒于毕郢,西夷之人也。地之相去也,千有余里。世之相后也,千有余岁,然得志行乎中国,若合符节。孔子曰:"先圣后圣,其揆一也。"[韩诗外传三]

【释义】

舜出生在诸冯,居住在负夏,死在鸣条,是东夷人。周文王出生在岐周,死在毕郚，是西夷人。两人生活的地区相距有一千多里，生活的时代相隔有许多年，然而他们的志向实现以后，在中原施行政事，就像符节的两个部分一样完全相合。孔子说："先代的圣人后代的圣人，他们的标准是一致的。"

【原文】

七孔子观于周庙，有欹器焉。孔子问于守庙者曰："此谓何器也？"对曰："此盖为宥座之器。"孔子曰："闻宥座器满则覆，虚则欹，中则正，有之乎？"对曰："然。"孔子使子路取水试之，满则覆，中则正，虚则欹。孔子喟然而叹曰："呜呼！恶有满而不覆者哉！"子路曰："敢问持满有道乎？"孔子曰："持满之道，抑而损之。"子路曰："损之有道乎？"孔子曰："德行宽裕者，守之以恭；土地广大者，守之以俭；禄位尊盛者，守之以卑；人众兵强者，守之以畏；聪明睿知者，守之以愚；博闻强记者，守之以浅。夫是之谓抑而损之。"［韩诗外传三］

【释义】

孔子去参观周朝的宗庙，里面有一个倾斜的器皿。孔子问守庙的人："这是什么器皿？"守庙人说："这是宥座的器皿。"孔子说："我听说宥座的器皿，水满了就倒覆，里面空虚就倾斜，恰好一半就端正，有这样的事吗？"答复说："是这样。"孔子叫子路打水试验，果然水满了的时候，器皿就倒覆过来，水盛得刚好一半的时候，器皿就端端正正立着，水倒空的时候，器皿就倾斜着。孔子感慨地叹息说："啊！哪里有满而不倒覆的事呢？"子路说："请问，有保持盈满而不倒覆的方法吗？"孔子说："保持盈满而不倒覆的方法，就是抑制贬损它。"子路问："贬损它有方法吗？"孔子说："德行盛大的人，用恭敬严肃的态度自持；土地广大的人，以节约俭朴的态度自持；爵位高俸禄多的人，用谦虚卑下的态度自持；人民众多兵力强盛的人，用敬畏的态度自持；聪明的人，用愚昧的态度自持。见闻广博记忆力强的人，用自认浅薄的态度自持。这就叫作自我抑制和贬损。"

【原文】

传曰:子路盛服以见孔子。孔子曰:"由,疏疏者何也? 昔者,江于汶,其始出也,不足滥觞;及其至乎江之津也,不方舟,不避风,不可渡也。非其众川之多欤! 今汝衣服其盛,颜色充满,天下有谁加汝哉!"子路趋出,改服而人,盖揖如也。孔子曰:"由,志之,吾语汝:夫慎于言者不哗,慎于行者不伐。色知而有长者,小人也。故君子知之为知之,不知为不知,言之要也;能之为能之,不能为不能,行之要也。言要则知,行要则仁,既知且仁,又何加哉!"[韩诗外传三]

【释义】

古书上说:子路穿着华丽的衣服去见孔子。孔子说:"由,你穿得这样华丽是为什么呢? 过去,长江从汶山发源,刚刚从山里流出来的时候,还不够一满杯水;等到它流到长江渡口时,不把两只船相并,不避开刮大风的时候,就不能渡过去。这不是因为它有许多的支流加入进来了吗? 现在你的穿着非常华丽,脸上露出得意的神色,天下还有谁能够帮助你提高呢?"子路快步走出去,换了衣服进来,仍然像过去的样子。孔子说:"由,你记下来,我告诉你:说话谨慎的人不喧哗,做事谨慎的人不夸耀。从脸色就可以知道他是一个有某种特长的人,这是小人。所以君子人总是知道就说知道,不知道就说不知道。这是说话的要领;能够做到就说能够做到,不能够做到就说不能够做到,这是行动的要领。说话得要领就是智慧,行动得要领就是仁爱,既智慧又仁爱,还有什么需要增加的呢?"

【原文】

哀公问取人。孔子曰:"无取健,无取佞,无取口谗。健,骄也,佞,谄也,谗,诞也。

故弓调然后求劲焉,马服然后求良焉,士信慤而后求知焉。士不信焉,又多知,譬之豺狼,其难以身近也。《周书》曰:'为虎傅翼也。'不亦殆乎!"[韩诗外传四]

【释义】

鲁哀公问怎样择人。孔子说:"不要选择健人,不要选择佞人,不要选择口谗的人。健人骄傲,佞人谄媚,谗人夸张。所以弓首先要求它调理均匀,然后才要求它强劲有力,马首先要求它驯服,然后才要求它优良,士首先要求他诚实,然后才要求他知识丰富。士如果不诚实,而又知识丰富,就好比条豺狼,不能让自身接近它。《周书》说:'不要为老虎插上翅膀。'不是很危险吗?"

【原文】

晏子聘鲁,上堂则趋,授玉则跪。子贡怪之,问孔子曰:"晏子知礼乎?今者晏子来聘鲁,上堂则趋,授玉则跪,何也?"孔子曰:"其有方矣。待其见我,我将问焉。"俄而晏子至,孔子问之。晏子对曰:"夫上堂之礼,君行一,臣行二。今君行疾,臣敢不趋乎!今君之授币也卑,臣敢不跪乎!"孔子曰:"善。礼中又有礼。赐,寡使也,何足以识礼也!"《诗》曰:"礼仪卒度,笑语卒获。"晏子之谓也。[韩诗外传四]

【释义】

晏子访问鲁国的时候,快步走上朝堂,跪着接受授给他的玉。子贡对这件事很奇怪,问孔子说:"晏子懂得礼吗?现在晏子访问鲁国,快步走上朝堂,跪着接受国君授给他的玉,这是为什么呢?"孔子说:"大概有他的道理吧。等他来见我的时候,我会问他的。"一会儿,晏子到了,孔子问起这件事。晏子回答说:"臣子走上朝堂的礼节是君主走一步,臣子走两步。现在国君走路迅速,我敢不快步跟上吗?现在国君授给我玉的时候,态度谦卑,我敢不跪下吗?"孔子说:"好。礼的里面还有礼呀。子贡,你很少出使其他的国家,怎么足够认识礼节呢!"《诗经》说:"礼仪全都合乎法度,谈笑非常合乎时宜。"说的就是晏子。

【原文】

孔①子见客。客去,颜渊曰②:"客,仁也③。"孔子曰:"恨分其心,颡分其口,仁则④吾不知也,言⑤之所聚也。"颜渊蹙然变色,曰:"良玉度尺,虽有十仞之土,不能掩其光;良珠度寸,虽有百仞之水,不能掩其莹⑥。夫⑦形体也,色心也,闵闵乎其薄也。苟⑧有温良在中,则眉睫著⑨之矣;瑕疵在中,则⑩眉⑪不能匿之。"《诗》曰:"鼓钟于宫,声闻于外⑫。"[韩诗外传四]

【注释】

①薛据《孔子集语》引"孔子见客"作"孔子适卫,卫使见客"。

②"曰"上有"问"字。

③"也"下有"乎"字。

④则作郎。

⑤无"言之所聚也"五字。

⑥莹作气。

⑦"夫形、体也,色、心也"作"夫形、体之,包心也"。

⑧"苟有温良在中"作"敬有温莹良在其中"。

⑨署作见。

⑩"中"上有"其"字。

⑪"不能匿之"作"亦不能匿也"。

⑫"外"下有"言有诸中者必形诸外也"十字。

【释义】

孔子接见客人。客人离开以后，颜渊说："这个客人，是一个仁爱的人。"孔子说："他的内心狠毒，说话有礼，至于他仁爱不仁爱我不知道，是语言聚集的地方。"颜渊变得严肃起来，说："一尺长的美玉，虽然上面有八丈厚的土，也不能掩住它的光辉；一寸大的美珠，虽然上面有八十丈深的水，也不能掩住它的光芒。人的形体包藏着心，似乎是深深地包藏着，却仍然很浅薄。如果内心温和善良，那么眉眼之间就会显露出来；如果内心产生了邪念，眉眼之间也无法隐藏。"《诗经》说："在房间里撞钟，声音传到屋外。"

【原文】

子夏问曰："《关雎》何以为《国风》始也？"孔子曰："《关雎》至矣乎！夫《关雎》之人，仰则天，俯则地，幽幽冥冥，德之所藏。纷纷沸沸，道之所行，如神龙变化，斐斐文章。大哉！《关雎》之道也，万物之所系，群生之所悬命也，河洛出书图，麟凤翔乎郊，不由《关雎》之道，则《关雎》之事将奚由至矣哉！夫六经之策，皆归论汲汲，盖取之乎《关雎》。《关雎》之事大矣哉！冯冯翊翊，自东自西，自南自北，无思不服。子其勉强之，思服之。天地之间，生民之属，王道之原，不外此矣。"子夏喟然叹曰："大哉！《关雎》乃天地之基也。"［韩诗外传五］

【释义】

子夏问道："《关雎》为什么能成为《国风》的开篇呢？"孔子说："《关雎》真是完美到了极点！写《关雎》这首诗的人，抬头效法天道，低头效法大地，这首诗高深幽远，德就包藏在这里面。曲调奔腾汹涌，道就随着它运行，像神龙一样变化莫测，文采美丽。伟大呀！《关雎》所包含的道理，万物之所以能够存在，是因为有它维系着，生物的生命之所以能够保持,也是因为有它维系着。黄河出龙图,洛水出龟书,麒麟凤凰在郊野出现,如果不是实行了《关雎》的道理,那么与《关雎》的道理相适应的这些事物怎么会出现呢? 六种经书,都急急忙忙论述道理,这都是从《关雎》中抽取的啊。《关雎》的道理真是伟大呀! 丰富充实,从东到西,从南到北,没有地方不顺从它的道理。你要努力学习它,努力领会它。天地中间的全部道理,人类的所有品德,王道的根源,都超不出它的范围啊。"子夏深有感慨地叹息说:"伟大啊!《关雎》是天地万物的根基呀。"

【原文】

孔子抱圣人之心,彷徨乎道德之域,逍遥乎无形之乡。倚天理,观人情,明终始,知得失,故兴仁义,厌势利,以持养之。于时周室微,王道绝,诸侯力政,强劫弱,众暴寡,百姓靡安,莫之纪纲,礼仪废坏,人伦不理。于是孔子自东自西,自南自北,匍匐救之。[韩诗外传五]

【释义】

孔子怀抱圣人的善心,徘徊在道德的领域中间,自由自在地活动在没有形迹的世界。顺从天道,观察人情,明白万物的结局和开始,懂得万物的得与失,所以他要使仁义道德复兴起来,把追求权势财利的邪恶念头压制下去,以培养人们的善心。当时周朝的兴盛局面已经衰微,以德治天下的王道不复存在,诸侯用武力相征伐,强国威逼弱国,大国欺压小国,百姓生活不得安定,天下已经丧失了正常的法纪与根本原则,礼义已经被废弃,人们的关系也紊乱不堪。于是孔子从东到西,从南到北,尽自己的努力来挽救这个世界。

【原文】

孔子学鼓琴于师襄子而不进。师襄子曰:"夫子可以进矣!"孔子曰:"丘已得其曲矣,未得其数也。"有间,曰:"夫子可以进矣!"曰:"丘已得其数矣,未得其意也。"有间,复曰:"夫子可以进矣^①!"曰:"丘已得其人矣,未得其类也。"有间,曰:"邈然远望,洋洋乎! 翼翼乎! 必作此乐也。默然思,戚然而怅,以王天下,以朝诸侯者,其惟文王乎?"师襄子避席再拜曰:"善! 师以为文王之操也。"故孔子持文王之声,知文王之为人。师襄子曰:"敢问何以知其文王之操也?"孔子曰:"然。夫仁者好伟,和者好粉,智者好弹,有殷勤之意者好丽。丘是以知文王之操也。"[韩诗外传五]

【注释】

①《初学记》十六引"矣"下有"曰丘得其意未得其人有间"十一字。

【释义】

孔子向师襄子学习弹琴,但是没有进步。师襄子说:"先生可以前进一步了。"孔子说:"我已经认得曲谱了,但是还不知道演奏的技艺。'过了一阵子,师襄子说:"先生可以前进一步了。"孔子说:"我已经知道演奏的技艺了,但是还不知道曲调的意义。"过了一阵子,师襄子又说:"先生可以前进一步了。"孔子说:"我已经知道曲调的意义了,但是还不知道作曲的人。"过了一阵子,又说:"先生可以前进一步了。"孔子说:"我已经知道作曲的人了,但是还不知道他是哪一类人。"过了一阵,孔子说:"我远远望去,他多么高大啊,多么庄严啊! 一定是创作这首乐曲的人。他深黑的皮肤,高高的个子,表情凄然,是天下的王,诸侯都来朝见他,他大概就是周文王吧?"师襄子离开座位再次作揖说:"好啊! 我也认为是文王创作的。"所以孔子把握了文王的乐曲,就知道文王的为人。师襄子说:"请问,为什么知道这是文王创作的乐曲呢?"孔子说:"好。仁爱的人喜好舒缓,温和的人喜好粉饰,聪明的人喜好弹琴,心意殷勤周到的人喜好华丽。我因此知道这是文王创作的乐曲。"

【原文】

　　孔子曰:"夫谈说之术:齐庄以立之,端诚以处之,坚强以待之,辟称以喻之,分以明之,欢忻芬芳以送之,宝之珍之,贵之神之,如是,则说恒无不行矣,夫是之谓能贵其所贵。若夫无类之说,不形之行,不赞之辞,君子慎之。"[韩诗外传五]

【释义】

　　孔子说:"谈论问题的方法是:用庄重的态度面对谈话对象,要求自己的思想感情端正诚恳,要坚强有力地对待对方,用打比方的办法向对方说清楚,逐条做出说明,把温和愉快美好的言辞送给对方,把自己说的内容看得像宝玉,像珍珠,看得很贵重很神奇,像这个样子,你的谈话永远不会行不通的,这就叫作尊重自己所尊重的东西。至于不合礼义的说法,不合法度的行为,没有帮助的言辞,君子是十分谨慎的。"

【原文】

　　孔子侍坐于季孙。季孙之宰通曰:"君使人假马,其与之乎?"孔子曰:"吾闻君取于臣,谓之取,不曰假。"季孙悟,告宰通曰:"今以往。君有取,谓之取,无曰假。"孔子曰正假马之言,而君臣之义定矣。[韩诗外传五]

【释义】

　　孔子陪季康子坐着。季康子的管家通说:"君王派人来借马,借给他吗?"孔子说:"我听说国君从臣子那里拿东西叫作取,不叫借。"季康子明白过来了,告诉管家通说:"从今以后,国君派人来拿东西叫取,不要说借。"孔子通过纠正借马的名称,国君与臣子的名义就确定了。

【原文】

子路治蒲三年,孔子过之。入境而善之,曰:"由恭敬以信矣。"入邑,曰:"善哉!由忠信么宽矣。"至庭,曰:"善哉!由明察以断矣。"子贡执辔而问曰:"夫子未见由,而三称善,可得闻乎?"孔子曰:"入其境,田畴甚①易草莱甚辟,此恭敬以信,故民尽力。入其邑,墉屋甚尊,树木甚茂,此忠信以宽,故民不偷。入其庭,甚闲,此明察以断,故民不扰也。"[韩诗外传六]

【注释】

①"甚易"二字据文选籍田赋注引补。

【释义】

子路治理蒲已经三年,孔子经过那里。进入治理的地区,孔子就赞扬说:"仲由对待工作严肃认真而且讲信用。"进入城市,又说:"好啊!仲由对工作尽责讲信用,对百姓很宽厚。"到了庭院里,又说:"好啊!仲由考察明白后才断案件。"子贡拿着缰绳问道:"老师还没有看见仲由,就三次赞扬他,可以让我知道是什么道理吗?"孔子说:"我进入他治理的地区,看见田地治理得很好,荒地也开垦了很多,这说明他工作严肃认真而且讲信用,所以百姓尽力耕种。进入城市,看见百姓的墙屋很高,树木长得很茂盛,这说明他对工作尽责讲信用而且对百姓宽厚,所以百姓不苟且马虎。到了他的庭院,庭院里很清闲,这说明他是考察清楚后才去判案件的,所以百姓不随便来打扰他。"

【原文】

子曰:"不学而好思,虽知不广矣;学而慢其身,虽学不尊矣。不以诚立,虽立不久

矣;诚未著而好言,虽言不信矣。美材也,而不闻君子之道,隐小物以害大物者,灾必及身矣。"[韩诗外传六]

【释义】

孔子说:"不学习而喜好思索,虽然会知道一些知识但不会广博;学习而自身行为侮慢,虽然学到了知识但不能使你尊贵。不凭诚恳立身于世,虽然能够立身但不能长久;诚恳不显著而喜好说话,虽然说了别人也不相信。具有美好的本质,如果没有听说过成为君子的道理,审察小事却对认识大事有妨害,灾祸一定会降临到身上。"

【原文】

孔子曰:"可与言终日而不倦者,其惟学乎! 其身体不足观也,勇力不足惮也,族姓不足称也,宗祖不足道也;而可以闻于四方,而昭于诸侯者,其惟学乎!"[韩诗外传六]

【释义】

孔子说:"可以与之谈论一整天而不令人感到疲倦的,大概只有学问吧。它的容颜体态不值得观看,它的勇力不值得畏惧,它的族姓不值得称述,它的先祖也不值得谈论;然而可以使天下人知道,使诸侯都明白的,大概只有学问吧。"

【原文】

孔子行,简子将杀阳虎,孔子似之,带甲以围孔子舍。子路愠怒,奋戟将下。孔子止之,曰:"由,何仁义之寡裕也! 夫诗书之不习,礼乐之不讲,是丘之罪也。若吾非阳虎,而以我为阳虎,则非丘之罪也,命也! 我歌,子和若。"子路歌,孔子和之,三终而围罢。[韩诗外传六]

【释义】

孔子出行，简子想要杀死阳虎，而孔子的相貌很像阳虎，于是简子带着武士包围了孔子住的地方。子路很气愤，高举着戟准备下堂和他们战斗。孔子拦阻他说："仲由，你学习仁义为什么这样没有宽容的气度呢？诗书不去熟读复习，礼乐不去探讨讲明，那是我的过错。至于我不是阳虎，却认为我是阳虎，这不是我的过错，这是命运吧！我唱歌，你来应和。"子路唱歌，孔子应和，唱完三首歌，对孔子的包围就解除了。

【原文】

孔子曰："昔者，周公事文王，行无专制，事无由己，身若不胜衣，言若不出口，有奉持于前，洞洞焉若将失之，可谓子矣。武王崩，成王幼，周公承文武之业，履天子之位，听天子之政，征夷狄之乱，诛管蔡之罪，抱成王而朝诸侯。诛赏制断，无所顾问，威动天地，振恐海内，可谓能武矣。成王壮，周公致政，北面而事之，请然后行，无伐衿之色，可谓臣矣。故一人之身，能三变者，所以应时也。"[韩诗外传七]

【释义】

孔子说："从前，周公事奉周文王，行为不专断，事情不由自己决定，身体好像不能胜任衣服的重量，言语好像不能说出口，在文王面前双手奉举东西，好像会失落一样，可以说是最会做儿子的人。武王去世，成王年纪很小，周公继承周文王、周武王的事业，就任天子的位置，治理天下的政事，征讨夷狄的叛乱，诛杀叛乱的管叔鲜，蔡叔度，辅佐成王接受诸侯的朝拜。诛杀、赏赐都由个人独断。不过问任何一个人，声威震动天地，使天下的人都很敬畏，可以说是最有武功业绩的人。成王长大，周公把政权归还成王，自己站在臣子的位置上，北面事奉成王，一切政事都向成王请示以后再实行，没有任何夸耀的表现，可以说是最会做臣子的人。所以一个人，能三次改变自己的行为与态度，是为了适应当时形势的变化。"

【原文】

孔子困于陈蔡之间，即三经之席，七日不食①，藜羹不糁，弟子有饥色，读书习礼乐不休。子路进谏曰："为善者，天报之以福。为不善者，天报之以贼。今夫子积德累仁，为善久矣，意者尚②有遗行乎？奚居之隐也？"孔子曰："由来！汝小人也，未讲于论也。居，吾语汝。子以知者为无罪乎？则王子比干何为刳心而死；子以义者为听乎？则伍子胥何为抉目而悬吴东门；子以廉者为用乎？则伯夷叔齐何为饿于首阳之山；子以忠者为用乎？则鲍叔何为而不用，叶公子高终身不仕，鲍焦抱木而泣，子推登山而燔。故君子博学深谋，不遇时者众矣，岂独丘哉！贤不肖者，材也，遇不遇者，时也。今无有时，贤安所用哉！故虞舜耕于历山之阳，立为天子，其遇尧也；傅说负土而版筑，以为大夫，其遇武丁也；伊尹故有莘氏僮也，负鼎操俎，调五味，而立为相，其遇汤也；吕望行年五十，卖食棘津，年七十，屠于朝歌，九十乃为天子师，则遇文王也；管夷吾束缚自槛车，以为仲父，则遇齐桓公也；百里奚自卖五羊之皮，为秦伯牧牛，举为大夫，则遇秦缪公也；虞丘于③天下，以为令尹，让于孙叔敖，则遇楚庄王也；伍子胥前功多，后戮死，非知有盛衰也，前遇阖闾，后遇夫差也。夫骥罢盐车，此非无形容也，莫知之也。使骥不得伯乐，安得千里之足？造父亦无千里之手矣。夫兰芷生于茂林之中，深山之间，人莫见之故不芬。夫学者非为通也，为穷而不困，忧而志不衰，先知祸福之始，而心无惑焉。故圣人隐居深念，独闻独见。夫舜亦贤圣矣，南面而治天下，惟其遇尧也。使舜居桀纣之世，能自免于刑戮之中，则为善矣，亦何位之有？桀杀关龙逄，纣杀王子比干，当此之时，岂关龙逄无知，而王子比干不慧乎哉！此皆不遇时也。故君子务学修身端行，而须其时者也。子无惑焉。"［韩诗外传七］

【注释】

①"食"上当有"火"字。

②尚有遗行乎本作"当遗行乎"。据文选对楚王问辩命论两注引改。

③"于"上有脱文。

【释义】

孔子在陈国蔡国边境被围困,坐在设有三种经书的席位前,七天没有吃饭,喝的藜草汤里面连米糁子都没有,学生们的脸上也都露出饥饿的神情,然而他们仍然不停地朗读诗书,演习礼乐。子路向前劝阻说:"做好事的人,上天用幸福回报他。做恶事的人,上天用灾祸回报他。现在老师不停地积累仁义道德,做好事的时间已经很久了,想来老师的行为还有要检点的地方吗?为什么生活还是这么穷困啊?"孔子说:"仲由!你真是一个小人,没有好好学习过为人处世的道理。坐下来,我讲给你听。你以为聪明的人就不会有罪过吗?王子比干被挖心死掉了;你以为做事合于正义的人,君王就会听从他的意见吗?伍子胥的眼球被抠出来挂在吴国的东门上;你以为清廉正直的人会受到君王的重用吗?伯夷、叔齐就饿死在首阳山上;你以为忠心的人会受到君王的任用吗?鲍叔牙没有受到重用,叶公子高终身没有做官,鲍焦抱着树木哭泣,介子推登上山抱着树木被烧死。所以君子虽然有广博的学识、深远的谋虑,没有遇着好时机的人很多,难道只有我一个人吗?贤能不贤能是人的材质问题,君主相投不相投是时机的问题。现在没有好的时机,贤能的人怎么会受到任用呢?舜在历山的南面耕种,能够立做天子,是因为他遇着了尧帝;傅说背土筑墙,被任用为大夫,因为他遇着了武丁;伊尹原来是有莘国的奴仆,背着煮饭的锅和切菜的板,调和五味,却能立为宰相,是因为他遇着了商汤;吕望五十岁时,在盟津卖食物为生,七十岁在朝歌杀猪卖肉,到九十岁却成了天子的老师,这是因为他遇着了周

伍子胥

文王;管仲曾经被捆住手脚蒙上眼睛关在囚车里,后来又能尊为仲父,这是因为他遇到了齐桓公;百里奚用五张羊皮的价格卖掉自己,为秦伯放牛,后来又能立为大夫,这是因为他遇着了秦穆公;虞丘的名声传遍天下,他担任了楚国的令尹,又把位置让给孙叔敖,这是因为他遇着了楚庄王;伍子胥以前功劳很多,后来又被杀,并不是因为他的智慧前后有高低的不同,而是因为他从前遇着的是吴王阖闾,后来遇着的是吴王夫差。千里马拉着盐车疲倦不堪,不是因为它没有美好的形体,而是因为没有人认识它。假使千里马不遇着伯乐,人们哪里能够得到日行千里的良马呢?造父也不能够显示他是千里马驭手的才能。兰草芷草生长在茂密的森林里,幽深的山谷间,没有人看见,所以没人知道它的芬芳。探求学问并非为了求得显达,而是为了在遭遇穷厄的时候不感到困苦,遭遇忧患的时候意志不会衰颓,预先知道祸福的终始,内心不感到迷惑。所以圣人避世隐居深谋远虑,具有独特的见识。舜是贤能圣智的人,能够坐在天子的位置上治理天下,是因为他遇见了尧。假如舜生活在夏桀商纣的时代,能够逃脱刑罚杀戮,就是幸运的了,哪里还能占有天子的位置呢?夏桀杀死关龙逢,商纣王杀死王子比干,这个时候,难道关龙逢没有聪明,王子比干没有智慧吗?这都是没有遇着好时代的缘故啊。所以君子努力学习,修养自己的品德,端正自己的行为,都是为了等待一个好的时机。你不要迷惑啊。"

【原文】

孔子曰:"明王有三惧:一曰处尊位而恐不闻其过,二曰得志而恐骄,三曰闻天下之至道而恐不能行。"[韩诗外传七]

【释义】

孔子说:"明智的国君有三种恐惧:一是处在尊贵的位置上,担心听不到自己的过错。二是志向实现的时候,担心自己骄傲。三是听到了天下最好的道理以后,担心自己不能实行。"

【原文】

孔子闲居,子贡侍坐。"请问为人下之道奈何?"孔子曰:"善哉!尔之问也!为人下,其犹土乎。"子贡未达。孔子曰:"夫土者,掘之得甘泉焉,树之得五谷焉,草木植焉,鸟兽鱼龟遂焉;生则立焉,死则入焉;多功不言,赏世不绝。故曰:能为下者,其惟土乎!"子贡曰:"赐虽不敏,请事斯语。"［韩诗外传七］

【释义】

孔子闲居在家里,子贡在旁服侍。子贡问:"请问做别人下属的道理是怎样的?"孔子说:"好啊!你问的这个问题。做别人的下属,大概就像土地吧。"子贡不理解。孔子说:"土地,你往下面挖就能得到甜美的泉水,种植就能收获五谷,草木生长在那里,鸟兽鱼龟成长在那里;人活着就站在它上面,死了就埋在它里面;功劳很多却从来不说,为人赞赏永不断绝。所以说,能为人下属的,大概只有土地吧。"子贡说:"我虽然不聪明,一定遵照这句话去做。"

【原文】

子贡问大臣。子曰:"齐有鲍叔,郑有子皮。"子贡曰:"否。齐有管仲,郑有东里子产。"孔子曰:"产,荐也。"子贡曰:"然则荐贤贤于贤?"曰:"知贤,智也,推贤,仁也,引贤,义也。有此三者,又何加焉?"［韩诗外传七］

【释义】

子贡问贤能的大臣有谁。孔子说:"齐国有鲍叔,郑国有子皮。"子贡说:"不对。齐国有管仲,郑国有东里子产。"孔子说:"东里子产,是子皮荐举的。"子贡说:"那么荐举贤人的人胜过贤人吗？"孔子说："知道贤人是智，推荐贤人是仁，提拔贤人是义。有了这三种品德，还有什么需要增加的呢？"

【原文】

孔子游于景山之上，子路、子贡、颜渊从。孔子曰："君子登高必赋，小子愿者何？言其愿，丘将启汝。"子路曰："由愿奋长戟，荡三军，乳虎在后，仇敌在前，蠡跃蛟奋，进救两国之患。"孔子曰："勇士哉！"子贡曰："两国构难，壮士列阵，尘埃涨天，赐不持一尺之兵，一斗之粮，解两国之难。用赐者存，不用赐者亡。"孔子曰："辩士哉！"颜回不愿。孔子曰："回何不愿？"颜渊曰："二子已愿，故不敢愿。"孔子曰："不同意，各有事焉，回其愿，丘将启汝。"颜渊曰："愿得小国而相之，主以道制，臣以德化，君臣同心，外内相应。列国诸侯莫不从义向风，壮者趋而进，老者扶而至，教行乎百姓，德施乎四蛮，莫不释兵，辐辏乎四门。天下咸获永宁，蝗飞蠕动，各乐其性。进贤使能，各任其事，于是君绥于上，臣和于下。垂拱无为，动作中道，从容得礼。言仁义者赏，言战斗者死，则由何进而救，赐何难之解？"孔子曰："圣士哉！大人出，小人匿。圣者起，贤者伏。回与执政，则由赐焉施其能哉！"［韩诗外传七］

【释义】

孔子在景山上游玩，子路、子贡、颜渊跟随着。孔子说："君子登上高处一定要陈述自己的志向，你们的理想是什么？谈谈你们的理想，我将启发你们。"子路说："我愿意挥舞长戟，冲击敌军，后面有凶猛的老虎，前面有仇恨的敌人，我像蠡虫一样跳跃，像蛟龙一样奋起，前往解救两国的忧患。"孔子说："你是勇敢的人啊！"子贡说："两国结成仇怨，勇敢的战士排成阵势，尘埃遮蔽了天空，我不拿一尺长的武器，不带一斗粮食，就能解除两国的灾难。任用我的国家就生存，不任用我的国家就灭亡。"孔子说："你是善辩的人啊！"颜渊不谈他的理想。孔子说："你为什么不谈谈自己的理想呢？"

颜渊说："两位同学已经谈了他们的理想,所以我不敢谈。"孔子说："每个人的想法是不同的,各人想各人的事,你还是谈谈自己的理想吧,我将启发你。"颜渊说："希望在一个小的国家里做一个卿相,国君用道统治天下,臣子用德教化人民,君臣同心同德,朝廷内外互相应和。各国诸侯,无不像顺着风向一样顺从正义,壮年人迅速前往,老年人互相搀扶到来,教化在百姓中得到通行,德政推行到四方少数民族地区,没有国家不放下武器,像车轮的辐条聚到车轴一样。整个天下获得安宁,即使是昆虫的飞升蠕动,都能使它们的本性得到安乐。提拔贤良的人,任用有才能的人,各人都担任适合自己的工作,于是君主能安宁地处在上位,臣子在下位相应和。君主垂衣拱手无所作为,一切举动都符合道,行动从容符合礼。宣扬仁义的人受赏赐,谈论战斗的人处死刑。那么子路还有什么忧患需要前往解救,端木赐还有什么灾难需要解除呢?"孔子说："你是圣哲的人啊!伟大的人一出现,渺小的人就隐藏。圣哲一兴起,贤良的人就隐伏。如果颜回参与执掌国家的政务,那么仲由、端木赐哪里还有地方施展他们的才能呢?"

【原文】

昔者,孔子鼓瑟,曾子、子贡侧门而听。曲终。曾子曰："嗟乎!夫子瑟声殆有贪狼之心,邪僻之行,何其不仁,趋利之甚?"子贡以为然,不对而入。夫子望见子贡有谏过之色,应难之状,释瑟而待之。子贡以曾子之言告。子曰："嗟乎!夫参,天下贤人也,其习知音矣!乡者,丘鼓瑟,有鼠出游,狸见于屋,循梁微行,造焉而避,厌目曲脊,求而不得。丘以瑟淫①其音,参以丘为贪狼邪僻,不亦宜乎!"〔韩诗外传七〕

【注释】

①淫,一作浮。

【释义】

从前,孔子弹瑟,曾参、子贡侧着耳朵静听。弹奏完毕,曾参说:"哎呀!老师弹奏的瑟声中,好像有狼一样贪婪的感情,不正当的行为,为什么那样的不仁爱,那样的追求利益啊?"子贡也认为是这样,但没有回答曾参的话就走进孔子的房间。孔子望见子贡有劝谏的神色,有责难的表情,便放下瑟等待他。子贡把曾参的话告诉孔子。孔子说:"哎呀!曾参真是天下的贤人,很熟悉音律呀。刚才我弹瑟的时候,有一只老鼠出来活动,有只野猫也出现在屋里,沿着屋梁轻轻爬行,等到它靠近老鼠,老鼠就躲避起来,野猫的眼里露出憎恶的凶光,弓起脊背,希望抓住而得不到。我把这些情景渗透在我的瑟音里,曾参认为我的瑟音里有像狼一样贪婪的感情,不正当的行为,不是很适当的吗?"

【原文】

子贱治单父,其民附。孔子曰:"告丘之所以治之者。"对曰:"不齐时发仓廪,振困穷,补不足。"孔子曰:"是小人附耳,未也。"对曰:"赏有能,招贤才,退不肖。"孔子曰:"是士附耳,未也。"对曰:"所父事者三人,所兄事者五人,所友者十有二人,所师者一人。"孔子曰:"所父事者三人,所兄事者五人,足以教弟矣;所友者十有二人,足以祛壅蔽矣;所师者一人,足以虑无失策,举无败功矣。惜乎!不齐为之大,功乃与尧舜参矣。"[韩诗外传八]

【释义】

子贱治理单父,单父的百姓很亲附他。孔子说:"告诉我你治理单父的方法。"子贱回答说:"我时常打开粮仓,救济穷困的人。帮助粮食不够的人。"孔子说:"这样做还只能使百姓归附你,还是不够的。"回答说:"赏赐有能力的人,招聘有贤才的人,辞退不贤能的人。"孔子说:"这样做只能使士人归附你,还是不够的。"回答说:"我有当作父亲一样事奉的人三个,当作兄长一样事奉的人五个,当作朋友结交的人十个,当作老师尊敬的人一个。"孔子说:"当作父亲事奉的人有三个,足够用来教导百姓孝顺父母。当作兄长事奉的人有五个,足够用来教导百姓尊敬兄长。当作朋友结交的人有十二个,足够用来去除你的闭塞。当作老师尊敬的人有一个,足够用来使你考虑问题不会失策,开创事业不会失败。可惜啊,子贱治理的地方太小了,如果能够治理一个大的地方,他的功业就可以与尧舜并驾齐驱了。"

【原文】

孔子为鲁司寇,命之曰:"宋公之子弗甫有孙鲁孔丘,命尔为司寇。"孔子曰:"弗甫敦及厥辟,将不堪。"公曰:"不妄。"[韩诗外传八]

【释义】

孔子做鲁国司寇时,鲁定公任命他说:"宋闵公的儿子弗甫的后代子孙,鲁国孔丘,我任命你担任司寇。"孔子说:"弗甫对他的君主有很大的贡献,我恐怕不能胜任。"定公说:"你是一个不狂妄的人。"

【原文】

齐景公谓子贡曰:"先生何师?"对曰:"鲁仲尼。"曰:"仲尼贤乎?"曰:"圣人也,岂直贤哉!"景公嘻然而笑曰:"其圣何如?"子贡曰:"不知也。"景公悖然作色曰:"始言圣人,今言不知,何也?"子贡曰:"臣终身戴天,不知天之高也;终身践地,不知地之厚也。若臣之事仲尼,譬犹渴操壶杓,就江海而饮之,腹满而去,又安知江海之深乎?"景公曰:"先生之誉,得无太甚乎!"子贡曰:"臣赐何敢甚言,尚虑不及耳!臣誉仲尼,譬犹两手捧土而附泰山,其无益亦明矣;使臣不誉仲尼,譬犹两手把泰山,无损亦明矣。"

景公曰:"善岂其然! 善岂其然!"[韩诗外传八]

【释义】

齐景公对子贡说:"先生的老师是谁呢?"子贡回答说:"是鲁国的仲尼。"齐景公说:"仲尼是贤人吗?"子贡说:"他是圣人。哪里只是个贤人呢?"齐景公嘻嘻地笑起来说:"他的圣明是怎么样的呢?"子贡说:"不知道。"齐景公变了脸色说:"你开始说是圣人,现在又说不知道,为什么呢?"子贡说:"我终身头顶着天,但不知道天究竟有多高;终身脚踩着地,但不知道地究竟有多厚。像我事奉仲尼,好像是口渴了拿着水壶枸子到长江大海里去饮水,喝饱了就离开,哪里知道长江大海有多深呢?"齐景公说:"先生对老师的称誉,恐怕太过分了吧?"子贡说:"我怎么敢说是称赞过分,我忧虑的是说得还不够呢。由我称赞仲尼,就好像用两只手捧土去加高泰山,那丝毫也不能增加是非常明显的;假使我不称赞仲尼,就好像用两只手去挖泰山的土,那丝毫也不能减少也是非常明显的。"齐景公说:"好啊,难道是这样的吗? 好啊,难道是这样的吗?"

【原文】

梁山崩,晋君召大夫伯宗。道逢辇者,以其辇服①。伯宗使其右下,欲鞭之。辇者曰:"君趋道岂不远矣,不知事而行,可乎?"伯宗喜,问其居。曰:"绛人也。"伯宗曰:"子亦有闻乎?"曰:"梁山崩,壅河,顾三日不流,是以召子。"伯宗曰:"如之何?"曰:"天有山,天崩之;天有河,天壅之。伯宗将如之何!"伯宗私问之。曰:"君其率群臣,素服而哭之,既而祠焉,河斯流矣。"伯宗问其姓名,弗告。伯宗到,君问,伯宗以其言对。于是君素服,率群臣而哭之,既而祠焉,河斯流矣。君问伯宗何以知之,伯宗不言受辇者,诈以自知。孔子闻之,曰:"伯宗其无后,攘人之善。"[韩诗外传八]

【注释】

①"服"当作"覆"。

【释义】

梁山崩溃,晋景公召请大夫伯宗来商量。伯宗在路上遇见一个拉车的人,把车子掀翻挡住了伯宗的路。伯宗派坐在车子右边的人下车,去鞭打拉车人。拉车人说:"你走这条路太远了,不如走捷径过去,行吗?"伯宗听了很高兴,问他家住什么地方。拉车人说:"住在绛。"伯宗说:"你听说发生了什么事情吗?"拉车人说:"梁山崩塌了,堵塞了黄河,黄河的水已经三天不流通了,因此召请你回去。"伯宗说:"怎么办?"拉车人说:"上天造了山,又使它崩溃;上天造了河,又堵塞它。伯宗你将怎么办呢?"伯宗私下问他。拉车人说:"国君应该率领群臣,穿着白色的衣服去痛哭,接着就祭祀,这样河水就会流通。"伯宗问他的姓名,拉车人不肯告诉。伯宗到了朝廷,晋景公问他怎么办,伯宗就用拉车人的话来回答。于是晋景公穿着白色的衣服,率领群臣去痛哭,接着就祭祀,于是河水就流通了。晋景公问伯宗是怎么知道的,伯宗不说是拉车人告诉他的,欺骗说是自己知道的。孔子听到后说:"伯宗恐怕不会有继承人了,因为他盗窃了别人的功劳。"

【原文】

晋平公使范昭观齐国之政。景公锡之宴,晏子在前。范昭趋曰:"愿君之俟樽以为寿。"景公顾左右曰:"酌寡人樽,献之客。"晏子对曰:"彻去樽。"范昭不说,起舞,顾太师曰:"子为我奏成周之乐,愿舞。"太师对曰:"盲臣不习。"范昭出门。景公谓晏子曰:"夫晋,天下大国也,使范昭来观齐国之政,今子怒大国之使者,将奈何?"晏子曰:"范昭之为人也,非陋而不知礼也,是欲试吾君,婴故不从。"于是景公召太师而问之曰:"范昭使子奏成周之乐,何故不调?"对如晏子。于是范昭归,报平公曰:"齐未可并也。吾试其君,晏子知之;吾犯其乐,太师知之。"孔子闻之,曰:"善乎!晏子不出俎豆之间,折冲千里。"〔韩诗外传八〕

【释义】

晋平公派遣范昭去观察齐国的政事。齐景公设宴招待他,晏子也参加了。范昭快步走向齐景公说:"希望借用君王的备用酒杯向君王献酒祝寿。"齐景公回头对左右人说:"把我的酒杯倒满酒,献给客人。"范昭饮过了酒,晏子说:"撤去酒杯。"范昭很不高兴,站起来准备跳舞,回头对着掌管音乐的太师说:"请你为我演奏成周的音乐,我来跳舞。"太师回答说:"我没有学习过。"于是范昭起身出门去了。齐景公对晏子说:"晋国是天下的大国,派范昭来观察齐国的政事,现在你激怒大国的使者,该怎么办呢?"晏子说:"范昭这个人,并不是没有见识不懂得礼节,这是想要试探我们君臣,所以我不听从他的话。"于是齐景公又召见太师问:"范昭要你演奏成周的音乐,为什么不演奏呢?"他的回答和晏子是一样的。这时范昭回到晋国,报告晋平公说:"齐国还不可吞并。我试探他们国君,被晏子识破了。我破坏他们奏乐的原则,被他们的太师识破了。"孔子听到后说:"多么好啊!晏子在宴会的筵席上,就把敌人千里以外的攻击挡回去了。"

【原文】

孔子燕居,子贡摄齐而前曰:"弟子事夫子有年矣,才竭而智罢,振于学问,不能复进,请一休焉。"孔子曰:"赐也,欲焉休乎?"曰:"赐欲休于事君。"孔子曰:"《诗》云:'夙夜匪懈,以事一人。'为之若此其不易也,若之何其休也!"曰:"赐欲休于事父。"孔子曰:"《诗》云:'孝子不匮,永锡尔类。'为之若此其不易也,如之何其休也!"曰:"赐欲休于事兄弟。"孔子曰:"《诗》云:'妻子好合,如鼓瑟琴。兄弟既翕,和乐且耽。'为之若此其不易也,如之何其休也!"曰:"赐欲休于耕田。"孔子曰:"《诗》云:'昼尔于茅,宵尔索绹。亟其乘屋,其始播百谷。'为之若此其不易也,若之何其休也。"子贡曰:"君子亦有休乎?"孔子曰:"阖棺兮乃止播耳,不知其时之易迁兮,此之谓君子所休也。"[韩诗外传八]

【释义】

孔子在家闲居,子贡提起衣服的下摆来到孔子面前说:"弟子事奉老师有几年了,才能竭尽,心智疲乏,对于追求学问已感到厌倦,不能再有进步,请求休息一下。"孔子说:"赐,你想怎样休息呢?"子贡说:"我想去侍奉君主,这样可以得到休息。"孔子说:"《诗经》说:'白天黑夜都不能懈怠,这样去世奉天子。'侍奉君主是这样的不容易,怎么可以休息呢?"子贡说:"我想去侍奉父母,这样可以得到休息。"孔子说:"《诗经》说:'孝子侍奉父母没有穷尽,他的孝心永远影响族类。'侍奉父母这样的不容易,怎么可以休息呢?"子贡说:"我想去服侍兄弟,这样可以得到休息。"孔子说:"《诗经》说:'夫妻感情融洽,像琴瑟的声音一样谐和。兄弟感情投合,和睦而又快乐。'服侍兄弟是这样的不容易,怎么可以休息呢?"子贡说:"我想去耕田,这样可以得到休息。"孔子说:"《诗经》说:'白天你去打茅草,夜里你去搓绳索。赶快上屋盖屋顶,又要开始种谷物。'耕田是这样的不容易,怎么可以休息呢?"子贡说:"君子也有休息的时候吗?"孔子说:"阖上棺材才停止播种,那时就不知道时间容易消失,这就是君子休息的时候了。"

【原文】

曾子有过,曾皙引杖系之。仆地,有问,乃苏,起曰:"先生得无病乎?"鲁人贤曾子,以告夫子。夫子告门人:"参①来,汝不闻。昔者舜为人子乎,小箠则待答,大杖则逃。索而使之,未尝不在侧;索而杀之,未尝可得。今汝委身以待暴怒,拱立不去,非

王者之民，其罪何如？"［韩诗外传八］

【注释】

①此间有脱文。

【释义】

曾子有过错，他的父亲曾皙举起木棍打他。曾子被打倒在地，过了一会儿才苏醒，他从地上爬起来对父亲说："你老人家还在生气吗？"鲁国人认为曾子很贤良，把这件事告诉了孔子。孔子吩咐门人说："曾参来了，不要让他进来。过去舜做儿子，父亲用小鞭子抽他，他就等着挨抽，用大棍子打他，他就逃跑。找他做事，他从来没有不在身边；找他要杀死他，却从来找不到他。现在你留下身子等着你父亲大发脾气，拱手站着不躲开，你不是天子的百姓吗？杀死天子的百姓，这是什么罪呢？"

【原文】

孔子曰："《易》先《同人》，后《大有》，承之以《谦》，不亦可乎？"故天道亏盈而益谦，地道变盈而流谦，鬼神害盈而福谦，人道恶盈而好谦。谦者，抑事而损者也。持盈之道，抑而损之，此谦德之于行也。顺之者吉，逆之者凶。五常既没，三王既衰，能行谦德者，其惟周公乎！文王之子，武王之弟，成王之叔父，假天子之尊位七年，所执贽而师见者十人，所远质而友见者十三人，穷巷白屋之士所先见者四十九人，时进善百人，宫朝者千人，谏臣五人，辅臣五人，拂臣六人，载干戈以至于封侯，而同姓之士百。孔子曰："犹以周公为天下赏，则以同族为众，而异族为寡也。"故德行宽容，而守之以恭者荣；土地广大，而守之以俭者安；位尊禄重，而守之以卑者贵；人众兵强，而守之以畏者胜；聪明睿智，而守之以愚者哲；博闻强记，而守之以浅者不溢。此六者皆谦德也。《易》曰："谦亨，君子有终吉。"能以此终吉者，君子之道也。贵为天子，富有四海，而德不谦，以亡其身者，桀纣是也，而况众庶乎！夫《易》有一道焉，大足以治天下，中足以安家国，近足以守其身者，其惟谦德乎！［韩诗外传八］

【释义】

孔子说："《易经》先安排《同人》卦，接着是《大有》卦，再接着是《谦》卦，这不是安排得很好吗？"所以上天的规律是亏损盈满地去增益谦卑的，大地的规律是变动盈满流向谦卑的，鬼神的意志是对骄盈的人降下祸害，对谦逊的人降下幸福，人的思想感情是厌恶骄盈的人，喜好谦逊的人。谦是克制贬退的意思。保持盈满的方法，就是克制贬低自己，这就是谦逊的品德在行为上的表现。顺从谦逊品德的人就吉利，违背谦逊品德的人就凶险。五帝已经死了，三王已经过去，能实行谦逊品德的人，大概只有周公了。周公以文王的儿子、武王的弟弟、成王的叔叔的身份，代行了天子的尊贵职位七年，他捧着礼物当老师去拜见的人有十个，带着礼物当朋友去回拜的人有十三个，住在偏僻小巷茅草屋里的贫穷士人，他首先去拜见的人有四十九个，常常向他提供好意见的人有上百个，到宫中来朝见他的人有上千个，能劝谏他的臣子有五人，能辅佐他的臣子有五人，能违拗他的意志的臣子有六人，手执武器战斗以至达到封侯的人，同姓的士人有一百个。孔子说："仍然有人认为周公把天下看作是他们一姓的天下，这是因为分封同族的人多，分封外姓的人少的缘故。"所以德行宽厚的人，用恭敬保守它就荣显；土地广大的人，用节俭保守它就平安；地位尊贵俸禄丰厚的人，用卑贱保守它就高贵；人口众多兵力强大的人，用畏惧保守它就胜利；聪明智慧的人，用愚昧保守它就圣哲；见闻广博记忆牢固的人，用浅陋保守它就不会狭隘。这六种表现都是谦逊的品德。《易经》说："谦逊，一切都行得通，君子最终得到吉利。"能够凭着谦逊最终得到吉利，就是君子的大道。尊贵到做了天子，富裕到拥有四海，却在道德上不谦逊，因而使自身灭亡的，就有夏桀和商纣，更何况是普通的人呢？《易经》中说到一种道德，用在大处，足够用来治理天下，用在中等的地方，足够用来安定国家，用在近处,足够用来保护自身,大概就是谦逊这种品德吧。

【原文】

孔子行,闻哭声甚悲。孔子曰:"驱!驱!前有贤者。"至,则皋鱼也。被褐拥镰,哭于道傍。孔子辟车与之言曰:"子非有丧,何哭之悲也?"皋鱼曰:"吾失之三矣:少而学,游诸侯,以后吾亲,失之一也;高尚吾志,间吾事君,失之二也;与友厚而小绝之,失之三也。树欲静而风不止,子欲养而亲不待也。往而不①可追者,年也,去而不可得见者,亲也。吾请从此辞矣。"立槁而死。孔子曰:"弟子诚之,足以识矣。"于是门人辞归而养亲者十有三人。[韩诗外传九]

【注释】

①旧脱"不可追者年也去而"八字。据《御览补文选注》作:往而不可及者,年也,逝而不可追者,亲也。《后汉书·桓荣传》所引略同。

【释义】

孔子乘车外出,听到痛哭的声音,十分悲哀。孔子说:"赶马快跑,赶马快跑!前面有贤人。"赶到一看,原来是皋鱼。他穿着粗衣,拿着镰刀,在路边啼哭。孔子从车上下来与他说话,说:"你不是有丧事吧,为什么哭得这样悲伤呢?"皋鱼说:"我有三个过错:年纪轻的时候喜好求学,游遍各诸侯国,回来的时候,父母亲已经去世,这是第一个过错;把自己的理想树得太高,不愿意事奉平庸的君主,结果什么事业都没有成就,这是第二个过错;与朋友的友谊很深厚,但在中间断绝了关系,这是第三个过错。树木欲静止下来然而风刮个不停,儿子想要侍奉父母然而父母不能等待。过去以后没有办法再追上的是人的年岁,去世以后不可能再见到的是父母。我请求在这里与世长辞。"说完就站在那里死了。孔子说:"学生们记住这件事,它很值得我们警戒。"于是就有十三个学生辞别孔子,回家去侍奉父母。

【原文】

子路曰:"有人于斯,夙兴夜寐,手足胼胝,而面目黧黑,树艺五谷,以事其亲,而无孝子之名者,何也?"孔子曰:"吾意者,身未敬邪! 色不顺邪! 辞不逊邪! 古人有言曰:'衣欤! 食欤! 曾不尔即。'子劳以事其亲,无此三者,何为无孝之名! 意者,所友非仁人邪! 坐,语汝。虽有国士之力,不能自举其身,非无力也,势不便也。是以君子入则笃孝,出则友贤,何为其无孝子之名!"[韩诗外传九]

【释义】

子路说:"这里有一个人,早起晚睡,手上脚上都磨起了厚厚的茧子,脸上也晒得漆黑,辛勤地种植庄稼去侍奉父母,却没有孝子的名声,为什么呢?"孔子说:"我想大概是态度还不够尊敬吧,脸色还不够和悦吧,言辞还不够谦逊吧。古代有人说:'穿的衣啊,吃的饭啊,我不依靠你啊。'儿子辛勤地侍奉父母,没有这三方面的不足,为什么会没有孝子的名声呢? 我想那是他结交的朋友还不是仁爱的人的缘故。你坐下来,我告诉你。虽然具有全国最高的才能,但他也不能够把自己举起来,并不是他没有这种力量,是因为客观形势上要这样去做是不方便的。因此君子在家就忠厚地孝顺父母,出外就结交贤能的朋友,要不为什么会没有孝子的名声呢?"

【原文】

子路曰:"人善我,我亦善之;人不善我,我不善之。"子贡曰:"人善我,我亦善之;人不善我,我则引之进退而已耳。"颜回曰:"人善我,我亦善之;人不善我,我亦善之。"三子所持各异,问于夫子。夫子曰:"由之所持,蛮貊之言也;赐之所言,朋友之言也;回之所言,亲属之言也。"[韩诗外传九]

【释义】

子路说："别人对我好,我也对他好;别人对我不好,我也对他不好。"子贡说："别人对我好,我也对他好;别人对我不好,我就引导他前进,如果他反而后退,我就停止与他往来。"颜回说："别人对我好,我也对他好;别人对我不好,我还是对他好。"三个人的主张不相同,于是去请教孔子。孔子说："子路的主张,是蛮夷少数民族之间相处的道理;子贡的主张,是朋友之间相处的道理;颜回的主张,是亲属之间相处的道理。"

【原文】

传曰:堂衣若叩孔子之门。曰:"丘在乎? 丘在乎?"子贡应之曰:"君子尊贤而容众,嘉善而矜不能,亲内及外,己所不欲,勿施于人。子何言吾师之名焉?"堂衣若曰:"子何年少言之绞?"子贡曰:"大车不绞,则不成其任;琴瑟不绞,则不成其音。子之言绞,是以绞之也。"堂衣若曰:"吾始以鸿之力,今徒翼耳!"子贡曰:"非鸿之力,安能举其翼!"[韩诗外传九]

【释义】

古书上说:堂衣若叩着孔子的门说:"孔丘在家吗? 孔丘在家吗?"子贡回答说:"君子尊敬贤人,也能容纳一般人,赞美善良的人,也怜悯没有才能的人,亲爱他家里的人,推广到也亲爱其他的人,自己不想要的东西,也不强加给别人。你为什么要直呼我老师的名字呢?"堂衣若说:"你为什么年纪这么轻,说话却绞得这么紧呢?"子贡说:"大车不绞紧,就不能装载重物;琴瑟不绞紧,就不能弹出声音。你的话绞得紧,因此我也绞紧。"堂衣若说:"我开始以为你有鸿鹄那么强大的力量。现在看来也只是扑打扑打翅膀罢了。"子贡说:"要是没有鸿鹄的力量,怎么能举起它的翅膀呢?"

【原文】

孔子出游少源之野,有妇人中泽而哭,其音甚哀。孔子怪①之,使弟子问焉,曰:"夫人何哭之哀?"妇人对②曰:"乡者,刈菁薪③,亡吾菁簪,吾是以哀也。"弟④子曰:"刈菁薪而亡菁簪,有何悲焉?"妇人曰:"非伤亡簪也,盖⑤不忘故也。"[韩诗外传九]

【注释】

①"怪之"二字早脱。据《文选》陆士衡连珠注引补御览六百八十八引同。

②旧本无"对"字,据《文选》注增。

③《文选》注引:"薪"下有"而"字。

④"弟子曰"《文选》《御览》俱作"孔子曰"。

⑤"盖"字《文选》《御览》俱作"吾所悲者",《御览》五十五引作"其"。

【释义】

孔子到少源的野外游玩,有一个妇人在草泽中啼哭,声音非常悲哀。孔子感到很奇怪,派一个学生去询问,说:"你为什么哭得这样悲哀呢?"妇人说:"刚才我割菁草时,丢掉了一个用菁草做的簪子,因此很悲哀。"学生说:"割菁草丢掉一个菁草做的簪子,有什么值得悲哀呢?"妇人说:"不是悲伤丢掉了一个簪子,我悲伤的原因,是不能忘记故旧的事物。"

【原文】

孔子与子贡、子路、颜渊游于戎山之上。孔子喟然叹曰:"二三子各言尔志,予将览焉。由,尔何如?"对曰:"得白羽如月,赤羽如朱,系钟鼓者,上闻于天,下槊①于地,使将而攻之,惟由为能。"孔子曰:"勇士哉!赐,尔何如?"对曰:"得素衣缟冠,使于两国之间。不持尺寸之兵,升斗之粮,使两国相亲如弟兄。"孔子曰:"辩士哉!回,尔何如?"对曰:"鲍鱼不与兰茞同笥而藏,桀纣不与尧舜同时而治。二子已言,回何言哉!"孔子曰:"回有鄙之心。"颜渊曰:"愿得明王圣主为之相,使城郭不治,沟池不凿,阴阳和调,家给人足,铸库兵以为农器。"孔子曰:"大士哉!由来区区汝何攻?赐来便便汝何使?愿得之冠,为子宰焉。"[韩诗外传九]

【注释】

①槊当作愬。

【释义】

孔子与子路、子贡、颜渊登上戎山游玩。孔子很有感慨地叹息说:"你们几个人都谈谈你们的志向,我打算考察一下你们的志向。仲由,你的志向是什么呢?"子路回答说:"我希望有一支军队,旌旗上的白色羽毛像月亮一样白,赤色羽毛像太阳一样红,击钟擂鼓,声音一直传到天上,旌旗飞舞,旗尾扫到地面,派人率领这支军队去攻打敌人,只有我有这种本事。"孔子说:"仲由,你是一个勇士啊!端木赐,你的志向怎么样呢?"子贡回答说:"我希望穿着白色的衣服,戴着白色的帽子,担任两国之间的使者。不携带任何短小的武器,也不携带一点儿粮食,使两国互相亲爱如同兄弟。"孔子说:"端木赐,你是一个辩士啊!颜回,你的志向怎么样呢?"颜渊回答说:"腐臭的鱼不与兰、茞两种香草共同放在一个箱子里,桀纣不与尧舜同时治理天下。两位同学已经谈了他们的志向,颜回还有什么话说呢?"孔子说:"颜回,你有鄙视他们的心理。"颜渊说:"希望找到一个圣明的君王,做他的卿相,说服他不要建筑城墙,不要挖掘护城河,使阴气阳气互相调和,使家家富裕,人人充足,把兵器都拿来铸造农器。"孔子说:"颜回,你是个伟大的士人啊!仲由呀,你得志的话进攻谁呢?端木赐呀,你的口才向谁去游说呢?我希望戴上礼帽,去做颜回的总管。"

【原文】

孔子出卫①之东门，逆姑布子卿。曰："二三子引车避，有人将来，必相我者也，志之。"姑布子卿亦曰："二三子引车避，有圣人将来。"孔子下，步。姑布子卿迎而视之五十步，从而望之五十步。顾子贡曰："是何为者也？"子贡曰："赐之师也，所谓鲁孔丘也。"姑布子卿曰："是鲁孔丘欤！吾固闻之。"子贡曰："赐之师何如？"姑布子卿曰："得尧之颡，舜之目，禹之颈，皋陶之喙。从前视之，盎盎乎似有王者；从后视之，高肩弱脊，此惟不及四圣者也。"子贡吁然。姑布子卿曰："卿何患焉？汗面而不恶，葭喙而不藉，远而望之，羸乎若丧家之狗，子何患焉！"子贡以告孔子。孔子无所辞，独辞丧家之狗耳，曰："丘何敢乎？"子贡曰："汗面而不恶，葭喙而不藉，赐以知之矣。不知丧家狗，何足辞也？"子曰："赐，汝独不见夫丧家之狗欤！既敛而椁，布器而祭，顾望无人，意欲施之。上无明王，下无贤士方伯，王道衰，政教失，强陵弱，众暴寡，百姓纵心，莫之纲纪。是人固以丘为欲当之者也。丘何敢乎！"〔韩诗外传九〕

【注释】

①"卫"疑当作"郑"。

【释义】

孔子出卫国的东门，去迎接姑布子卿。他对学生说："你们几个人把车子引到一边，有一个人快要来了，他一定会看我的相，你们把他的话记下来。"姑布子卿也对他的随从说："你们几个人把车子引到一边，有圣人将要到来。"孔子下车步行。姑布子卿面对着孔子观察，来回走了五十步，又转到后面观察，来回又走了五十步。然后对着子贡说："他是什么人？"子贡说："是我的老师，就是大家所说的鲁国孔丘。"姑布子卿说："是鲁国孔丘吗？我早就听说过。"子贡说："我的老师怎么样？"姑布子卿说：

"他有尧的额头,舜的眼睛,禹的脖颈,皋陶的嘴巴。从前面看,气象盛大很像一个王者;从后面看,两肩高耸,背脊瘦弱,只有这一点赶不上四位圣人。"子贡显出很忧愁的样子。姑布子卿说:"你有什么忧患的呢?脸虽然黑但并不丑,嘴巴虽然长但还没有伸到胸脯上,远远望去,很像办丧事人家的一只狗,你有什么忧虑的呢?"子贡把姑布子卿的话告诉孔子。孔子对这些评价都不推辞,独独推辞掉丧家狗的评价,他说:"我怎么敢担当呢?"子贡说:"脸虽然黑但不丑,嘴虽然长但还没有伸到胸脯上,你不推辞,我已经理解了。但不知道丧家狗的评价,为什么要推辞掉呢?"孔子说:"赐,你没有看见过丧家的狗吗?主人的尸体已经装进棺材,已经摆上筵席祭奠。这条狗再也看不到他的主人,它希望按照主人的意图再去做点什么。现在上面没有英明的天子,四方没有贤良的诸侯,美好的王道已经衰微,善良的政教已经丧失,力量强大的欺侮力量弱小的,人数多的侵犯人数少的,百姓为所欲为,已经失去了维持国家的道德礼法。这个人原本以为我也像丧家狗那样,想为天下做一番事业。我怎么敢承担呢?"

【原文】

传曰:孔子过康子,子张、子夏从。孔子入坐。二子相与论,终日不诀。子夏辞气甚溢,颜色甚变。子张曰:"子亦闻夫子之议论邪?徐言闾闾,威仪翼翼,后言先默,得之推让,巍巍乎!荡荡乎!道有归矣。小人之论也,专意自是,言人之非,瞋目搤腕,疾言喷喷,口沸目赤。一幸得胜,疾笑嗌嗌。威仪固陋,辞气鄙俗,是以君子贱之也。"
[韩诗外传九]

【释义】

古书上说:孔子去拜访季康子,子张、子夏跟随着孔子。孔子坐到座位上与季康子谈话,子张、子夏开始争论问题,争了一整天还没有得出结论。子夏说话的气势非常急迫,脸色变得很难看。子张说:"你听到过老师的议论吗?说话缓慢和悦,仪容举止很恭敬,首先沉默然后说话,说得对的地方总推说是别人说过的,他是多么伟大,胸怀多么广阔呀!使正道有了归宿。小人的争论,只认为自己对,说别人不对,眼睛睁得大大的,一只手紧紧抓住另一只手的手腕,说话迅速,口水喷洒,眼睛发红。一旦侥幸得到胜利,就立刻笑起来。仪容举止很鄙陋,说话粗野庸俗,因此君子很轻视他。"

【原文】

大王亶甫有子曰太伯、仲雍、季历,历有子曰昌。太伯知大王贤昌,而欲季为后也,太伯去,之吴。大王将死,谓曰:"我死,汝往让两兄,彼即不来,汝有义而安。"大王薨,季之吴告伯仲,伯仲从季而归。群臣欲伯之立季,季又让。伯谓仲曰:"今群臣欲我立季,季又让,何以处之?"仲曰:"刑有所谓矣,要于扶微者。可以立季。"季遂立,而养文王,文王果受命而王。孔子曰:"太伯独见,王季独知;伯见父志,季知父心。故大王太伯王季可谓见始知终,而能承志矣。"[韩诗外传十]

【释义】

大王亶甫有三个儿子,大儿子太伯,二儿子仲雍,三儿子季历。季历的儿子名叫昌。太伯知道大王认为昌贤良,想要昌做王位的继承人,太伯因此自动离开到吴国去了。大王将要死了,对季历说:"我死了,你到吴国去把王位让给你两个哥哥,他们假使不肯回来,你继承王位就符合道义,也可以安心了。"大王死后,季历到吴国告诉太伯和仲雍。太伯和仲雍跟着季历回来。朝廷的臣子要太伯立季历,季历又推让。太伯对仲雍说:"现在群臣要我立季历,季历又推让,怎么处理这件事呢?"仲雍说:"法典可以发挥作用了,要求立能够挽救国家衰微的人。根据法典可以立季历。"于是季历被立为国君,很好地培养文王,文王果然最终成为受命的君主。孔子说:"太伯有独立的见解,王季有独到的认识;太伯看见父亲的志向,季历知道父亲的心思。所以大王、太伯、季历可以说是看见开始就知道结果的人,太伯、王季又能够继承父亲的志向。"

【原文】

颜渊问于孔子曰:"渊愿贫如富,贱如贵,无勇而威,与士交通,终身无患难。亦且可乎?"孔子曰:"善哉!回也!夫贫而如富,其知足而无欲也;贱而如贵,其让而有礼也;无勇而威,其恭敬而不失于人也;终身无患难,其择言而出之也。若回者,其至乎!虽上古圣人亦如此而已。"[韩诗外传十]

【释义】

颜渊问孔子说:"我希望贫穷也能够像富裕一样,卑贱也能够像显贵一样,不勇猛却有威严,与士人交往,一辈子没有患难。这样可以吗?"孔子说:"好呀,颜回!贫穷能够像富贵一样,这是知道满足没有欲望的缘故;卑贱能够像显贵一样,这是谦让而有礼貌的缘故;不勇猛却有威严,这是态度恭敬待人没有过失的缘故;一辈子没有患难,这是说话经过选择的缘故。像你这样的人,已经修养到最高境界了!虽然是上古时代的圣人,也不过就这个样子了。"

【原文】

孔子、颜渊登鲁东山,望吴阊门。渊曰:"见一匹练,前有生蓝。"子曰:"白马,蓝刍也。"[韩诗外传御览八百十八引]

【释义】

孔子与颜渊登上了泰山,向吴阊门张望。颜渊说:"那是一匹白布,前面是蓝色的布。"孔子说:"那是白马,前面是马的草料。"

【原文】

　　鲁哀公使人穿井,三月不得泉,得一玉羊焉。公以为祥,使祝鼓舞之,欲上于天,羊不能上。孔子见曰:"水之精为玉,土之精为羊,愿无怪之,此羊肝土也。"公使杀之,视肝即土矣。［韩诗外传御览九百二引］

【释义】

　　鲁哀公派人挖井,挖了三个月,没有挖出水来,却挖到了一只玉羊。哀公认为这是祥瑞,就让巫祝敲锣打鼓举行仪式,准备拿羊来祭天,可是羊却不能上。孔子见到哀公说,"水之精为玉,土之精为羊,希望您不要怪罪这只羊,它的肝是土长的。"哀公派人杀掉羊,取出肝一看,果然是土。

【原文】

　　鲁哀公使人穿井,三月不得泉,得一玉羊,哀公甚惧。孔子闻之曰:"水之精为玉,土之精为羊,此羊肝乃土尔。"哀公使人杀羊,其肝即土也。［韩诗外传·初学记七引］

【释义】

　　鲁哀公让人挖井,挖了很长时间也没有挖出水来,却挖到了一只玉羊,哀公得知后很害怕。孔子知道这件事情后对哀公说,"水之精为玉,土之精为羊,羊的肝是土。"哀公派人杀掉羊,取出肝一看,果然是土。

【原文】

　　孔子曰:"水之精为玉,老蒲为苇,愿无怪之。"［《韩诗外传》文选齐故安陆王碑注引］

【释义】

孔子说，"水之精为玉，成熟的蒲草就成了苇杖，希望您不要奇怪。"

【原文】

孔子曰："自季孙之赐我千钟，而友益亲；自南宫项叔之乘我车也，而道加行。故道有时而后重，有势而后行微。夫二子之赐，丘之道几于废也。"［说苑·杂言］

【释义】

孔子说："自从季孙氏赐给我钱财，友人对我更加亲近；自从南宫项叔乘坐过我的车后，道路就被加宽了。所以道在有时难的时候才被看重，在得了权势之后又日渐衰微。这两个人所赐给我的，让我所坚持的道都几乎偏废了。"

【原文】

楚昭王召孔子，将使执政，而封以书社七百。子西谓楚王曰："王之臣，用兵有如子路者乎？使诸侯有如宰予者乎？长官五官有如子贡者乎？昔文王处酆，武王处镐，酆镐之间，百乘之地。伐上杀主，立为天子世，皆曰圣王。今以孔子之贤，而有书社七百里之地，而三子佐之，非楚之利也。"楚王遂止。［说苑·杂言］

楚昭王

【释义】

楚昭王召见孔子，想要任命他，并给他书社七百里封地。子西对楚王说："王的群臣中，有比子路更善用兵的吗？有比宰予更善于出使诸侯国的吗？有比子贡更能担当大任的吗？从前，文王在酆，武王在镐，在酆镐那一小片土地，讨伐商王，自立为天子，还被称为圣王。如今，像孔子这样的贤人，如果有书社七百里地，还有这三个人辅佐，不是楚国的好事。"楚王便放弃了原来的打算。

【原文】

鲁哀公问于孔子曰："有智者寿乎？"孔子曰："然。人有三死，而非命也者，人自取之。夫寝处不时，饮食不节，佚劳过度者，疾共杀之。居下位，而上忤其君，嗜悠无厌，而求不止者，刑共杀之。小以犯众，弱以侮强，忿怒不量力者，兵共杀之。此三死者，非命也，人自取之。《诗》云：'人而无仪，不死何为。'此之谓也。"［说苑·杂言］

【释义】

鲁哀公问孔子道："有智慧的人长寿吗？"孔子说："是这样。人有三种死亡，不是命运安排，而是人咎由自取。不按时睡眠休息，不节制饮食，过于操劳过于放荡，死于疾病。身为臣下忤逆君王，贪得无厌，索求无度的人，死于刑法。以小犯众，以弱侮强，冲动好怒不自量力的，死于好斗。这三种死亡，不是命运，而是人咎由自取。《诗经》说：'人没有法度，怎会不死呢。'就是说的这个。"

【原文】

孔子遭难陈蔡之境，绝粮，弟子皆有饥色。孔子歌两柱之间。子路入见曰："夫子之歌礼乎？"孔子不应，曲终而曰："由，君子好乐为无骄也，小人好乐为无慑也。其谁知之，子不我知而从我者乎？"子路不悦，授干而舞，三终而出。及至七日，孔子修乐不休。子路愠见曰："夫子之修乐时乎？"孔子不应，乐终而曰："由，昔者齐桓霸心生于莒，勾践霸心生于会稽，晋文霸心生于骊氏。故居不幽则思不远，身不约则智不广。庸①知而不遇之？"于是兴，明日免于厄。子贡执辔曰："二三子从夫子而遇此难也，其不可忘已。"孔子曰："恶,是何也? 语不云乎? 三折肱而成良医。夫陈蔡之间,丘之幸也。二三子从丘者,皆幸人也。吾闻人君不困不成王,列士不困不成行。昔者汤困于吕,文王困于羑里,秦穆公困于殽,齐桓困于长勺,勾践困于会稽,晋文困于骊氏。夫困之为道,从寒之及暖,暖之及寒也。唯贤者独知,而难言之也。"《易》曰："困,亨。贞大人吉,无咎。有言不信。"圣人所与人难言,信也。〔说苑·杂言〕

【注释】

①此章必有阙文家语困誓作庸知其非激愤厉志之始于是乎在。

【释义】

　　孔子在陈、蔡两地被困住,粮食没有了,弟子们也都面带饥色。孔子在两楹间唱起了歌。子路进去见他说："您这时候唱歌合乎礼吗?"孔子不回答,唱完了歌才说:"由啊,君子喜爱音乐是为了不生骄奢的心,小人喜欢音乐是为了不生惧怕的心。谁明白这个意思呢,你不知道我的想法还跟着我学什么呢?"子路不高兴,拿起盾舞了起来,舞了几曲走出去。等到第七天,孔子仍旧唱歌不停。子路带着怨怒去见孔子说:"先生这样不停唱歌合乎时宜吧?"孔子不回答,唱罢歌才说:"由啊,从前齐桓公称霸的雄心生于流亡的莒地,勾践称霸的雄心生于被困的会稽,晋文公称霸的雄心产生是因为骊姬进谗言,所以居处未被囚禁的人,思虑就不长远,自身不受约束的人,智慧就不会开阔。你怎么知道我不逢时宜呢?"于是振作起来,第二天就摆脱了厄运。子贡驾着车子说:"我们几人跟随先生遭遇这次灾难,大概很难忘记了。"孔子说:"嗨,这是什么话? 俗话不是说过吗? 三次断臂就成了良医。在陈、蔡经历困厄,对我是幸运的事。你们几人跟我一同受难,也都是幸运的人。我听说做君主的人不受困厄难成好君主,有志向作为的人不遭困厄难以成就他的事业。从前商汤被困在吕地,文王被关在羑里,秦穆公在殽山遭败绩,齐桓公在长勺打了败仗,勾践在会稽受辱,晋文公遭骊姬的谗言陷害。至于困厄的情况，从寒到暖，从暖到寒。唯有贤德的人才会明白，而不易把它说清楚。"《易经》说："困封通泰。卜问有德学的人的吉凶，没有祸患。可有些话是无法向人表述清楚的。"圣人有难以向人讲清的想法，确实如此。

【原文】

孔子困于陈蔡之间，居环堵之内，席三经之席，七日不食①，藜羹不糁，弟子皆有饥色，读《诗》《书》，治礼不休。子路进谏曰："凡人为善者，天报以福；为不善者，天报以祸。今先生积德行为善久矣，意者尚有遗行乎？奚居隐也？"孔子曰："由，来。汝不知，坐，吾语汝。子以夫知者为无不知乎，则王子比干何为剖心而死？以谏者为必听耶，伍子胥何为抉目于吴东门子？以廉者为必用乎，伯夷叔齐何为饿死于首阳山之下？子以忠者为必用乎，则鲍庄何为而肉枯？荆公子高终身不显，鲍焦抱木而立枯，介子推登山焚死。故夫君子博学深谋，不遇时者众矣，岂独丘哉？贤不肖者才也，为不为者人也，遇不遇者时也，死生者命也。有其才不遇其时，虽才不用。苟遇其时，何难之有？故舜耕历山，而陶于河畔，立为天子，则其遇尧也。傅说负壤土，释板筑，而立佐天子，则其遇武丁也。伊尹，有莘氏媵臣也，负鼎俎调五味，而佐天子，则其遇成汤也。吕望行年五十，卖食棘津，行年七十，屠牛朝歌，行年九十，为天子师，则其遇文王也。管夷吾束缚膠目，居槛车中，自车中起为仲父，则其遇齐桓公也。百里奚自卖取五羊皮，伯氏牧羊，以为卿大夫，则其遇秦穆公也。沈尹名闻天下，以为令尹，而让孙叔敖，则其遇楚庄王也。伍子胥前多功，后戮死，非其智益衰也，前遇阖闾，后遇夫差也。夫骥伏②罢盐车，非无骥壮也，夫世莫能知也。使骥得王良、造父，骥无千里之足乎？芝兰生深林，非为无人而不香。故学者非为通也，为穷而不困也，忧而不衰也，此知祸福之始而心不惑也。圣人之深念，独知独见。舜亦贤圣矣，南面治天下，唯其遇尧也。使舜居桀、纣之世，能自免刑戮固可也，又何官得治乎？夫桀杀关龙逢，而纣杀王子比干，当是时，岂关龙逢无知，而比干无惠哉？此桀纣无道之世然也。故君子

疾学,修身端行,以须其时也。"〔说苑·杂言〕

【注释】

①食上当有火字。

②厄与轭通。

【释义】

孔子在陈、蔡陷入困境,住在围墙里面,睡在只有三条经线的席子上,七天没有吃饭,藜羹里面连米糁子都没有了,跟着他的弟子们都面带饥色,但他一直不停止研读《诗经》《尚书》,研究礼。子路进来劝说:"凡是人做了好事,上天就赐福回报他,做了不好的事,上天就降祸报应他。现在先生积德行善很久了,想一想是否还有没做好的事呢?不然怎么会落到这般困难的境地呢?"孔子说:"由,过来。你不知道,坐下,我告诉你。你认为聪明的人就没有不知道的事,那么王子比干为什么被挖心死去?你认为劝说别人,别人必然会听从,那么伍子胥为什么会被挖去双眼悬挂在吴国东城门上呢?你认为清廉的人必然会被重用吗,那么伯夷、叔齐为什么会饿死在首阳山下?你认为忠诚的人必定会被任用吗,那么鲍庄为什么会连肉体都枯干了?荆公子高一生未被重用,鲍焦抱着树木站立着枯干而死,介子推登上绵山被活生生烧死。所以君子虽学问广博有远见,但未有机遇的人很多,岂止我孔丘一人呢?是贤还是不肖取决于才能,做和不做取决于人,遭遇和不遇取决于时机,是死是生取决于命运。有才能而得不到机遇,也无法施展。如果遇上时机,想施展才能有什么困难?所以,舜在历山耕种,在河边制作陶器,后来成为天子,那是遇到尧啊。傅说背土筑墙,后来辅佐天子,那是遇到了武丁啊。伊尹原来是有莘氏陪嫁的家臣,扛着锅和板做饭烧菜,后来辅助天子,那是遇到了成汤啊。吕望五十岁了,还在棘津卖吃食,七十岁还在朝歌杀牛,九十岁的时候才做了天子的老师,那是遇到了周文王啊。管夷吾被捆绑蒙起眼睛关在囚车中,从囚车中被起用,称为仲父,那是遇到了齐桓公啊。百里奚为了五张羊皮自卖自身,曾为伯氏放羊,后来做了卿大夫,那是遇到了秦穆公啊。沈尹天下闻名,做了楚令尹,却让位给孙叔敖,那是遇上了楚庄公啊。伍子胥以前曾立了许多功劳,后来惨遭杀戮,不是他的智慧变差了,而是开始遇到阖闾,后来遇到夫差。良马被盐车所困累折磨,并非是它没有良马的样子,而是世上没有人能知道它是良马。假如它遇了王良、造父这样识马的人,这良马怎会没有千里马的足力呢?芝兰生于深林,并非因为无人赏识而不散发芳香。所以,读书人并非为了做官发达,而是为了贫苦时不致困顿,忧患时心志不减,预先知道祸与福的开端而心里不困惑。圣人深思远虑,有独到见解。舜可算是圣贤吧,他当天子治理天下,只因为他遇到了尧。假如舜生活在夏桀或商纣王的时代,能自身免遭杀害就不错了,又怎么能为官治理天下呢?夏桀杀死关龙逢,纣王杀死了王子比干,那个时候,难道关龙逢没有智慧,而比干不聪慧吗?这是因为有夏桀、商纣的无道,社会才会这样。因此君子要赶紧学习,修身养性,端正行为,等待机遇到来。"

【原文】

孔子之宋,匡简子将杀阳虎,孔子似之,甲士以围孔子之舍。子路怒,奋戟将下斗。孔子止之曰:"何仁义之不免俗也!夫《诗经》《尚书》之不习,礼、乐之不修也,是丘之过也。若似阳虎,则非丘之罪也,命也夫!由歌,予和汝。"子路歌,孔子和之,三终而甲罢。[说苑·杂言]

【释义】

孔子到宋国,简子想要杀死阳虎,而孔子的相貌很像阳虎,于是简子带着武士包围了孔子住的地方。子路很气愤,高举着戟准备下堂和他们战斗。孔子拦阻他说:"你学习仁义为什么还不能免俗呢?《诗经》《尚书》不去熟读复习,礼乐不去探讨讲明,那是我的过错。如果我长得像阳虎这不是我的过错,这是命运吧!你唱歌,我来应和。"子路唱歌,孔子应和,唱完三首歌,对孔子的包围就解除了。

【原文】

孔子曰:"不观于高岸,何以知颠坠之患?不临于深渊,何以知没溺之患?不观于海上,何以知风波之患?失之者其不在此乎?士慎三者,无累于人。"[说苑·杂言]

【释义】

孔子说:"不在高高的河岸上看,怎么能知道摔倒坠落的灾难?不靠近深渊,怎么能知道溺水的灾祸?不在大海上看,怎么能知道风波的灾难?失误的人原因不正在这里吗?士人多多谨慎从事,就不会牵累自己了。"

【原文】

子夏问仲尼曰:"颜渊之为人也,何若?"曰:"回之信,贤于丘也。"曰:"子贡之为人也,何若?"曰:"赐之敏,贤于丘也。"曰:"子路之为人,何若?"曰:"由之勇,贤于丘也。"曰:"子张之为人,何若?"曰:"师之庄,贤于丘也。"于是子夏避席而问曰:"然则四者何为事先生?"曰:"坐,吾语汝。回能信而不能反,赐能敏而不能屈,由能勇而不能怯,师能庄而不能同。兼②此四子者,丘不为也。"[说苑·杂言]

【注释】

①反,变也。

②此章必有阙文,列子作兼四子之有以易吾,吾弗许也。

【释义】

子夏问孔子说:"颜渊为人怎么样?"孔子回答说:"颜回在诚信方面比我强。"子夏又问："子贡为人怎么样?"孔子说："端木赐在勤敏方面比我强。"子夏问："子路为人怎么样?"孔子说："仲由在勇敢方面比我强。"子夏问："子张为人怎么样?"孔子说："颛孙师在庄重方面比我强。"于是子夏离开席位问道："既然这样,那四个人为什么要侍奉先生呢?"孔子说："你坐下,我告诉你。颜回能够诚信却不知变通,端木赐能够勤敏却不能谦恭,仲由能够勇敢却不能退却,颛孙师能庄重却不能随和。兼有这四个人的长处,我就比不上了。"

【原文】

东郭子惠问于子贡曰："夫子之门,何其杂也?"子贡曰："夫隐括之旁多枉木,良医之门多疾人,砥砺之旁多顽钝。夫子修道以俟天下,来者不止,是以杂也。"[说苑·杂言]

【释义】

东郭子惠问子贡说："你老师的门下为什么这么杂乱呢?"子贡说："矫正曲直的工具旁堆满了弯曲的木头,良医的门庭挤满了病人,磨刀石旁摆满了很钝的刀斧。我的老师研求学问等待天下人,来跟他学习的人源源不断,因此显得杂乱。"

【原文】

孔子观于吕梁,悬水四十仞,环流九十里,鱼鳖不能过,鼋鼍不敢居。有一丈夫方将涉之。孔子使人并崖而止之曰："此悬水四十仞,圜流九十里,鱼鳖不敢过,鼋鼍不敢居。意者难可济也。"丈夫不以错意,遂渡而出。孔子问："子巧乎?且有道术乎?所以能入而出者何也?"丈夫对曰："始吾入,先以忠信;吾之出也,又从以忠信。忠信错吾躯于波流,而吾不敢用私。吾所以能入而复出也。"孔子谓弟子曰："水而尚可以忠信义①久而身亲之,况于人乎?"[说苑·杂言]

【注释】

①义久二字衍。

【释义】

　　孔子在吕梁观景,看到高悬的瀑布有四十仞,激起九十里的旋涡,鱼鳖不能游过去,鼋鼍也不敢停留。有个男子将要涉水穿越。孔子派人走到崖边劝止说:"这个瀑布有四十仞高,旋涡有九十里,鱼鳖不能游过去,鼋鼍不敢停留。看来难以渡过去。"那男子并不在意,还是穿过瀑布而出。孔子问:"你有什么技巧吗? 还是有什么法术吗? 你能这样进出为什么呢?"那男子回答说:"我开始渡水时,先要凭借忠信之心;我走出来,也要凭着一片忠信之心。忠信把我的身体置于水波之中,我不敢心存私念。这就是我能进去又出来的原因。"孔子对弟子说:"水还可以凭借忠信来控制它,更何况人呢?"

【原文】

　　子路盛服而见孔子,孔子曰:"由,是襜襜者何也? 昔者江水出于岷山,其始也,大足以滥觞。及至江之津也,不方舟,不避风,不可渡也。非唯下流众川之多乎? 今若衣服甚盛,颜色充盈,天下谁肯加若者哉?"子路趋而出,改服而入,盖自如也。孔子曰:"由,记之,吾语若:贲于言者,华也;奋于行者,伐也;夫色智而有能者,小人也。故君子知之为知之,不知为不知,言之要也。能之为能,不能为不能,行之至也。言要则知,行要则仁。既知且仁,夫有何加矣哉? 由,《诗》云:'汤降不迟,圣敬日跻。'此之谓也。"〔说苑·杂言〕

【释义】

　　子路穿着华丽的衣服去见孔子,孔子说:"由,你穿得这样华丽是为什么呢? 过去,长江从岷山发源,刚刚流出来的时候,还不够一满杯水。等到它流到长江渡口时,不把两只船相并,不避开刮大风的时候,就不能渡过去。这不是因为它有许多的支流加入进来了吗? 现在你的穿着非常华丽,脸上露出得意的神色,天下还有谁能够帮助你提高呢?"子路快步走出去,换了衣服进来,仍然像过去的样子。孔子说:"由,你记下来,我告诉你:好说大话的人浮华,喜欢自我表现的人自夸,把才智显现在外表去炫耀的是小人。所以君子总是知道就说知道,不知道就说不知道,这是说话的要领。能够做到就说能够做到,不能够做到就说不能够做到,这是行动的要领。说话得要领就是智慧,行动得要领就是仁爱,既智慧又仁爱,还有什么需要增加的呢? 由,《诗经》说:'商汤生逢其时,圣德天天提高。'说的正是这个意思。"

【原文】

子路问孔子曰:"君子亦有忧乎?"孔子曰:"无也。君子之修其行,未得,则乐其意;既已得,又乐其知。是以有终身之乐,无一日之忧。小人则不然,其未之得,则忧不得;既已得之,又恐失之。是以有终身之忧,无一日之乐也。"[说苑·杂言]

【释义】

子路问孔子:"君子也有忧虑吗?"孔子说:"没有。君子修养他的德行,虽没能得到,可为有这个追求而高兴;已经得到了,又为他实现了而高兴。所以,有终生的快乐,而无一天的忧虑。小人就不是这样,未得到时,就为得不到而忧虑;已经得到了,又害怕失去。所以有终生的忧虑,而无一天的快乐。"

【原文】

孔子见荣启期衣鹿皮裘,鼓瑟而歌。孔子问曰:"先生何乐也?"对曰:"吾乐甚多:天生万物,唯人为贵,吾既已得为人,是一乐也。人以男为贵,吾既已得为男,是二

乐也。人生不免襁褓,吾年已九十五,是三乐也。夫贫者,士之常也;死者,民之终也。处常待终,当何忧乎?"［说苑·杂言］

【释义】

孔子看到荣启朝身穿鹿皮的衣服,弹着瑟唱起歌。孔子问他:"先生为什么事情高兴啊?"他答道:"我的快乐很多:上天生长万物,只有人最尊贵,我已经能够做人,是第一件快乐的事。人中又以男人最尊贵,我已经是个男人,这是第二件快乐的事。人生难免死于婴儿之时,而我年龄已有九十五了,这是第三件快乐的事。贫穷对士人来说是很正常的,死亡是人生的终点。我身处正常状态而等待人生终结,还有什么可忧虑呢?"

【原文】

曾子曰:"吾闻夫子之三言①,未之能行也。夫子见人之一善,而忘其百非,是夫子之易事也。夫子见人有善,若己有之,是夫子之不争也。闻善必躬亲行之,然后道之,是夫子之能劳也。夫子之能劳也,夫子之不争也,夫子之易事也,吾学夫子之三言而未能行。"［说苑·杂言］

【注释】

①言恐善之误,下同。

【释义】

曾子说:"我听过老师的三句话,还未能实行。老师看到别人的一点优点,便忘记了他的许多不是,这样,老师容易与人相处。老师见别人做了好事,就像自己也做了一样,这样,老师不与他人相争斗。听说是好的一定亲自去做,然后再说,这样,老师肯于劳苦。老师肯于劳苦,不与人争斗,容易与人相处,我学老师这三者,却未能做到。"

【原文】

孔子曰:"回,若有君子之道四:强于行己,弱于受谏,怵于待①禄,慎于持身。"〔说苑·杂言〕

【注释】

①待:当作得。

【释义】

孔子说:"颜回,你有君子的四种品德:严格要求自己,虚心接受别人的劝说,害怕当官,审慎地修养自身。"

【原文】

仲尼曰:"史鳅有君子之道三:不仕而敬上,不祀而敬鬼,直能曲于人。"〔说苑·杂言〕

【释义】

孔子说:"史鳅有君子的三样品德:不做官而尊敬在上的人,不祭祀而能尊敬鬼神,正直而能原谅他人。"

【原文】

孔子曰:"丘死之后,商也日益,赐也日损。商也好与贤己者处,赐也好说不如己者。"〔说苑·杂言〕

【释义】

孔子说:"我死后,子夏的学问会天天增长,子贡的学问将天天减少。因为子夏爱和比自己强的人相处,子贡爱批评不如自己的人。"

【原文】

孔子将行,无盖。弟子曰:"子夏有盖,可以行。"孔子曰:"商之为人也,甚短于财。吾离与人交者推其长者,违其短者,故能久长矣。"〔说苑·杂言〕

【释义】

孔子要出行,没有伞。学生说:"子夏有伞,可以借他的伞出门。"孔子说:"子夏的为人,在钱财上很小气。我听说与人交往要发扬他的长处,抑制他的短处,所以才能长久。"

【原文】

子路行,辞于仲尼,曰:"敢问新交取亲若何?言寡可行若何?长为善士而无犯若何?"仲尼曰:"新交取亲,其忠乎?言寡可行,其信乎?长为善士而无犯,其礼乎?"〔说苑·杂言〕

【释义】

子路要出行,向孔子辞别,说:"请问如何在新的交往中选取可亲近的人呢?怎样才能少说话办成事呢?怎么才能永远做好人没有过失呢?"孔子说:"在新的交往中选取可亲近的人,恐怕要看他是否忠诚。少说好办成事,恐怕要看说话是否有信用。永远做好人而没有过失,恐怕要看做事是否合乎礼。"

【原文】

子路将行,辞于仲尼,曰:"赠汝以车乎? 以言乎?"子路曰:"请以言。"仲尼曰:"不强不远,不劳无功,不忠无亲,不信无复,不恭无礼。慎此五者,可以长久矣。"〔说苑·杂言〕

【释义】

子路要出行,向孔子辞别,孔子说:"送你车子呢? 还是赠你话呢?"子路说:"请赠言吧。"孔子说:"不自强就不能远行,不劳作就没有功效,不忠诚就没有亲近的人,不讲信用就无人交往,不尊重别人就不会受人礼待。审慎处理这五项,就可以长远了。"

【原文】

曾子从孔子于齐,齐景公以下卿礼聘曾子,曾子固辞。将行,晏子送之,曰:"吾闻君子赠人以财,不若以言。今夫兰本三年,湛之以鹿醢,既成,则易以匹马。非兰本美也,愿子详其所湛,既得所湛,亦求所湛。吾闻君子居必择处,游必择士。居必择处,所以求士也。游必择士,所以修道也。吾闻反常移性者欲也,故不可不慎也。"〔说苑·杂言〕

【释义】

曾子跟着孔子到齐国,齐景公用下卿的礼聘任曾子,曾子执意辞谢。就要走了,晏子送行,说:"我听说君子赠给人钱财,不如赠送言辞。现在有棵兰花的根已长了三年,把它泡在鹿肉酱中,制成后,可以换一匹马。这并不是兰花根价值高,请你详细了解是用什么浸泡的,已经知道用什么浸泡的,就要去寻找这些东西。我听说君子居住时一定挑选地方,交游时一定要选择人。居住时挑选地方,是为了找到好人。交游选择好人,是为了修养道德。我听说违反常情改变性情的是欲望,所以不能不谨慎。"

【原文】

孔子曰:"中人之情,有余则侈,不足则俭,无禁则淫,无度则失,纵欲则败。饮食有量,衣服有节,宫室有度,畜聚有数,车器有限,以防乱之源也。故夫度量不可不明也,善欲①不可不听也。"〔说苑·杂言〕

【注释】

①欲教之误欤。

【释义】

孔子说:"普通人的性情是,有富余就奢侈,不够时就节俭,没有约束就淫乱,没有节制就会发生过失,放任欲望就会败亡。君子吃喝要有定量,服装要有节制,宫室要有规矩,豢养牲畜要有一定数量,车马器具要有限度,用以防范祸乱的产生。所以,长短轻重不能不明确,好的想法不能不听取。"

【原文】

孔子曰:"巧而好度必工,勇而好同必胜,知而好谋必成。愚者反是。夫处重擅宠,专事妒贤,愚者之情也。志骄傲而轻旧怨,是以尊位则必危,任重则必崩,擅宠则必辱。"〔说苑·杂言〕

【释义】

孔子说:"灵巧而且喜欢量度的一定精细,勇敢而且喜欢合作的一定取胜,聪明又喜好谋划的一定成功。愚笨的人正与此相反。处在重要位置独占宠幸,专揽大事嫉妒贤才,这是愚笨的人的性情。心志骄傲而轻看旧怨,因此地位尊贵了就必定会有危险,责任太重就必然垮掉,独占宠幸必定受辱。"

【原文】

孔子曰:"鞭朴之子,不从父之教;刑戮之民,不从君之政。言疾之难行。故君子不急断,不意①使,以为乱源。"〔说苑·杂言〕

【注释】

①意当作急。

【释义】

孔子说:"挨打的孩子,不听从父亲的教导;受刑罚的人,不服从君王的政令。这是说太急了做不成事。所以君子不急匆匆断事,不随意行事,认为这是祸乱的根源。"

【原文】

孔子曰:"终日言,不遗己之忧,终日行,不遗己之患,唯智者有之。故恐惧所以除患也,恭敬所以越难也。终身为之,一言败之,可不慎乎?"〔说苑·杂言〕

【释义】

孔子说:"整日谈话,不给自己留下忧虑,整日做事,不给自己留下祸患,只有聪明人有这样的事。所以恐惧是为了免除祸患,恭敬是为了躲开灾难。终生这样做,可一句话就能败坏了,怎能不谨慎呢?"

【原文】

孔子曰:"以富贵为人下者,何人不与? 以富贵敬爱人者,何人不亲? 众言不逆,

可谓知言矣。众响之,可谓知时矣。"[说苑·杂言]

【释义】

孔子说:"富贵了但肯在人下,谁能不和他在一起呢?富贵了但能敬人爱人,谁能不和他亲近呢?大家的话不违背,可以说会说话了。大家都向往他,可以说是懂得时势了。"

【原文】

孔子曰:"夫富而能富人者,欲贫而不可得也。贵而能贵人者,欲贱而不可得也。达而能达人者,欲穷而不可得也。"[说苑·杂言]

【释义】

孔子说:"自己富也能让别人富的人,想穷也穷不了。尊贵了也能使别人尊贵的人,想低贱也不可能。显达了也能使别人显达的人,想困厄也不可能。"

【原文】

仲尼曰:"非其地而树之,不生也;非其人而语之,弗听也。得其人,如聚沙而雨之;非其人,如聚聋而鼓之。"[说苑·杂言]

【释义】

孔子说:"在不能种植的土地上种庄稼,是不会生长的;向不能听取意见的人提意见,他是不会听的。遇到能听取意见的人,就像聚集沙子后再浇上水;遇到不能听取意见的人,就像集合起聋子击鼓让他们听。"

【原文】

孔子曰："船非水不可行。水入船中,则其没也。故曰君子不可不严也,小人不可不闭也。"[说苑·杂言]

【释义】

孔子说："船没有水不能航行。水进入船中,船就要沉没。所以说君子不可不严格要求,小人不能不加以限制。"

【原文】

孔子曰："依贤固不困,依富固不穷,马趼斩而复行者何?以辅足众也。"[说苑·杂言]

【释义】

孔子说:"依靠贤能必定不会有困难,依靠富有必定不会穷困,为什么马折断脚趾仍能继续行走?因为辅助的脚趾很多啊。"

【原文】

孔子曰:"不知其子,视其所友;不知其君,视其所使。"又曰:"与善人居,如人兰芷之室,久而不闻其香,则与之化矣。与恶人居,如入鲍鱼之肆,久而不闻其臭,亦与之化矣。故曰丹之所藏者赤,乌之所藏者黑。君子慎所藏。"[说苑·杂言]

【释义】

孔子说:"不了解自己的儿子,就去看他交往的朋友;不了解那国君王,就去看他派出的使臣。"孔子又说:"与好人住在一起,同进入兰芷的花房,时间长了就闻不出它的香味,因为你被浸染了香气。与坏人住在一起,如同进入卖咸鱼的市场,时间长了闻不出它的臭味,也因为你被浸染了臭味。所以说,收藏丹的地方是赤色的,收藏乌的地方是黑色的,君子要谨慎对待他所在的地方。"

【原文】

子贡问曰:"君子见大水必观焉,何也?"孔子曰:"夫水者君子比德焉。遍予而无私,似德;所及者生,似仁;其流卑下句①倨,皆循其理,似义;浅者流行,深者不测,似智;其赴百仞之谷不疑,似勇;绵弱而微达,似察;受恶不让,似贞;包蒙不清以入,鲜洁以出,似善化;至量必平,似正;盈不求概,似度;其万折必东,似意。是以君子见大水必观焉尔也。"〔说苑·杂言〕

【注释】

①句读为钩。

【释义】

子贡问:"君子看到大河大川必要观望,为什么?"孔子说:"水,君子拿来比喻德行。给予万物但是没有私心,这像德;被它碰到就生长,这像仁;流行在卑下的地方,直行或曲行都遵循着条理,这像义;在浅处灵活运行,在深渊里又使人不可测度,这像智;它奔赴深谷,毫不迟疑,又像勇;遇到微弱的地方就旋绕,这像察;碰到污秽而不逃避,这像贞;容纳污秽的东西,将之变成清洁的东西,这像善化;当流行时必流行,流到凹凸的地方,水面是平的,这像公正;盈满了不须用盖来平抑,这像分寸;曲折必定向东流,这又像意愿。所以看到大河大川,必要观望了。"

【原文】

道吾闻①之夫子:"多所知无所知,其身孰善者乎?"对曰:"无知者死人属也,虽不死,累人者必众甚矣。然多所知者,好其用心也,多所知者出于利人即善矣,出于害人即不善也。"道吾曰:"善哉。"〔说苑·杂言〕

【注释】

①闻诸本作问。

【释义】

道吾问孔子说:"知识多的人和没有知识的人,哪种人好呢?"孔子回答说:"没知识的跟死人一样,即使死不了,也会给人增添很多累赘。然而知识很多的人,他的用心要好,知识多的人为了利人,用心就是好的,为了害人,用心就是坏的。"道吾说:"说得好啊。"

【原文】

齐高廷问于孔子曰:"廷不旷山,不直①地,衣蓑,提执②,精气以问事君之道,愿夫子告之。"孔子曰:"贞以干之,敬以辅之,待人无倦。见君子则举之,见小人则退之。去尔恶心,而忠与之。敏其行,修其礼,千里之外,亲如兄弟;若行不敏,礼不合,对门不通矣。"〔说苑·杂言〕

【注释】

①直当作植。

②执当作贽。

【释义】

齐高廷问孔子说:"我不怕高山阻挡,不怕道路遥远,穿着蓑衣,拿着礼品,心怀赤诚来请教侍奉君子的道理，希望您能告诉我。"孔子说："忠贞做事，恭恭敬敬地帮助人，对待别人不要厌烦。发现君子就举荐他，见到小人就离开他。抛弃厌恶的心理，而忠诚地对待朋友。勤勉做事，修养礼仪，即使远隔千里，都亲近得像兄弟；如果不勤勉做事，不合礼仪，即使住在对门也不会来往的。"

【原文】

颜渊问于仲尼曰："成人之行何若？"子曰："成人之行，达乎情性之理，通乎物类之变，知幽明之故，睹游气之源。若此而可谓成人。既知天道，行躬以仁义，饬身以礼乐。夫仁义礼乐，成人之行也。穷神知化，德之盛也。"〔说苑·辨物〕

【释义】

颜渊问仲尼说："一个完美的人的行为应该怎样呢？"孔子说："完美的人的行为是，了解情性的道理，明白才物各类的变化，通晓元形与具形事物的情况，看到游气的来源。像这样就能称为完美的人。已经明白了天道，亲身推行仁义，用礼乐整饰自己。仁义礼乐，就是完美的人的行为。穷尽神妙，知道变化，品德就好极了。"

大禹

【原文】

吴伐越，隳会稽，得骨专车，使使问孔子曰："骨何者最大？"孔子曰："禹致群臣会稽山，防风氏后至，禹杀而戮之，其骨节专车，此为大矣。"使者曰："谁为神？"孔子曰："由川之灵，足以纪纲天下者，其守为神，社稷为公侯，山川之祀为诸侯，皆属于王者。"曰："防风氏何守？"孔子曰："汪芒氏之君守封嵎之山者也,其神为釐姓,在虞夏为防风氏,商为汪芒氏,于周为长狄氏,今谓之大人。"使者曰:"人长几何?"孔子曰:"僬侥氏三尺,短之至也;长者不过十,数之极也。"使者曰:"善哉! 圣人也。"[说苑·辨物]

【释义】

吴国攻打越国,毁坏了会稽山,发现了一节大骨头,可以装满一车,派人去问孔子说:"谁的骨头最大?"孔子说:"大禹召集众大臣在会稽山开会,防风氏晚到了,大禹杀了他并且暴尸荒郊,他的骨头一节能装满一车,这就是大的了。"使者说:"谁是神呢?"孔子说:"山川的神灵,是足可整治天下的,他的守主就是神,社稷的守主是公侯,山川主持祭祀的就是诸侯,他们都属于天子。"使者问:"防风氏主守什么?"孔子说:"汪芒氏的君主主守封嵎的山,那山神是釐姓,在虞夏时叫防风氏,商代叫汪芒氏,周代叫长狄氏,现在称它为大人。"使者问:"人高多少?"孔子说:"僬侥氏高三尺,是最短了;高的也不过十尺,这个数是极点了。"使者说:"好! 真是圣人啊。"

【原文】

仲尼在陈,有隼集于陈侯之廷而死,楛矢贯之,石砮;矢长尺有咫。陈侯使问孔子,孔子曰:"隼之来也远矣,此肃慎氏之矢也。昔武王克商,通道九夷百蛮,使各以其方贿来贡,思无忘职业。于是肃慎氏贡楛矢,石砮,长尺有咫。先王欲昭其令德之致,故铭其栝曰:'肃慎氏贡楛矢。'以劳①大姬,配虞胡公,而封诸陈。分同姓以珍玉,展亲也;分别姓以远方职贡,使无忘服也。故分陈以肃慎氏之矢,试求之故府。"果得焉。[说苑·辨物]

【注释】

①劳当作分。

【释义】

仲尼在陈国,有隼鸟停在陈侯的宫廷上死了,是楛箭射穿它的身体,那箭的箭头是石头的;箭杆长一尺八寸。陈侯派人问孔子,孔子说:"这隼鸟的来历久远了,这是肃慎氏的箭。从前武王战胜商殷,开辟道路连通四方各族的国家,让各国用他们的土产来朝见进贡,要他们不忘自己的职守。于是肃慎氏进献楛箭,石箭头,箭长一尺八寸。先王想宣扬他的美德,传布四方,所以在箭尾铭刻:'肃慎氏贡楛矢。'把它送给大姬,让大姬苑配虞胡公,并封他们在陈地。先王把珍玉分给同宗诸侯,以显示亲情;把远方进献的贡物分给不同姓的诸侯,让他们不要忘记自己的责任。所以分给陈侯以肃慎氏的箭,可到以前的府库中找找看。"果然找到了这种箭。

【原文】

季桓子穿井得土击,中有羊。以问孔子,言得狗。孔子曰:"以吾所闻,非狗,乃羊也。木之怪夔、罔两,水之怪龙、罔象,土之怪羵羊也,非狗也。"桓子曰:"善哉。"〔说苑·辨物〕

【释义】

季桓子打井时得到了一个土罐,罐中有只羊。就此事问孔子,并谎称得到的是狗。孔子说:"就我的见闻,应不是狗,而是羊。因为木石的精灵是夔、罔两,水的精灵是龙、罔象,土的精灵是羵羊,不该是狗。"桓子说:"说得对呀。"

【原文】

楚昭王渡江,有物大如斗,直触王舟,止于舟中。王大怪之,使聘问孔子。孔子曰:"此名萍实,令剖而食之。惟霸者能获之,此吉祥也。"其后齐有飞鸟,一足,来下,止于殿前，舒翅而跳。齐侯大怪之，又使聘问孔子。孔子曰："此名商羊，急告民，趣治沟渠，天将大雨。"于是如之，天果大雨，诸国皆水，齐独以安。孔子归，弟子请问。孔子曰："异时小儿谣曰：'楚王渡江，得萍实。大如拳，赤如日，剖而食之，美如蜜。'此楚之应也儿。又有两两相章，屈一足而跳，曰：'天将大雨，商羊起舞。'今齐获之，亦其应也。"夫谣之后，未尝不有应随者也。故圣人非独守道而已也，睹物记也，即得其应矣。〔说苑·辨物〕

【释义】

楚昭王渡江时，有个斗大的物体直撞昭王的大船，并停留在船上。昭王十分奇怪，派人请教孔子。孔子说："这个物体叫萍实，让人把它剖开来吃。只有称霸的人才能得到，这象征着吉祥。"那以后，齐国有只飞鸟，一只脚，飞下来停在宫殿前，张开翅膀跳跃。齐侯非常奇怪，又派人询问孔子。孔子说："这鸟叫商羊，请紧急告诉百姓，督促他们整治沟渠，天要下大雨。"于是按孔子的话做了，天果然降下大雨，各国都遭水灾，只有齐国平安。孔子回来后，弟子询问这些事。孔子说："过去小儿歌谣中说：'楚王过江，得到萍实。大得像拳头，红得像太阳，剖开了吃，甜美如蜜。'这话应验在楚国。小孩又两两牵手，抬起一只脚蹦跳，说：'天要下大雨，商羊跳起舞来。'现在齐国出现了这事，也是童谣得到应验呀。"童谣流传后，没有不应验的。所以圣人不单单是守着道罢了，看到了记下来，就能知道事物的应验。

【原文】

孔子晨立堂上，闻哭者声音甚悲。孔子援琴而鼓之，其音同也。孔子出，而弟子有吒者。问："谁也？"曰："回也。"孔子曰："回何为而吒？"回曰："今者有哭者，其音甚悲，非独哭死，又哭生离者。"孔子曰："何以知之？"回曰："似完山之鸟。"孔子曰："何如？"回曰："完山之鸟生四子，羽翼已成，乃离四海，哀鸣送之，为是往而不复返也。"

孔子使人问哭者。哭者曰："父死家贫，卖子以葬之，将与其别也。"孔子曰："善哉，圣人也！"［说苑·辨物］

【释义】

孔子早晨站立在堂上，听到有人哭得非常悲切。孔子拿起瑟来弹，琴声与哭声一样。孔子出来，学生中有人慨叹。孔子问："谁在叹息？"回答说："是颜回。"孔子问："颜回，你为什么叹息？"颜回说："今天有人在哭，哭得很悲切，不单单是哭死去的人，还哭生生离别的人。"孔子说："你怎么知道？"颜回说："因为哭声像完山鸟的哀鸣。"孔子说："那怎么样呢？"颜回说："完山的大鸟生了四只小鸟，小鸟羽翼丰满，就要离家飞向四面八方，大鸟哀叫着送别它们，因为它们飞走后就不再回来了。"孔子派人去问哭的那人。那人说："父亲死了，家中贫困，只有卖掉儿子来安葬父亲，现在就要和儿子分别了。"孔子说："好啊，颜回真是个非同寻常的人呀。"

【原文】

子贡问孔子："死人有知无知也？"孔子曰："吾欲言死者有知也，恐孝子顺孙妨生以送死也；欲言无知，恐不孝子孙弃不葬也。赐欲知死人有知将无知也，死徐自知之，犹未晚也。"［说苑·辨物］

【释义】

子贡问孔子："死去的人有知觉还是没知觉？"孔子说："我如果说人死了有知觉，恐怕孝顺的子孙会不惜影响到活人生活去厚葬死人；我如果说死了没有知觉，恐怕不孝顺的子孙会抛弃尸体不去埋葬。赐啊，你要想知道人死了有知觉还是没知觉，死了后慢慢地自己就知道了，那也不晚啊。"

【原文】

孔子曰:"移风易俗,莫善于乐;安上治民,莫善于礼。"是故圣王修礼文,设庠序,陈钟鼓。天子辟雍,诸侯泮宫,所以行德化。[说苑·修文]

【释义】

孔子说:"移风易俗,没有比音乐更有效的了;治国安邦,没有比礼法更有效的了。"所以圣明的君王注重修礼习文,开设学校,提倡音乐。天子所设的学校"辟雍",诸侯所设的学校"泮宫",都是用来推行道德教化的。

【原文】

孔子曰:"恭①近于礼,远耻辱也。"[说苑·修文]

【注释】

①《论语·学而篇》以此为有子言。

【释义】

孔子说:"为人恭敬符合礼仪,就会远离耻辱。"

【原文】

子夏三年之丧毕,见于孔子。孔子与之琴,使之弦。援琴而弦,沂沂而乐。作而曰:"先王制礼,不敢不及也。"子曰:"君子也。"闵子骞三年之丧毕,见于孔子。孔子与之琴,使之弦。援琴而弦,切切而悲。作而曰:"先王制礼,不敢过也。"孔子曰:"君子也。"子贡问曰:"闵子哀不尽,子曰:'君子也。'子夏哀已尽,子曰:'君子也。'赐也惑,敢问何谓?"孔子曰:"闵子哀未尽,能断之以礼,故曰君子也;子夏哀已尽,能引而

致之,故曰君子也。夫三年之丧,固优者之所屈,劣者之所勉。"[说苑·修文]

【释义】

　　子夏三年的服丧期结束了,前来进见孔子。孔子给他琴,让他弹奏。子夏弹奏起来,声音柔和悦耳。并说:"先王制定的礼仪要求,不敢不达到。"孔子说:"真是君子啊!"闵子骞三年的服丧期结束了,前来进见孔子。孔子给他琴,让他弹奏。闵子骞弹奏起来,声音悲切凄惨,并说:"先王定下的礼仪规则,不敢加以超越。"孔子说:"真是君子啊!"子贡问道:"闵子骞悲哀未尽,先生您说:'真是君子。'子夏悲哀已尽,先生您还是说:'真是君子。'我感到迷惑,请问其中的原因。"孔子说:"闵子骞不忘悲哀,却能用礼制加以压抑,所以称他为君子;子夏悲哀已尽,却能引导他趋向礼制的要求,所以称他为君子。三年的丧期,原本就是使孝子节哀,使孝心淡薄的人有所勉励啊。"

【原文】

　　孔子曰:"无礼之礼,敬也;无服之丧,忧也;无声之乐,欢也。不言而信,不动而威,不施而仁,志也。钟鼓之声,怒而击之则武,忧而击之则悲,喜而击之则乐。其志变,其声亦变。其志诚,通乎金石,而况人乎?"[说苑·修文]

【释义】

　　孔子说:"忘记了形体举止的礼敬,才是真正的礼敬;不穿丧服衷心悲哀,才是真正的忧伤;没有声音发自内心的欢乐,才是真正的欢乐。不说话但却显出信义,不行动但却显出威严,不施舍但却显出仁慈,这全是因为它是内心的反映。钟鼓的声音,愤怒时敲它,会感到声音雄壮,悲伤时敲它,会觉得声音悲凉,高兴时敲它,会觉得声音愉快。人的心情变了,会感觉钟鼓的声音也随之改变。精诚所至,金石为开,何况是人呢?"

【原文】

孔子见子桑伯子，子桑伯子不衣冠而处。弟子曰："夫子何为见此人乎？"曰："其质美而无文，吾欲说而文之。"孔子去，子桑伯子门人不说，曰："何为见孔子乎？"曰："其质美而文繁，吾欲说而去其文。"〔说苑·修文〕

【释义】

孔子去见子桑伯子，子桑伯子却衣冠不整地与孔子在一起。孔子的学生问："老师您为什么要见这种人？"孔子说："他的本质很好，但缺乏礼仪文采，我打算劝说他，以讲究一些文采。"孔子走后，子桑伯子的学生很不高兴地说："为什么要见孔子呢？"子桑伯子说："他的本质很好，但太讲究礼仪文采了，我想劝他去掉一些礼仪文采。"

【原文】

孔子至齐郭门之外，遇一婴儿，挈一壶相与俱行。其视精，其心正，其行端。孔子谓御曰："趣驱之，趣驱之。韶乐方作。"孔子至彼闻韶，三月不知肉味。〔说苑·修文〕

【释义】

孔子来到齐国城门外，遇到一个小孩，手提一把水壶和他们一起走。这个孩子眼光有神，内心正直，行为端庄。孔子对赶车的人说："快赶路，快赶路。韶乐开始演奏了。"孔子在齐国听了韶乐，很长时间都沉醉其中，以至尝不出肉的味道。

【原文】

子路鼓瑟，有北鄙之声。孔子闻之曰："信矣，由之不才也。"冉有侍，孔子曰："求，来，尔奚不谓由：夫先王之制音也，奏中声，为中节。流入于南，不归于北。南者，生育之乡;北者,杀伐之域。故君子执中以为本,务生以为基。故其音温和而居中,以象生育之气。忧哀悲痛之感不加乎心,暴厉淫荒之动不存乎体。夫然者,乃治存之风,安乐之为也。彼小人则不然,执末以论本,务刚以为基,故其音湫厉而微末,以象杀伐之气。和节中正之感不加乎心,温俨恭庄之动不存乎体。夫杀者,乃乱亡之风,奔北之为也。昔舜造南风之声,其兴也勃焉,至今王公述而不释。纣为北鄙之声,其废也忽焉,至今王公以为笑。彼舜以匹夫,积正合仁。履中行善,而卒以兴。纣以天子,好慢淫荒,刚厉暴贼,而卒以灭。今由也,匹夫之徒,布衣之丑也,既无意乎先王之制,而又有亡国之声,岂能保七尺之身哉?"冉有以告子路。子路曰:"由之罪也,小人不能,耳陷而入于斯,宜矣,夫子之言也。"遂自悔,不食,七日而骨立焉。孔子曰:"由之改,过矣。"〔说苑·修文〕

【释义】

子路弹瑟,弹出一种北方边远地区的杀伐之声。孔子听了就说:"子路无才,的确如此。"冉有陪侍在旁,孔子说:"冉有,你过来,你为什么不告诉子路:先王制订的音乐,乐音中和,节奏中和。后来传入了南方,北方竟失传了。南方富饶,是个生活养育的好地方;北方贫瘠,到处充满了肃杀之气。所以君子秉持中和以为根本,致力生息以为基础。因此表现为音乐,总是温柔敦厚和中和,以象征着生气勃勃。心里没有忧哀悲痛,外表也就不会有暴戾荒淫的气息。这种样子,才是太平的景象,安乐的情状。那些小人就不是这样了,他们执着于细枝末节来追究根本,死守着刚愎之心以为基础。所以表现出的音乐,总是冷酷、猥亵、低迷,象征着杀伐之气。内心没有中正平和,外表也就没有谦恭温良的态度。杀伐是乱亡的气象,奔逃的情状。以前舜创作了南风之歌,他的兴盛就勃然而起,到现在那些王公谈起来还记忆犹新。殷纣王创作了北方边远地区的杀伐音乐,他的败亡就转眼而至,到现在那些王公还传为笑谈。当时舜不过一个平民,却能积累正道以合仁义,坚守中和以行善政,终于以此兴盛。纣王虽贵为天子,却傲慢荒淫,刚愎暴戾,最后走上了败亡的道路。现在子路只是个平民而已,心中既不想着效法先王的制度,又爱弹奏亡国的声音,哪里能够安保他一己之身呢?"冉有把这些话告诉了子路,子路说:"这是我的错误啊。小人不知道怎样欣赏音乐,以至于弄到这种地步,老师责怪的话太对了。"于是自己悔过,七天不进饮食,瘦得皮包骨头。孔子说:"子路真是勇于改过啊。"

【原文】

孔子卦得贲,喟然仰而叹息,意不平。子张进,举手而问曰:"师闻贲者吉卦,而叹之乎?"孔子曰:"贲非正色也,是以叹之。吾思夫质素,白当正白,黑当正黑,夫①质又何也。吾亦闻之:丹漆不文,白玉不雕,窭珠不饰,何也?质有余者,不受饰也。"[说苑·反质]

【注释】

①以下恐有阙文。

【释义】

孔子占得贲卦,仰天而叹,好像很不满意。子张走进来,举手问孔子说:"贲是吉卦,您却叹息什么?"孔子回答说:"贲是文饰之美,非本质之美,所以叹息。我想本质之物是最纯然的,白就应当是纯然的白,黑就应当是纯然的黑,那么本质又是什么呢。我也听说过:丹漆之红不需要添加任何色彩,白玉和宝珠之美不需要任何雕饰,为什么呢?它们的本质之美已经足够了,反而使雕饰显得多余。"

【原文】

鲁有俭者,瓦鬲煮食,食之而美,盛之土鉶之器,以进孔子。孔子受之,欢然而悦,如受大牢之馈。弟子曰："瓦甂，陋器也，煮食薄膳也，而先生何喜如此乎?"孔子曰："吾闻好谏者思其君，食美者念其亲。吾非以馈为厚也，以其食美而思我亲也。"［说苑·反质］

【释义】

鲁国有个很俭朴的人，用瓦鬲煮饭，觉得食物的味道很鲜美，就盛在瓦盆里献给孔子。孔子接受了，心中很高兴，像是得到了丰盛的祭品一样。学生们问他："瓦盆是很粗陋的食器，煮的饭也不丰盛，为什么您会如此喜欢呢?"孔子说："我听说喜爱劝谏的人常想起他的君王，吃到美味的人常想起他的亲人，我并非看重食物的厚薄，而是为他吃到美味就想起我的这份心意而欣慰。"

【原文】

仲尼问老聃曰："甚矣！道之于今难行也！吾比执道委质以当世之君，而不我受也。道之于今难行也。"老子曰："夫说者流于听，言者乱于辞。如此二者，则道不可委矣。"［说苑·反质］

【释义】

孔子问老子说："太过分了！现在的社会真是难以推行正道啊。我心怀正道去投效当世的君王，他们都不用我。现在的社会真是难以推行正道。"老子说："如果说道的人只是讲些道听途说的道理，或者信口开河，这两种情况下，是不能委之以正道的。"

【原文】

子曰："以容取人，失之子羽;以言取人，失之宰予。澹台子羽，君子之容也，与之

久处,而言不充其貌。宰予之辞,雅而文也,与之久处,而智不充其辩。"[说苑·薛据
孔子集语引]

【释义】

孔子说:"以容貌来取人,在子羽身上出了错;以言辞来取人,在宰予身上出了错。
澹台子羽有君子之容,与之长久相处,觉得他的言语并不像他的相貌那么好。宰予的
言辞,优雅而有文采,与之长久相处,觉得他的智慧并不像他的言辞那么好。"

【原文】

孔子曰:"一贯三为王。"[说文]

【释义】

孔子说:"以一贯三就是王字。"

【原文】

孔子曰:"推十合一为士。"[说文]

【释义】

孔子说:"把十和一和在一起就是士字。"

【原文】

孔子曰:"牛羊之字,以形举也。"[说文]

【释义】

孔子说:"牛和羊字,都是按照其形状造的。"

【原文】

孔子曰:"乌,盱①呼也。"［说文］

【注释】

①盱当作亏。

【释义】

孔子说:"乌,舒气自叫。"

【原文】

孔子曰:"粟之为言,续也。"［说文］

【释义】

孔子说:"粟在文字系统中没有自己的属性,总是依附于稻米而存在。"

【原文】

孔子曰:"黍可为酒,禾入水也。"［说文］

【释义】

孔子说:"黍可以做酒,是因为这个字就是禾入水。"

【原文】

孔子曰:"在①人下,故诘屈。"［说文］

【注释】

①玉篇及除锴通论作人在下,疑此倒。

【释义】

孔子说:"人作为部首用在字下,就会形体弯曲。"

【原文】

孔子曰:"貉之为言,恶也。"[说文]

【释义】

孔子说:"貉的声音,很丑恶。"

【原文】

孔子曰:"视犬之字,如画狗也。"孔子曰:"狗,叩也。叩气吠以守。"[说文]

【释义】

孔子说:"看犬这个字,就狗的画像。"孔子说:"狗,读音为叩,听到声气吠叫,用以守御。"

【原文】

孔子曰:"多货财伤于德,弊则没礼。"[潜夫论浮侈]

【释义】

孔子说:"财物很多,就会损伤道德,蒙蔽就会埋没礼节。"

【原文】

仲尼曰："汤武非一善而王也,桀纣非一恶而亡也。"三代之废兴也,在其所积,积善多者,虽有一恶,是为过失,未足以亡;积恶多者,虽有一善,是为误中,未足以存。

［潜夫论慎微］

【释义】

孔子说："汤武并不是因为做了一件好事就当上国王,桀纣不是因为做了一件坏事就灭亡了。"三代的废兴,都都积在里面,积累好事多的人,虽然有一件坏事,也是一件过失,不会导致灭亡;积累罪恶多的人,虽然有一件好事,只是作为无意中做的,并不能帮助他存活下去。

【原文】

闵公子弗父河①生宋父,宋父生世子,世子生正考父,正考父生孔父嘉,孔父嘉生子木金父。木金父降为士,故曰灭于宋。金父生祁父,祁父生防叔。防叔为华氏所逼,出奔鲁,为防大夫,故曰防叔。防叔生伯夏,伯夏生叔梁纥,为鄹大夫,故曰鄹叔纥,生孔子。［潜夫论志氏姓］

【注释】

①河诸本作何。

【释义】

宋闵公长子弗父河生下宋父,宋父生下世子,世子生下正考父,正考父生下孔父嘉,孔父嘉生下儿子木金父。木金父降为士,所以说灭于宋。金父生下祁父,祁父生下防叔。防叔被华氏逼迫，出奔到鲁国，担任防大夫，所以叫防叔。防叔生下伯夏，伯夏生下叔梁纥，因为他是鄹大夫，所以叫鄹叔纥，生下孔子。

【原文】

周灵王之太子晋，幼有成德，聪明博达，温恭敦敏。谷、雒水斗，将毁王宫，欲壅之。太子晋谏，以为不顺天心，不若修政。晋平公使叔誉聘于周，见太子，与之言，五称而三穷，逡巡而退，归告平公曰："太子晋行年十五，而誉弗能与言，君请事之。"平公遗①师旷见太子晋。太子晋与语，师旷服德，深相结也。乃问旷曰："吾闻太师能知人年之长短。"师旷对曰："女色赤白，女声清汗，火色不寿。"晋曰："然。吾后三年将上宾于帝，女慎无言，殃将及女。"其后三年而太子死。孔子闻之曰："惜夫！杀吾君也。"［潜夫论志氏姓］

【注释】

①遗诸本作遣。

【释义】

周灵王的太子姬晋，少年时就有成年人的美德，聪明博达，态度温恭，行为敦敏。谷水和雒水泛滥，将要冲毁王宫，国君想堵塞这两条河。太子晋进谏，认为主要原因是没顺从天意，建议重修政事。晋平公派遣叔誉到周廷担任官职，叔誉见到太子，与之交谈，讲了五件事有三件事无言以对，很惭愧地退了出来。回来后告诉晋平公说："太子晋年龄十五岁，而我不能和他交谈，您还是让其他人去吧。"晋平公便让大贤师旷去见太子。太子晋与师旷交谈后，师旷很佩服他的德行，于是与他相结。后来姬晋问师旷说："我听说您能知人寿的长短？"师旷严肃回答道："对。你的声音清亮而带汗味，你的脸色当是白中带红。面有红色，不长寿。"姬晋叹道："对呀。不过我三年后将升天,您不要乱说话,恐怕殃及你。"过了三年,太子姬晋果然病逝。孔子听说后说:"可惜呀!师旷杀死了我的国君。"

【原文】

孔子曰:"圣人智通于大道,应化而不穷能,能测万品之情也。"[大戴礼记·易本命卢辩注]

【释义】

孔子说:"圣明的人智慧能通达于大道,应对变化而才能不会穷尽,能知道万物的情况。"

【原文】

孔子曰:"弗学,何以行?弗思,何以得?小子勉之,斯可谓师人矣。"[中论治学]

【释义】

孔子说:"不学习,哪能有所作为呢?不思考,怎么会有收获呢?弟子们要以此勉励自己啊!能这样就称得上善于从人而学了。"

【原文】

孔子曰:"弟子勉之!汝毋自舍,人犹舍汝,况自舍乎!人违汝,其远矣。"[中论脩木]

【释义】

孔子说:"弟子们努力吧。不要自暴自弃,不自暴自弃别人都想抛弃你们,更何况自己就先放弃了努力呢?若是如此,别人只会离你们更远了。"

【原文】

孔子谓子张曰:"师,吾欲闻彼将以改此也,闻彼而不改此,虽闻何益?"[中论修本]

【释义】

孔子对子张说:"师,我想知道那件事以改进这件事,结果知道那件事却不改进这件事,那么知道了又有什么用处呢?"

【原文】

孔子曰:"小人何以寿为? 一日之不能善矣,久恶,恶之甚也。"[中论修本]

【释义】

孔子说:"小人长寿能做什么呢? 一天不能行善事,长久行恶,这是恶的极端。"

【原文】

孔子曰:"欲人之信己也,则微言而笃行之。笃行之,则用日久。用日久,则事著明。事著明,则有目者莫不见也,有耳者莫不闻也,其可诬哉?"[中论贵验]

【释义】

孔子说:"想让别人相信自己,就尽量少说话多做事。多做事,那么日子就会久。日子久了,所做的事效果自然就明显了。效果明显了,自然大家就都看到,都听说了,如何可以磨灭呢?"

【原文】

孔子曰:"居而得贤友,福之次也。"[中论贵验]

【释义】

孔子说:"居住而能得到贤明的朋友,这是次一等的福分。"

【原文】

孔子曰:"惟君子,然后能贵其言,贵其色,小人能乎哉?"[中论贵言]

【释义】

孔子说:"只有君子,才能以言语为贵,以表情为贵,小人能这样吗?"

【原文】

孔子曰:"小人毁訾以为辩,绞急以为智,不逊以为勇。"[中论覈辨]

【释义】

孔子说:"小人把诋毁别人当作是善辩,把反应迅速当作智慧,把不谦虚当作勇敢。"

【原文】

鲁人见仲尼之好让而不争也,亦谓之无能,为之谣曰:"素裘羔裘,求之无尤。黑裘素裨,求之无戾。"[中论审大臣]

【释义】

鲁国人看到孔子喜欢谦让而不喜欢与人争夺,认为他是无能,并为他做了一首民谣:"素裘羔裘,求之无尤。黑裘素裨,求之无戾。"

【原文】

孔子曰:"知不可由,斯知所由矣。"[中论慎所从]

【释义】

孔子说:"知道了不能做什么,就知道了可以做什么了。"

【原文】

孔子(撰书)乃尊而命之曰《尚书》。[郑玄书赞尚书序疏引]

【释义】

孔子写书,为表示尊重,于是命名为《尚书》。

【原文】

孔子作《春秋》,先正王而系以万事,见素王之文焉。[董仲舒对策汉书董仲舒传引]

【释义】

孔子作《春秋》,先写君王的事,然后再写其他的事,已显现那些有王之德,但不居王位之人的风采。

【原文】

孔子曰:"君子之行己,可以诎则诎,可以伸则伸。"[法言五百宋咸注]

【释义】

孔子说:"君子的行为,可以屈的时候就屈,可以伸的时候就伸。"

【原文】

仲尼既殁,仲弓之徒追论夫子之言,谓之《论语》。[传子文选刘孝标辨命论注引]

【释义】

孔子去世后,他的学生仲弓的弟子回忆孔子应答学生的言论,称为《论语》。

【原文】

孔子曰:"吾于《木瓜》见苞苴之礼行。"[毛诗木瓜传]

【释义】

孔子说:"我从《木瓜》一诗中,看到了馈赠礼物的风气大行其道。"

【原文】

子夏三年之丧毕,见于夫子。援琴而绘,衎衎而乐,作而曰:"先王制礼,不敢不及。"夫子曰:"君子也。"闵子骞三年之丧毕,见于夫子。援琴而絃,切切而哀。作而曰:"先王制礼,不敢过也。"夫子曰:"君子也。"子路曰:"敢问何谓也?"夫子曰:"子夏哀已尽,能引而致之于礼,故曰君子也。闵子骞哀未尽,能自割以礼,故曰君子也。夫三年之丧,贤者之所轻,不肖者之所勉。"[毛诗素冠传]

【释义】

子夏三年的服丧期结束了,前来见孔子。弹起琴来,很愉悦的样子,并说:"先王制定的礼仪要求,不敢不达到。"孔子说:"真是君子啊!"闵子骞三年的服丧期结束了,前来见孔子。弹起琴来,流露出悲伤的样子,并说:"先王定下的礼仪规则,不敢加

孔子家语

通解

孔子言行录

以超越。"孔子说:"真是君子啊!"子贡问道:"请问为什么都把他们称为君子?"孔子说:"子夏悲哀已尽,却能引导他趋向礼制的要求,所以叫君子。闵子骞不忘悲哀,却能用礼制加以压抑,所以叫君子。三年的服丧期,贤明的人可以很轻松地完成,不肖之人则需要自我勉励。"

【原文】

昔①者颜叔子独处于室,邻之釐妇又独虚于室。夜,暴风雨至而室坏,妇人趋而至。颜叔子纳之,而使执烛。放乎旦而蒸烛,缩星而继之,自以为辟嫌之不审矣。若其审者,宜若鲁人然。鲁人有男子独处于室,邻之釐妇又独处于室。夜,暴风雨至而室坏,妇人趋而讬之。男子闭户而不纳。妇人自牖与之言曰:"子何为不纳我乎?"男子曰:"吾闻之也,男②子不六十不间居。今子幼,吾亦幼,不可以纳子。"妇人曰:"子何不若柳下惠然? 姬不逮门之女,国人不称其乱。"男子曰:"柳下惠固可,吾固不可,吾将以吾不可学柳下惠之可。"孔子曰:"欲学柳下惠者,未有似于是也。"[毛诗巷伯传]

【注释】

①后汉书崔骃传注引韩诗外传,亦有此文,今外传无。

②子当作女。

【释义】

从前颜叔子一个人独自住在一间房子里,邻居家的寡妇也独自住在一间房子里。夜里,暴风雨到来,寡妇住的房子被冲坏,寡妇便跑来寄宿。颜叔子让她进屋,点上蜡烛。快到天亮蜡烛燃尽了,就把屋顶的茅草拿来烧,以避免不审的嫌疑。至于说审,那就是鲁国这个人了。鲁国有一个人独自住在一间房子里,邻居家的寡妇也独自住在一间房子里。夜里，暴风雨到来．寡妇住的房子被冲坏，寡妇便跑来寄宿。那人关住门，不让进去。寡妇通过窗户对他说："为什么这样不讲仁义，不让我进去呢?"那人说："我听说男女不到六十岁不同居一室。眼下你年轻，我也年轻，因此不敢让你进来。"寡妇说："你为什么不能像柳下惠那样，怀抱没有赶上走出郭门的女子，而国人却不说他淫乱。"那人说："柳下惠可以，我肯定不行。我准备用我的不行学习柳下惠能够做到的事情。"孔子说："想学柳下惠的人，没有与这种做法相似的。"

【原文】

孔子之父耶叔梁纥与颜氏之女征在野合而生孔子，征在耻，焉不告。〔礼记檀弓上郑玄注〕

【释义】

孔子的父亲耶地的人叔梁纥与其母颜征未婚同居而生孔子，颜征感到羞耻，所以没告诉孔子他父亲的墓地。

【原文】

武叔公子牙之六世孙名州仇，毁孔子者。〔礼记檀弓上郑玄注〕

【释义】

武叔公子牙的六世孙叫州仇的人，诋毁孔子。

【原文】

孔子曰："吾志在《春秋》，行在《孝经》。"〔礼记中庸郑玄注玉函山房辑佚书收入孝经纬钩命诀〕

【释义】

孔子说:"我的志向在《春秋》里,行为在《孝经》里。"

【原文】

孔子既西狩获麟,自号素王,为后世受命之君,制明王之法。[六艺论左氏传序疏引]

【释义】

孔子自从在西边狩猎得到麒麟,就自封为素王,为后世受天命所托的君王,制定治理天下的规则。

【原文】

孔子以六艺题目不同,指意殊别,恐道离散,后世莫知根源,故作《孝经》以总会之。[六艺论孝经疏引]

【释义】

孔子因为六艺的题目各不相同,指向含义有很大差异,担心世道混乱而导致流失遗散,就作了《孝经》来概括统一。

【原文】

子曰:"君子能仁于人,不能使人仁于我;能义于人,不能使人义于我。"[鲁连子曹庭栋孔子逸语引]

【释义】

孔子说:"君子能对人讲求仁道,但不能要求他人对自己讲求仁道;能对人讲求义气,但不能要求他人对自己讲求义气。"

【原文】

孔子至蔡,解于客舍。入夜,有取孔子一双屐去,盗者置屐于受盗家。孔子屐长一尺四寸,与凡人屐异。[论语隐义注御觉六百九十八引]

【释义】

孔子来到蔡国,投宿于客舍:半夜,有人偷走了孔子的一双鞋,小偷将鞋放在受盗家。孔子的鞋长一尺四寸,与普通人的鞋不同。

【原文】

仲尼鲁哀十一年自卫返鲁,使子路伐三桓不克,至十四年叔孙氏西狩获麟,仲尼乃作《春秋》。始于桓,终于定而已,三家兴于桓,衰于定。故征王经以贬强臣,三桓子孙微者,论默扶公室,将行周道也。[论语笔解季氏第十六李鱕曰]

【释义】

孔子在鲁哀公十一年从卫国返回鲁国,让子路讨伐三桓,没有成功,到十四年,叔孙氏在西部狩猎,得到一只麒麟,孔子于是开始创作《春秋》。从桓公开始,到定公结束。三家从桓公开始兴盛,到定公开始衰微。所以引用王经来贬低势力强大的大臣,三桓的子孙都很衰微,来扶持王室,实行周道。

【原文】

仲尼作《春秋》,本恶三桓。〔论语笔解季氏第十六李鳙曰〕

【释义】

孔子创作《春秋》,本意是厌恶三桓。

【原文】

赵简子猎于晋阳之①山,抚辔而叹。董安于曰:"今游猎,乐也,而主君叹,敢问何故②也?"简子曰:"汝不知也。吾郊厩养食谷之马以千数,令官养③多力之士以百数,欲以猎兽也。吾④忧邻国养贤以猎吾也。"孔子闻之曰:"简子知所欢也!"〔王孙子御览四百六十九引〕

赵简子

【注释】

①之山二字,从御览八百三十二引补。

②故字,从同八百三十二引补。

③本作奉多力之士,从同八百三十二引改养多力之士。

④吾字,从同四百二引补。

【释义】

赵简子在晋阳的山上打猎,抚摸着马而叹息。董安于说:"今天打猎的事,本来是一件欢乐的事,而您却叹息,请问是什么缘故?"赵简子说:"你有所不知。我在郊外的马厩用谷物养的马有上千匹,用官饷供养的勇猛士兵有数百人,想来猎取野兽。我担心邻国的国君培养贤人来猎取我。"孔子听说后说:"赵简子知道欢乐的意义。"

【原文】

仲尼,鲁人,生不知易本,偶筮其命,得。旅,请益于商瞿氏。曰:"子有圣智而无位。"孔子泣而曰:"天也！命也！凤鸟不来,河无图至。呜呼！天命之也。"叹讫而后息志、停读、礼止、史削。五十究易,作十翼,明也。明易几教。若曰:"终日而作,思之于古圣,颐师于姬昌法旦。"作九问、十恶、七正、八叹,上下系辞,大道、大数,大法、大义。易书中为通圣之问①,明者以为圣贤矣。孔子曰:"吾以观之曰,仁者见为仁几之文,智者见为智几之问②,圣者见为通神之文。仁者见之为之仁,智者见之为之智,随仁智也。"[易纬乾坤凿度]

【注释】

①问尝作门。
②问尝作文。

【释义】

孔子,鲁国人,生来不知道《周易》的本义,偶然筮算了自己的命运,觉得有收获。一次旅行,请商瞿氏给自己算命。商瞿氏说:"你有圣人的智慧而无圣人的位置。"孔子哭诉说:"天哪！命啊！凤凰不向此地飞来,黄河没有龙图出现。呜呼！这是上天的命运安排。"孔子哭诉叹息以后,志气没了、不读书了、不讲礼节了,开始删削中国的历史。五十岁时研究《易经》,为《周易》填了十翼,明白了自己的为人。有若说:"终日忙碌,思考古代的圣人,求教于文王和周公。"孔子创作了《九问》《十恶》《七正》《八叹》,上下《系辞》,《大道》《大数》《大法》《大义》。《易经》里讲的是成为圣人的孔子说:"我凭我的观察认为,仁者见它认为是仁的知识,智者见它认为是智的学问,圣者见它认为是通晓神灵的文章。仁者见它说是仁,智者见它说是智,这要看仁者和智者的意思了。"

【原文】

孔子曰:"易者,易也,变易也,不易也。管三成,为道德籥籥。易者,以言其德也,通情无门,藏神无内也。光明四通,傚易立节。天地爛明,日月星辰布设,八卦错序,律历调列,五纬顺执,四时和粟荸结。四渎通情,优游信洁,根著浮流,气更相实,虚无感动,清净炪哲,移物致耀,至诚专密,不烦不桡,淡泊不失。此其易也。变易也者,其气也,天地不变,不能通气。五行迭终,四时更废。君臣取象,变节相和,能消者息,必专者败。君臣不变,不能成朝,纣行酷虐,天地反,文王下吕,九尾见。夫妇不变,不能成家,妲己擅宠,殷以之破。大任顺季,享国七百。此其变易也。不易也者,其位也。天在上,地在下,君南面,臣北面,父坐子伏。此其不易也。故易者,天地之道也。乾坤之德,万物之宾。至哉易,一元以为元纪。"[易纬乾凿度]

【释义】

孔子说:"《易》理深刻体现在易、变易、不易三层含义之中,《易》的这三个含义就是启发道理的关键和核心。《易》是这样说明其中的道德的:人们可以通过无数的门道获知超越的思想。之所以会是如此,是因为这些思想贮藏在没有限制之中。以清静无为来定规矩,那么德所发出的光明就会无所不达的。天地的光辉明亮,日月星辰的排列布局,八卦的错杂序列,音律立法的调和排列,太白、岁星、辰星、荧惑、填星这五星的顺应施行,四季的和顺有条理,都从这里生出。江、河、淮、济四条大河通达情理,悠闲自得守时纯洁,根源随着流水漂浮,气更替为实,用虚无感天下之动,用清净照明天下,至诚所以万物会自己运动,寂静所以万物会自己照耀。不焦躁不扰乱,不失淡泊。(上面这些都是在讲易道中的无为,因为无为所以天地万物各得以自通。)这就是易。变易,是一种气,天地没有消长变化,就不能通晓这种气。五行相克相生,四季更迭变化。君臣来看,改变与坚守是调和统一的,可以消融的就会安定,固守一点的就会失败。君臣关系没有消长变化,不能称为朝廷,纣王实行残酷的虐行,天地颠倒,文王有九尾狐的瑞祥出现。夫妇关系倒置,不能称为家,妲己专宠,殷商所以被灭。之后的周代就顺应变化,得以延续七百年。(变易的作用即在变通,唯有变通,才能通达人情、通明本体。)这就是变易。不易,是一种不变的天理规矩。天是在上的,地是在下的,君王是面向南面而坐的,臣子是面向北面而坐的,父亲是坐的,儿子就要趴着。这就是不易。所以,《易》,记录的是天地间的大道。天地之德,万物都要顺从。《易》就是极致了,天下用它来作为起始的准则。"

【原文】

孔子曰:"方上古之时,人民无别,群物无殊,未有衣食器用之利。于是伏羲乃仰观象于天,俯观法于地,中观万物之宜,始作八卦,以通神明之德,以类万物之情。故易者,所以继天地,理人伦而明王道。是故八卦以建,五气以立,五常以之行。象法乾坤,顺阴阳,以正君臣父子夫妇之义。度时制宜,作罔罟,以佃以渔,以赡人用。于是人民乃治,君亲以尊,臣子以顺,群生和洽,各安其性,八卦之用。伏羲氏之王天下也,始作八卦,结绳而为罔罟,以佃以渔,盖取诸离,质者无文,以天言,此易之意。夫八卦之变,象感在人。文王因性情之宜,为之节文。"[易纬乾凿度]

【释义】

孔子说:"上古的时候,人与人之间没有等级分别,物与物之间没有差异,没有衣食器皿可供提供方便。于是伏羲仰观天象,俯察大地,中观万物的生活,创造出了八卦,用来和神明的大德和万物的感情相通。所以,《易》是延续天地大道,理清人世伦理道德,弘扬王道的。所以八卦得以建立,金、木、水、火、土这五气得以确立,仁、义、礼、智、信这五常得以通行天下。模拟效法乾坤,顺应阴阳,用此来端正君臣、父子、夫妇之间的关系。根据不同的情况,制作不同的渔猎的网,用来打猎、捕鱼,也可以供给别人使用。因此,百姓就会被管理得很好,君王与长辈就会被尊重,臣与子就会顺从,万物和谐融洽,各自顺从自己的本性,这就是八卦的作用。伏羲氏成为天下的王,才开始创制八卦,把绳子打结做成渔猎的网,用来打猎、捕鱼,都是取自八卦之中的离卦,但是并没有用文字记录,只是用自然的方式保存,这就是《易》的意思。八卦的变化,在于人的感应。文王由于资质性情适宜,所以为伏羲氏的八卦书写成文字。"

【原文】

孔子曰:"易始于太极,太极分而为二,故生天地。天地有春秋冬夏之节,故生四时。四时各有阴阳刚柔之分,故生八卦。八卦成列,天地之道立,雷风水火山泽之象定矣。其布散用事也,震生物于东方,位在二月;巽散之于东南,位在四月;离长之于南方,位在五月;坤义之于西南方,位在六月;兑收之于西方,位在八月;乾剥之于西北方,位在十月;坎藏之于北方,位在十一月;艮终始之于东北方,位在十二月。八卦之气终,则四正四维之分明,生长收藏之道备,阴阳之体定,神明之德通,而万物各以其类成矣。皆易之所包也。至矣哉! 易之德也。"[易纬乾凿度]

【释义】

孔子说:"《易》起始于太极,太极一分为二,所以产生了天地。天地有春秋冬夏之分,所以产生了四季,四季各有阴阳、刚柔的分别,所以产生了八卦。八卦形成,那么天地间的大道也就确立了,雷、风、水、火、山泽的形态也就确定了。八卦是这样分布的:震,排在东方,对应二月;巽排在东南方,对应四月;离位于南方,对应十月;坎排在北方,对应十一月;艮排在东北方,对应十二月。八卦卦气始终存在,那么坎、离、震、兑四正之位以及其余四卦的四维之位都会职责分明,生老病死循环变化之道就会完备,阴阳之体就能确定,神明的道德、大道就会通达,那么万物天地各得以其规矩成长。这都是《易》所包含的。《易》所蕴含的大德大道真是伟大呀!"

【原文】

孔子曰:"岁三百六十日而天气周,八卦用事各四十五日,方备岁焉。故艮渐正月,巽渐三月,坤渐七月,乾渐九月,而各以卦之所言为月也。乾者,天也,终而为万物始;北方,万物所始也,故乾位在于十月。艮者,止物者也,故在四时之终,位在十二月;巽者,阴始顺阳者也,阳始壮于东南方,故位在四月。坤者,地之道也,形正六月,四维正纪,经纬仲,序度毕。"[易纬乾凿度]

【释义】

孔子说:"一年三百六十日四季一个循环,八卦各卦各主四十五日,才是齐备的一年。所以艮对应正月,巽对应三月,坤对应七月,乾对应九月,而各自用卦中所阐释的为月也。(坎、离、震、兑各主一月,其余四卦各主两月,所以巽对应三月还有四月。)乾,就是天,是万物的起始;北方,万物起始之地,所以乾的地、形的卦象配十月。艮,万物的休止,所以在一年四季的终结处,艮的地、形的卦象配十二月;巽,是阴开始顺从阳的起点,阳在东南方开始强壮,所以地、形的卦象配四月。坤是地之道,坤的地、形的卦象配六月。四季守时,经纬有序(坎、离为经,震、兑为纬,此四正之卦)。"

【原文】

孔子曰:"乾坤,阴阳之主也。阳始于亥,形于丑,乾位在西北,阳祖微据始也。阴始于巳,形于未,据正立位。故坤位在西南,阴之正也。君道倡始,臣道终正,是以乾位在亥,坤位在未,所以明阴阳之职,定君臣之位也。"[易纬乾凿度]

【释义】

孔子说:"乾坤是阴阳之主。阳开始于亥,形成于丑,乾位于西北,这是阳的起始之地。阴开始于亥,形成于未,立于正形之位。所以坤位于西南,这是阴的正位。君王的定位就是倡导起始,臣子的定位就是守节修义,因此乾的位置在时间上就在亥,坤在未,所以辨明阴阳各自的职责,才能定君臣各自的职责。"

【原文】

孔子曰:"八卦之序成立,则五气变形。故人生而应八卦之体,得五气以为五常,仁义礼智信是也。夫万物始出于震,震,东方之卦也,阳气始生,受形之道也,故东方为仁。成于离,离,南方之卦也,阳得正于上,阴得正于下,尊卑之象定,礼之序也,故南方为礼。入于兑,兑,西方之卦也,阴用事而万物得其宜,义之理也,故西方为义。渐于坎,坎,北方之卦也,阴气形盛,阴阳气含闭,信之类也,故北方为信。夫四方之义,皆统于中央,故乾坤艮巽,位在四维,中央所以绳四方行也,智之诀也,故中央为智。故道兴于仁,立于礼,理于义,定于信,成于智。五者,道德之分,天人之际也。圣人所以通天意,理人伦而明至道也。"[易纬乾凿度]

【释义】

孔子说:"八卦成立,金、木、水、火、土五气变幻更替。所以人一出生就是呼应八卦之体,得五气最终成为仁义礼智信五常。万物开始于震,震,在空间上属于东方的卦象,是阳气起始的地方,所以东方为仁。万物成长在离,离,在空间上属于南方的卦象,阳在正上,阴在正下,尊卑高下的规矩确定,礼义有序,所以南方为礼。万物深入于兑,兑,在空间上属于西方的卦象,阴气用事而万物得到各自合适的发展,义也就和顺了,所以西方为义。万物逐步发展在坎,坎,在空间上属于北方的卦象,阴气兴盛,阴气包容、阳气隐藏,信也类似于此,所以北方为信。四方的主张思想都由中央统率,所以乾坤艮巽,位在四维,中央约束四方的行为,这是智上的决断,所以中央为智。所以大道起于仁,用礼树立,用义管理,用信确定,最终成就于智。这五个,是天道与人类之间的相互感应。圣人能够通晓天意,就因为他善于管理人伦秩序、明晰大道。"

【原文】

孔子曰:"阳三阴四,位之正也,故易卦六十四,分而为上下,象阴阳也。夫阳道纯而奇,故上篇三十,所以象阳也;阴道不纯而偶,故下篇三十四,所以法阴也。乾坤者,阴阳之根本,万物之祖宗也。为上篇始者,尊之也。离为日,坎为月,日月之道,阴阳之经,所以终始万物,故以坎离为终。咸恒者,男女之始,夫妇之道也。人道之兴,必由夫妇,所以奉承祖宗,为天地主也。故为下篇始者,贵之也,既济未济为最终者,所以明戒慎而存王道。"〔易纬乾凿度〕

【释义】

孔子说:"阳爻居三,阴爻居四,位正无疑。所以《易》中卦有六十四,分上下,效仿阴阳。阳道纯又是奇数,所以上篇三十,是效法阳;阴道不纯又是偶数,所以下篇有三十四,是效法阴。乾坤是阴阳的根本,万物的祖宗。他们是上篇的起始,以他们为尊。离为日,坎为月,日月之道,阴阳之经,是万物的起止,所以用坎、离为终。咸恒是男女的起源,是夫妇之道。人道兴旺,必要有夫妇,奉承祖宗、掌控天地。所以咸恒是下篇的起始,以他们为贵,既济、未济两卦是最终的,要警惕而审慎,心有王道。"

【原文】

孔子曰:"泰者,天地交通,阴阳用事,长养万物也;否者,灭地不交通,阴阳不用事,止万物之长也。上经象阳,故以乾为首,坤为次,先泰而后否。损者阴用事,泽损山而万物损也,下损以事其上,益者阳用事,而雷风益万物也,上自揖以益下。下经以法阴,故以咸极始,恒为次,先揖而后益,各顺其类也。"〔易纬乾凿度〕

【释义】

孔子说:"泰,就是天地交流,阴阳交融,养育万物;否,就是天地不交流,阴阳不交融,停止万物生长。上经效法阳,所以用乾为起始,坤其次,先泰而后否。揖是阴在起作用,水泽损伤山,万物枯槁,下面损伤作用到上方;益是阳在起作用,雷风有益于万物,上自己损伤来增加下面的好处。下经效法阴,所以用咸卦为最开始,恒次之,先损伤再增加,让万物各自顺从其自然的发展。"

【原文】

孔子曰:"升者,十二月之卦也。阳气升上,阴气欲承,万物始进。譬犹文王之修积道德,宏开基业,始即升平之路。常此时也,邻国被化,岐民和洽,是以六四蒙泽而承吉,九三可处王位,享于岐山,为报德也。明阴以显阳之化,民臣之顺德也,故言无咎。"〔易纬乾凿度〕

【释义】

孔子说:"升,是十二月的卦象。此时阳气上升,阴气要接续,万物开始萌动。好像文王修养、积蓄道德,奠定基业,开始踏上上升之路。这种情况下,邻近的国家被教化,岐地的百姓和谐融洽,所以六十四岁享受恩泽、承袭吉运,九十三岁还处于王位,在岐山接受祭祀,这是对他德行的回报。懂得阴才显现出阳,百姓臣子顺从有德,所以说的没错。"

【原文】

孔子曰:"益之六二,或益之十朋之龟,弗克违。永贞吉,王用享于帝。吉,益者,正月之卦也。天气下施，万物皆益，言王者之法天地，施政教，而天下被阳德，蒙王化，如美宝，莫能违害。永贞其道，咸受吉化，德施四海，能继天道也。王用享于帝者，言祭天也，三王之郊，一用夏正，天气三微而成一著，三著而成一体，方知此之时，天地交，万物通，故泰益之卦，皆夏之正也，此四时之正，不易之道也。故三王之郊，一用夏正，所以顺四时，法天地之道也。"〔易纬乾凿度〕

【释义】

孔子说："益之六二，或益之十朋之龟，弗克违。永贞吉，王用享于帝。"这句中，吉，就是益，是正月的卦象。天气向下施用，万物受益，这是在说王者要效法天地，实行教化，天下得到阳气之大道，受到王的教化，好像美丽的宝物，不会再有损害了。长享正命，永享吉瑞，大德施加到四海，可以继承天道。"王用享于帝"这句是在说祭天，三王在国都近郊祭祀天地，一直选在夏至日，上天之气十五天一记录，三次记录也就是四十五天为一体，要知道这个时候，天地交际，万物相通，所以泰益的卦象，都是在夏至日，这是四时的正位，不可改变的。所以三王的祭祀，在夏至日，是顺应四时，取法天地的大道。"

【原文】

孔子曰："随上六，拘系之，乃从维之。王用享于西山，随者二月之卦，随德施行，藩诀难解，万物随阳而出，故上六欲待九五拘系之，维持之明被阳化而阴欲随之也。譬犹文王之崇至德，显中和之美，拘民以礼，系民以义。当此之时，仁恩所加，靡不随从，咸悦其德，得用道之王，故言王用享于西山。"〔易纬乾凿度〕

【释义】

孔子说："随上六，拘系之，乃从维之。王用享于西山。"随着二月的卦象，随着德行的施行，障碍、险难都被解决，万物随着阳出来，所以上六欲待九五拘系之，维持之明被阳感知而阴也想随着。好像文王的大德，显出的是一种中和之美，让百姓学礼、崇义。当时，文王所到的地方，没有不跟随的，大家都佩服文王的德行，得到用大道的王，所以说王用享于西山"。

【原文】

孔子曰："阳消阴言夬，阴消阳言剥者，万物之祖也。断制除害，全物为务，夬之为言诀也。常三月之时，阳盛息消，夬阴之气，万物毕生，靡不蒙化。譬犹王者之崇至德，奉承天命，伐诀小人，以安百姓，故谓之诀。夫阴伤害为行，故剥之为行剥也。当九月之时，阳气衰消，而阴终不能尽阳，小人不能诀君子也，谓之剥，言不安而已。是以夬之九五言诀，小人剥之，六五言盛杀万物，告剥堕落。譬犹君子之道衰，小人之道盛，侵害之行兴，安全之道废，阴贯鱼而欲承君子也。"［易纬乾凿度］

【释义】

孔子说："阳消阴是夬卦，阴消阳是剥卦，万物的本原。果断除害，通晓万物的道理并按这道理行事而得到成功，夬卦就是说决断。一般三月的时候，阳气兴盛繁茂，阴气由此决断，万物完全从此出生，无不蒙受教化。好像王者崇尚大德，承袭天命，讨伐小人，安抚百姓，所以称之为诀。阴伤阳为行，所以剥也叫行剥。九月的时候，阳气衰落消退，但是阴最终也不能完全终结阳气，小人最终也不能和君子离别，称为剥，就是不安。夬卦的九五爻叫诀，小人被剥去了，剥卦六五爻就是万物由盛转衰，都脱落衰败。好像君子之道衰败，小人之道昌盛，欺凌伤害的行为品行兴起，稳定完备的德行废弛，剥卦六五爻像贯串一排鱼一样引领众宫女承宠于君王，指六五上承上九阳刚，才能转'剥'为'复'。"

【原文】

孔子曰："易有六位三才,天地人道之分际也。三才之道,天、地、人也。天有阴阳,地有柔刚,人有仁义,法此三者,故生六位。六位之变,阳爻者,制于天也,阴爻者,系于地也。天动而施曰仁,地静而理曰义,仁成而上,义成而下,上者专制,下者顺从,正形于人,则道德立而尊卑定矣。此天地人道之分际也。天地之气,必有终始,六位之设,皆由上①下,故易始于一,分于二,通于三,口于四,盛于五,终于上。初为元士,二为大夫,三为三公,四为诸侯,五为天子,上为宗庙。凡此六者,阴阳所以进退,君臣所以升降,万人所以为象则也。故阴阳有盛衰,人道有得失,圣人因其象,随其变,为之设卦。方盛则托吉,将衰则寄凶,阴阳不正,皆为失位,其应实而有之,皆失义。善虽微细,必见吉端;恶虽织介,必有悔吝。所以极天地之变,尽万物之情,明王事也。丘系之曰:立象以尽意,设卦以尽情伪,系为以尽其言。"［易纬乾凿度］

【注释】

①上下疑当为下上。

【释义】

孔子说:"《易》有'六位''三才',天地人的规矩才界定了。三才指的就是天、地、人。天有阴阳,地有柔刚,人有仁义,效法这三个,所以产生了六位。六位的变化,阳爻被天所规定,阴爻被地所命令。感应天动(阳之常)而施行的叫仁,感知地静(阴之常)而管理的叫义,所以仁是从上得来的,义是从下得来的。为上的要专心管理,在下的要顺应服从,显现在人身上,规律德行就确定了,从而尊卑也就确立了。这就是天地人规矩的界定了。天地间的阴阳之气,一定是有兴衰变化的,六位的设置都是从下到上的,因此,《易》始发于一,一分为二,贯通于三,成形于四,隆盛于五,最终为止。

一就是士人,二就是大夫,三就是三公,四就是诸侯,五为天子,最上面对应的就是宗庙社稷了。从这六位中,可以看出阴阳进退,君臣升降,众人所遵循的法式准则的原因。阴阳有盛衰,人间道义德行也有得失,圣人会根据他们出现的状态,随其变化,然后根据这样的变化设立卦象。将要兴盛的时候就开始寄居在吉,马上要衰落的时候就开始寄居在凶,阴阳没有处在他们相应的位置,都被称为失位,本来应该没有的却有了,都失去了公正合宜的道理。善即使微小,也一定会出现吉兆;恶即使再微小,也会让人后悔耻辱。所以要考究天地的变化,通晓万物的实情,明白王者应做的事情。我对这部分的注解就是:确立征兆的时候要完全表达出本原,重叠八卦而成六十四卦来极尽事物的情实,系词就是用语言完备地表达这些。"

【原文】

孔子曰:"易六位正,王度见矣。"[易纬乾凿度]

【释义】

孔子说:"《易》中的六卦正名,先王的法度就会出现。"

【原文】

孔子曰:"易有君人五号也:帝者,天称也;王者,美行也;天子者,爵号也;大君者,与上行异也;大人者,圣明德备也。变文以著名。题德以别操,王者,天下昕归往。《易》曰:'在师中。吉无咎,王三锡命,师者众也。'言有盛德,行中和,顺民心,天下归往之,莫不美命为王也。行师以除民害,赐命以长,世德之盛。天子者,继天理物,改一统,各得其宜,父天母地,以养万民,至尊之号也。《易》曰:'公用享于天子。'大君者,君人之盛者也。《易》曰:'知临,大君之宜,吉。'临者,大也,阳气在内,中和之盛,应于盛位,浸大之化,行于万民,故言宜处王位,施大化,为大君矣。臣民欲被化之词也。大人者，圣人之在位者也。夫大人者，与天地合其德。《易》曰：'见龙在田，利见大人。'又曰'飞龙在天，利见大人。'言德化施行，天地之和，故曰大人。"［易纬乾凿度］

【释义】

孔子说："《易》有'君人五号'：帝是取自于天；王是嘉奖其品行；天子是表彰其功劳；大君是和上行相异；大人能知天道并道德完美的人。他们的不同要表明，要根据他们不同的操守来表明德行，王者，就是天下要归顺的人。《易》说：'在师中，吉无咎，王三锡命，师者众也。'就是说有崇高的德行，行为中顺和谐，顺应民心，天下都会归顺，天下人都会称其为王。战争是为了铲除民害，被上天赐予天命，这些都是德行昌盛的原因。天子执行上天的命令，以至德而君临天下，让万物各得其所，效法天地，养育万民，这就是至尊。《易》说：'公用享于天子。'就是说大君是管理众多百姓的人。《易》说：'知临，大君之宜，吉。'其中临是大的意思，这句话是说阳气在其中，中顺和谐之气繁盛，处于盛位，接受上天的教化，再施行于万民，所以说大君就是适合处于王位，施行教化。这是在说臣民希望被教化的意思。大人是圣人。大人要与天地的大道德行统一。《易》说：'见龙在田，利见大人。'又曰'飞龙在天，利见大人。'是说大人就是施行德行教化，让天地和谐的人。"

【原文】

孔子曰："既济九三，高宗伐鬼方，三年克之。高宗者，武丁也，汤之后有德之君也。九月之时，阳失正位，盛德既衰，而九三得正，下阴能终其道，济成万物，犹殷道中衰，王道陵迟。至于高宗，内理其国，以得民心，扶救衰微，伐征远方，三年而恶消灭，成王道。殷人高而宗之，文王挺以校易，劝德也。"［易纬乾凿度］

【释义】

　　孔子说："既济卦九三爻,高宗讨伐鬼方,三年打败鬼方。高宗就是商朝的武丁,是汤之后有德行的君王。九月时,阳失正位,昌盛的德行即将衰落,而九三爻得正,阴气最终会占据主流,贯串万物,好像殷的天命开始衰落,王道也将被陵迟。至于武丁,对内治理国家,从而获取民心,拯救衰落的天命,对外征战远方,三年铲除威胁国家的势力,成就王道。殷人以武丁功劳高而以他为宗,文王用这个例子开解说此卦,意在劝德。"

【原文】

　　孔子曰:"易本阴阳,以譬于物也。摄序帝乙、箕子、高宗著德,易者所以昭天道、定王类也。上衡先圣,考诸近世,采美善以见王事,言帝乙、箕子、高宗明有法美帝乙之嫁妹,顺天地之道,以立嫁娶之义,义立则妃匹正,妃匹正则王化全。"［易纬乾凿度］

【释义】

　　孔子说:"《易》源于阴阳,用这个来比拟万物。把帝乙、箕子、高宗的德行彰显,易就是要彰显天道、树立王道。上天比较先圣,考察这些近代的贤人,收集美善之事来突显王的施政,在说帝乙、箕子、高宗英明的时候,赞美了帝乙嫁妹的事情,顺应天地之道,树立起嫁娶的规矩,嫁娶的规矩确立了那么配偶的地位也就正了,如此就使得王的教化更加完备了。"

【原文】

　　孔子曰:"泰者,正月之卦也。阳气始通,阴道执顺,故因此以见汤之嫁妹,能顺天地之道、立教戒之义也,至于归妹。八月卦也,阳气归下,阴气方盛,故复以见汤妹之嫁,以天子贵妹而能自卑,顺从变节而欲承阳者,以执汤之戒。是以因时变一用,见帝乙之道,所以彰汤之美,明阴阳之义也。"孔子曰:"自成汤至帝乙。帝乙,汤之元孙之孙也。此帝乙,即汤也。殷录质,以生日为名,顺天性也。元孙之孙,外绝恩矣。同以乙日生,疏可同名。汤以乙生,嫁妹,本天地,正夫妇,夫妇正,王道兴矣。故曰:《易》之帝乙,为成汤,《书》之帝乙六世王,同名不害以明功。"[易纬乾凿度]

【释义】

孔子说:"泰是正月的卦象。阳气开始通畅,阴气还在控制,所以汤嫁妹,就是顺应天地之道、树立教化的规矩,在嫁妹上达到了。八月卦象,阳气下降,阴气开始兴盛,又出现汤妹出嫁,因为天子以其妹尊贵还能降尊出嫁,要顺从大道的变化还要承接阳气,拿汤的这件事做一个警戒。要因时而变,彰显帝乙的功绩,表彰汤的美德,通达阴阳之义。"孔子说:"从成汤到帝乙。帝乙,是汤玄孙的孙子。而这个帝乙,就是汤。殷商记录,用生日为名,顺应天性。玄孙的孙子,关系过于疏远了。都是乙日生,是可以同名的。乙日生的汤,嫁妹,是效法天地,为夫妇正名,夫妇地位确立,那么王道就会兴旺了。所以说:《易》中的帝乙,就是成汤,《书》中的帝乙六世王,虽然同名但不损害他彰显功业。"

【原文】

孔子曰:"绂者,所以别尊卑、彰有德也,故朱赤者,盛色也。是以圣人法以为绂服,欲百世不易也,故困九五。文王为纣三公,故言困于赤绂也。至于九二,周将王,故言朱绂方来,不易之法也。"[易纬乾凿度]

【释义】

孔子说:"绂就是来区别尊卑、彰显德行的,所以朱赤色,就是最上等的颜色。用圣人的法度来为绂服，百世不需要改变，就是困卦九五爻。文王是纣王的三公，所以说是赤绂受困。到困卦九二爻，周要称王，所以说朱绂要来，这是不可逆转的天理。"

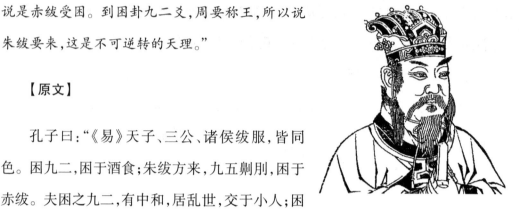

周文王

【原文】

孔子曰："《易》天子、三公、诸侯绂服，皆同色。困九二，困于酒食；朱绂方来，九五劓刖，困于赤绂。夫困之九二，有中和，居乱世，交于小人；困于酒食者，困于禄也。朱绂者，天子赐大夫之服，而有九二，大人之行，将赐之朱绂，其位在二，故以大夫言之。至于九五，劓刖者不安也，文王在诸侯之位，上困于纣也，故曰劓刖困于赤绂。夫执中和，顺时变，所以全王德、通至美也，乃徐有说。丘记象曰：困而不失其所亨。贞，大人吉，以刚中也。文王因阴阳，定消息，立乾坤，统天地。"[易纬乾凿度]

【释义】

孔子说："《易》中天子、三公、诸侯的绂服，是一样的颜色。困卦九二爻，陷于酒色享受之中，就不妨取来祭服去做祭祀；困卦九五爻，受到割掉鼻子和剁掉脚的困境，并且在这时更受困于迷信神灵保佑。困卦九二爻，有中和，居于乱世之中，结交小人；陷于酒色享受之中，且俸禄少。朱绂指的是天子赐大夫的服饰，在九二爻中，大人将被赐予朱绂，位置在二，所以用大夫。困卦九五爻中，劓刖指代不安的情绪，文王还是诸侯的时候，曾被纣王囚禁，所以叫'劓刖困于赤绂'。秉持中和之气，顺应天地变化，能够完备王者德行、达到尽善尽美的状态，最好的办法就是徐徐地予以解脱。我在解释《易》中的象里讲：陷入困境仍坚守正道。'大人'很吉祥无有灾祸，且因此难而磨练意志。文王根据阴阳，确定兴衰，树立乾坤，治理天地。"

【原文】

孔子曰：“三万一千九百二十岁，录图受命，易姓三十二纪。德有七，其三法天，其四法地。五王有三十五半。圣人君子消息，卦纯者为帝，不纯者为王。六子上不及帝，下有过王，故六子虽纯，不为乾坤。”［易纬乾凿度］

【释义】

孔子说：“在三万一千九百二十年中，帝王受命易姓三十二。大道有七，三分效法于天，四分效法于地。五王也只有三十五的一半。圣人君子出现消失，卦象纯的为帝，不纯的为王。震、坎、艮、巽、离、兑六卦向上不到帝，但又超过王的卦象，所以这六卦的卦象虽纯。却不是乾坤。”

【原文】

孔子曰：《洛书·摘亡辟》曰，建纪者，岁也。成姬仓有命在河，圣。孔表雄德，庶人受命，握麟徵。”［易纬乾凿度］

【释义】

孔子说：“《洛书·摘亡辟》中讲，岁星运行一周天为一纪。河图中有姬昌实现天命。有大德，以普通人的身份接受天命，所以有麒麟的瑞征。”

【原文】

孔子曰：“推即位之术，乾坤三，上中下。坤变初六复，曰正阳在下为圣人，故一圣，二庸，三君子，四庸，五圣，六庸，七小人，八君子，九小人，十君子，十一小人，十二君子，十三圣人，十四庸人，十五君子，十六庸人，十七圣人，十八庸人，十九小人，二十君子，二十一小人，二十二君子，二十三小人，二十四君子，二十五圣人，二十六庸人，二十七君子，二十八庸人，二十九圣人，三十庸人，三十一小人，三十二君子，三十三小人，三十四君子，三十五小人，三十六君子，三十七圣人，三十八庸人，三十九君子，四十小人，四十一圣人，四十二庸人。"孔子曰："极至德之世，不过此。乾，三十二世消；坤，三十六世消。代圣人者仁，继之者庸人，仁世淫，庸世很。二阴之精射三阳，当卦自扫。知命守录，其可防钧铃，解命图兴。"孔子曰："丘文以候授明之出，莫能雍。"

［易纬乾凿度］

【释义】

孔子说："推知成为帝王的方法，乾卦坤卦三分，上中下。坤卦变到初六爻重复，也就是正阳在下是圣人，所以一圣，二庸，三君子，四庸，五圣，六庸，七小人，八君子，九小人，十君子，十一小人，十二君子，十三圣人，十四庸人，十五君子，十六庸人，十七圣人，十八庸人，十九小人，二十君子，二十一小人，二十二君子，二十三小人，二十四君子，二十五圣人，二十六庸人，二十七君子，二十八庸人，二十九圣人，三十庸人，三十一小人，三十二君子，三十三小人，三十四君子，三十五小人，三十六君子，三十七圣人，三十八庸人，三十九君子，四十小人，四十一圣人，四十二庸人。"孔子曰："大德的朝代，也不过那样。乾卦象的三十二代消亡；坤卦象的三十六代消亡。代替圣人的会是仁爱之人，然后会是庸人，仁者时代会是奢靡的，庸者时代会是恳切的。二阴的精华逐取三阳，合其卦象自扫。知晓天命并守护图录，这样可以防备钧铃星，解读天命并使图录兴起。"孔子说："我观察守候着给予大德的图录出现，不能遮蔽。"

【原文】

孔子曰："复十八世消，以三六也。临十二世消，以一一六也。泰三十世消，以二九、二六也。大壮二十四世消，以二九、一五也。央三十二世消，以三九、一四也。"［易纬乾凿度］

【释义】

孔子说："复卦象的十八代消亡,三个六。临卦象的十二代消亡,两个六。泰卦象的三十代消亡,两个九、两个六。大壮卦象的二十四代消亡,两个九、一个五。央卦象的三十二代消亡,三个九、一个四。"

【原文】

孔子曰:"姤一世消,无所据也。遁一世消,据不正也。否十世消,以二五也。观二十世消,以二五、四六也。剥十二世消,以三四也。"［易纬乾凿度］

【释义】

孔子说:"始卦象的一代就消亡了,没什么依据。遁卦象的一代消亡,所依据的不够确实。否卦象的十代消亡,两个五。观卦象的二十代消亡,两个五、四个六也。剥卦象是十二代消亡,三个四。"一三八五孔子轨①:"以七百六十为世轨者尧,以甲子受天元,为推术。以往六来八,往九来七为世轨者文王,推爻四,乃术数。"［易纬乾凿度］

【原文】

孔子曰:"以爻正①月,为享国数,存六期者天子。"［易纬乾凿度］

【注释】

①注云正月误字当正云一轨。

【释义】

孔子说:"用爻正月,享有国运,存在六年的就会是天子。"

【原文】

孔子曰："天之将降嘉瑞,应河水清三日,青四日,青变为赤,赤变为黑,黑变为黄,各各三日,河中水安井①,天乃清明,图乃见,见必南向,仰天言。见三日以三日,见六日以六日,见九日以九日,见十二日以十二日,见十五日以十五日,见皆言其余②日。"〔易纬乾凿度〕

【注释】

①井古通静。

②注云误余字也当为陵之。

【释义】

孔子说："上天要降祥瑞征兆的时候,黄河的水要变清三日,变青色四日,青色变为红色,红色变为黑色,黑色变为黄色,每个变化各三日,黄河中水平静,天空晴朗无云,河图方会出现,出现的时候面向南方,向天祷告,见三日用三日,见六日用六日,见九日用九日,见十二日用十二日,见十五日用十五日,看见的都说超过了日子。"

【原文】

孔子曰："帝德之应洛水,先温九日,后五日变为五色,元黄天地之①静,书见矣,负图出午,圣人。见五日以五日,见十日以十日,见十五日以十五日,见二十日以二十日,见二十五日以二十五日,见三十日以三十日。"〔易纬乾凿度〕

【注释】

①之当为安。

【释义】

孔子说："帝的德行与洛水相感应,洛水先温九日,后五日变化五种颜色,天地寂静,洛书出现,背驮着洛书出现在午方,圣人将会出现。见五日用五日,见十日用十日,见十五日用十五日,见二十日用二十日,见二十五日用二十五日,见三十日用三十日。"

【原文】

孔子曰:"君子亦于静,若龙而无角,河二日清,二日白,二日赤,二日黑,二日黄。蛇见水中,用日也,一日辰为法,以一辰二辰,以三辰,以四五辰,以六七辰,以八九辰,以十辰,以十一辰,以十二辰。夜不可见,水中赤煌煌,如火英,图书、蛇皆然也。"〔易纬乾凿度〕

【释义】

孔子说:"君子无为,好似龙没有角,黄河两日清澈,两日白色,两日红色,两日黑色,两日黄色。有蛇在水中出现,是按天的,用一天的时间来计量,一辰二辰用,三辰用,四五辰用,六七辰用,八九辰用,十辰用,十一辰用,十二辰用。夜深看不见,但水中红光明亮,像火花,河图洛书、蛇都是这样。"

【原文】

孔子曰:"复,表日角。临,表龙颜。泰,表载干。大壮,表握诉,龙角大辰。夬,表升骨履文。姤,表耳参漏,足履王,知多权。遁,表日角连理。否,表二好文。观,表出准虎。剥,表重重明历元。此皆律历运期相,一匡之神也,欲所按合诚。"〔易纬乾凿度〕

【释义】

孔子说:"复卦,外表显示为额骨中央部分隆起,形状如日。临卦,外表显示为眉骨圆起。泰卦,外表显示为两肩上耸,像鸱鸟栖止时的样子。大壮卦,外表显示为额阔如盾牌。夬卦,外表显示为背生得弯。始卦,外表显示为两耳各有三孔,执行执掌王权。遁,外表显示为日角连生在一起。否卦,外表显示为二好文。观卦,外表显示为高鼻虎唇。刹卦,外表显示为重瞳。这些都是运道天命在面相上的显示,神明辅助,要按照《合诚》这本谶书上讲的。"

【原文】

孔子曰:"至德之数,先立木、金、水、火、土德,合三百四岁,五德备。凡一千五百二十岁,大终复初。"[易纬乾凿度]

【释义】

孔子说:"大德之数,要先立木、金、水、火、土德,共三百四十年,五德齐备。每一千五百二十年,终止回到最初。"

【原文】

孔子曰:"丘按录谶论国定符,以春秋西狩,题钊表命。"[易纬乾凿度]

【释义】

孔子说:"我根据图录、谶语,来理论国事确定祥瑞,在《春秋》中记载西狩获得麒麟的事情,用以表达天命。"

【原文】

孔子表《河图皇参持》曰："天以斗视，日发明皇，以戏招始，挂八卦谈。"［易纬辨终备］

【释义】

孔子阐明《河图皇参持》中说："观察北斗之星，日月照耀来昭示天地。三皇伏羲始卦来明示后人，使后人可以知晓天命。"

【原文】

鲁人商瞿使向齐国，瞿年四十，今复使行远路，畏虑，恐绝无子。夫子正月典瞿母筮，告曰："后有五丈夫子。"子贡曰："何以知子？"曰："卦遇大畜、艮之二世。九二甲寅木为世，六五景①子水为应。世生外象生象来爻生互内象，艮别子，应有五子，一子短命。"颜回云："何以知之？""内象是本子，一艮变为二丑，三阳爻五，于是五子，一子短命。何以知短命，他以故也。"［《中备按》即《辨终备史记》，仲尼弟子列传正义引］

【注释】

①景子水当作甲子木。

【释义】

鲁国人商瞿将要出使齐国，他四十岁了，现在要出使遥远的国家，有些担心，恐怕没有后代。孔子正月为商瞿的母亲占卜，告诉她："商瞿以后会有五个男孩子。"子贡说："先生怎么能够预先知道是这样的呢？"孔子回答道："卦象是大畜、艮的二世卦。九二甲寅木为世，六五景子水为应。世生外象生象来爻生互内象，艮别子，应有五子，一个短命。"颜回问："是如何知道的？""内象是本子，一艮变为二丑，三阳爻五，于是就是有五子,一子短命。为何会知道有一个短命,就是这样的原因。"

【原文】

孔子曰:"太皇之先,与耀合元,精五帝期,以序七神。天地成位,君臣道生,君五期,辅三名以建德,通万灵。遂皇始出,握机矩,表计宜,其刻白'苍牙通灵,昌之成,孔演命,明道经。燧人之皇没,伏羲生木,尚芒芒,开矩听八,苍灵唯精,不慎明之,害类远振。撐度出表,挺后名知,命陈效赌,三万一千,一终一名,虑②方牙,苍精作易,无书以尽序。"[易纬通卦验]

【注释】

①白苍牙古微书引作曰苍渠。

②虑以下释史引作伏羲方牙精作易无书以画事。

【释义】

孔子说:"太微之帝,本与北辰之帝同元。他的精华有五,布列用事各自有规定的时日——七十二天,排列次序分别为十神、二十八舍、北斗。天地尊卑已定,然后有君臣。君王的规范,是五行代王,辅臣三名,公卿大夫。让王的德行遍及天下,与万物之灵相通。遂皇开始管理天下的时候,掌握着斗机运之法,依据天意来施教令,用图形显示出来,那是没有书,就刻下来:苍精牙肩之人能通神灵之意,文王又把伏羲的图形进行了解读,使其中的大道得以彰显。伏羲根据遂皇的斗机运之法,作八卦之象。伏羲专精于此而作八卦,推行的政令,扬善驱恶。伏羲用易来为政令却没有用文字记录下来。只是用图形的形式记载而已。"

【原文】

孔子表《洛书·摘亡辟》曰:"亡秦者,胡也。丘以推秦白精也,其先星感,河出图,挺白以胡谁亡。胡之名,行之名,行之萌,秦为赤躯,非命王,故帝表有七五命。七以永庆王,以火代黑,黑畏黄精之起,因威萌。"[易纬通卦验]

【释义】

孔子在《洛书·摘亡辟》中说:"'亡秦者,胡也。'我推测秦是白精,与星相感应,黄河出现河图,动摇白精,用胡除去。取名胡,是这次天命运行的名称,天命运行的开始,秦是王命的替身而不是王命,所以说帝王卦象有七五。用火代替黑,黑害怕黄精兴起,于是黄精兴盛。"

【原文】

孔子演曰:"天子亡徵九,圣人起有八符。运之以斗,税之以昂,五七布舒,河出录图,雒授变书"。[易纬是类谋]

【释义】

孔子演绎道:"天子消亡征兆在九,圣人出现征兆在八(九、八亦阳爻)。每当圣明之世时,黄河便出现河图,洛水便授圣人洛书。"

【原文】

丘序曰:《天经》曰:"乾元亨利贞。"爻曰:"飞龙在天,利大人。"故德配天地,天地不私公位,称之曰帝。故尧天之精阳,万物莫不从者。故乾居西北,乾用事,万物蛰伏,致乎万物蛰伏,故能致乎万人之化。《经》曰:用九。《经》曰:震下乾上,无妄,天精起。帝必有洪水之灾,天生圣人,使杀之,故言乃统天也。丘括义,因象助类。《辞》曰:天无云而雷,先王以茂对时育万物。《经》曰:乾下艮上,大畜,天灾将至,预畜而待之,人免于饥,故曰"元亨"。上下皆通,各载其性,故曰"利贞"。至德之萌,五星若连珠,日月如合璧。天精起,(豆斗)口有位,鸡鸣斗运,行复始,莫敢当之。黄星第于北

斗,必以戊己日,其先无芒,行文元武动事,莫之敢距。[易纬坤灵图]

【释义】

孔子在序中讲:《天经》中有"乾元亨利贞。"爻辞是:"飞龙在天,利大人。"所以德行要与天地相匹配,天地不偏爱,称之为帝。所以帝王盛德,万物没有不追随的。所以乾卦居西北,乾卦象用事,万物蛰伏,可以让万物蛰伏,所以能让万人受到教化。《经》中有:用九。《经》中还说:震卦下乾卦上,不会乱,天精兴起。帝一定会遭遇洪水的灾难,圣人会出现,让圣人灭除,所以说这个卦象是治理天的。丘包容众多方法,用卦象来推知天命。《辞》曰:天打雷却没有云彩,先王是按照时令来养育管理万物的。《经》曰:乾卦下艮卦上,要大量储藏,天灾马上就要到了,先储藏等着天灾,人民会免于饥荒,所以称之为"元亨"。上下相通,各自按照各自的规矩发展,称之为"利贞"。大德要出现时,五星好像珠子一样连在一起,日月会同时出现。天精兴起,(豆斗)口有位,鸡鸣斗运,运行周而复始,不要阻挡。黄星运行到北斗上面,必是戊己日,其先没有光芒,实施或文或武的大事,不敢抗拒。

【原文】

孔子以位三不正。[《易纬坤灵图乾凿度》:"孔子消以三六日复十八世也之"注引。]

【释义】

孔子为"三不"正名。

【原文】

吴王阖闾登包山之上,命龙威丈人入包山,得书一卷,凡一百七十四字而还。吴王不识,使问仲尼,诡云赤乌衔书以授王。仲尼曰:"昔吾游西海之上,闻童谣曰:吴王出游观震湖,龙威丈人名隐居,北上包山人灵墟,乃造洞庭窃禹书,天帝大文不可舒,此文长传六百初,今强取出丧国虚。邱按谣言,乃龙威丈人洞中得之,赤为所衔,非邱所知也。"吴王惧,乃复归其书。[河图纬纬象古微书引]

【释义】

吴王阖闾同登上包山,让龙威丈人入包山,得到一卷天书,一共一百七十四字。吴王见到神书,一个字也不认识。派人去请教孔子,谎称是赤色的鸟衔来送给国君的。孔子说:"我从前在西海游玩,听到一首童谣:吴王出游观震湖,龙威丈人名隐居,北上包山入灵墟,乃造洞庭窃禹书,天帝大文不可舒,此文长传六百初,今强取出丧国虚。根据我听说的,这是龙威丈人在山洞中得到的,不是赤鸟衔来的,这不是我所知道的。"吴王害怕了,于是把书归还回去。

【原文】

孔子求书,得黄帝玄孙帝魁之书,迄于秦穆公,凡三①千二百四十篇。断远取近,定可以为世法者百二十篇:以百②篇为《尚书》,十八篇为《中候》。[尚书纬璇玑钤尚书序疏引尚书纬,今从古微书收入此篇]

【注释】

①史记伯夷传索隐引作三千三百三十篇。
②同上作一百篇。

【释义】

孔子求书,得到皇帝玄孙帝魁的书,这本书起于秦穆公,有三千二百四十篇。舍弃距今遥远的,留下比较近的,用来成为世间规范的有一百二十篇:用一百篇编写《尚书》,用十八篇编写《中候》。

【原文】

孔子曰:"五帝出受录①图。"[尚书纬璇现钤文选汉高祖功臣颂注引]

【注释】

①齐安陆王碑文引作篆图。

【释义】

孔子说:"五帝出,然后给授予《录图》。"

【原文】

丘生仓际,触期稽度为①赤制。故作《春秋》,以明文命。缀纪②撰书,修定礼义。[尚书纬考灵耀隶释史晨祠孔庙碑引]

【注释】

①从汉书公孙述传注云尚书考灵耀曰孔子为赤制故作春秋赤者汉行也言孔子作春秋断十二公象汉十二帝。
②纬攟引纪作记。

【释义】

孔子生于仓际,触碰运数考查古籍做赤制。所以作《春秋》,来让文字内在的含义公开。串联古书记事,修订礼义规矩。

【原文】

孔①子曰:"诗者,天地之心,君②德之祖,百福之宗,万物之户也。刻之玉版,藏之

金府。"［诗纬含神雾御览八百四引］

【注释】

①纬攟引孔子曰三字。

②君德以下十三字从御览六百九引补。

【释义】

孔子说："诗歌就是天地之心，君子道德的起始，百福的本原，万物的所在。要雕刻在玉石上，藏在国家图书馆。"

【原文】

孔子歌云，违山十里，蟪蛄之声，尚犹在耳。政尚静而恶讹也。［诗纬含神雾古诗记引〇今从古微书收入此篇］

【释义】

孔子有歌，离开山谷十里之外，山中蟪蛄的鸣叫，依然在我的耳边回响。政事处理要无为而治，而不是华而不实。

【原文】

孔子谓子夏曰："群鸡至非中国之禽也。"［礼纬稽命微御览九二十三引］

【释义】

孔子对子夏说："鸲（八哥）不是中原地区的飞禽。"

【原文】

夫子坟方一里，弟子各以四方奇木植之。［礼纬稽命徵艺文类聚卷十八引］

【释义】

孔子的坟墓方圆一里,弟子们种上用来自四方的奇异树木。

【原文】

孔子曰:"箫韶者,舜之遗音也。温润以和,似南风之至,其为音,如寒暑风雨之动物,如物之动人,雷动兽①含,风雨动鱼龙,仁义动君子,财色动小人,是以圣人务其本。"〔乐纬动声仪御览八十一引〕

【注释】

①兽含,禽兽之误。

【释义】

孔子说:"舜之《韶》乐是舜留下的音乐。温润和谐,好像吹拂着温暖的南风,听《韶》乐,好像寒暑风雨对物起作用,万物对人起作用,雷电对禽兽起作用,风雨对鱼龙起作用,仁义对君子起作用,财色对小人起作用,所以圣人致力于本源。"

【原文】

颜回问:"三教变虞夏,何如?"曰:"教者,所以追补败政,靡弊涸浊,谓之治也。舜之承尧,无为易也。"〔乐纬稽耀嘉白虎通三教引〕

【释义】

颜回问:"忠、敬、文三教(夏商周三王各有得失,所以取各自优点忠、敬、文为三教)和虞夏相比,怎么样?"孔子回答说:"忠、敬、文三教中的每一教都是对前面一个王失败的总结,清除前面的弊端,可以说是整治。舜承接尧,无为而天下治。"

【原文】

孔子曰:"丘吹律定姓,一言得土,曰宫;三言得火,曰徵;五言得水,曰羽;七言得金,曰商;九言得木,曰角。"［乐纬五行大义一引］

【释义】

孔子说:"我制定了音律,一得土,是宫;三得火,是徵;五得水,是羽;七得金,是商;九得木,是角。"

【原文】

孔子案《录书》,含视五常英人,知姬昌为苍帝精。［春秋纬感精符御览八十四引］

【释义】

孔子考查《录书》,把仁、义、礼、智、信这五常看成是成就杰出人才的标准,知晓文王姬昌是苍帝的精气。

【原文】

(孔子曰)丘揽史记,援引古图,推集天变,为汉帝制法,陈叙图录。［春秋纬汉含孳公羊传隐公元年疏引春秋说,今从古微书,收入此篇］

【释义】

(孔子说)我纵览各国史书,援引古图,推算集合上天变化之数,为汉家创制大义,铺陈叙述《图录》。

【原文】

丘水精治法为赤制功。[春秋纬汉含孳公羊传隐公元年疏引春秋说,今从古微书,收入此篇]

【释义】

孔子为辰星,以研究汉朝的国运为功业(汉代火德尚赤,所以称为"赤制")。

【原文】

孔子作《春秋》,陈天人之际,记异考符。[春秋纬握诚图初学记卷二十一又御览六百十引]

【释义】

孔子写《春秋》,表述了自然和人事之间的相互关系,记录了奇异的事情、研究了瑞征祥兆。

【原文】

伏羲作八卦,丘合而演其文,渎而出其神,作《春秋》以改乱制。[春秋纬说题辞公羊传隐公元年疏引春秋说今从古微书收入此篇]

【释义】

伏羲制作了八卦,孔子为了迎合他,而演绎了一些文字,将他的精神显现出来,创作《春秋》以改变混乱的制度。

【原文】

孔子作《春秋》,一万八千字,九月而书成。以授游夏之徒,游夏之徒不能改一字。

【释义】

孔子创作《春秋》，一共一万八千字，历经九个月才完成，交给游夏之徒看，游夏之徒没有修改一个字。

【原文】

孔子谓子夏曰："得麟之月①，天常有血书鲁端门。"孔圣没，周室亡。子夏往观，逢一郎云："门有血，蜚为赤乌，化而为书云。"［春秋纬说题辞太平广记卷一百四十四引］

【注释】

①文选司马绍统赠山涛诗注引云：天尝有血书鲁端门作法，孔圣没，周室亡。○绎史孔子类记三引作：得麟之月，孔子谓子夏曰："天常有血书鲁端门。"子夏往候之，蓬一郎言："门有血，往为之云。趣作法，孔圣没，周姬亡，彗东出，秦政起，胡破循，书记散，孔不绝。"血书蜚为赤乌，化为帛书。署曰演孔圆中有作图制法之状。

【释义】

孔子对子夏说："得到麒麟的时候，天上会有血书送到鲁国的端门"。孔子死了，周朝也灭亡了。子夏到鲁国去验看，正遇上一个人说："鲁国的端门有血，那血飞起来原来是赤乌，又变化成书。"

【原文】

传我书者，公羊高也。［春秋纬说题辞公羊传序疏引］

【释义】

传给我书的人，是公羊高。

【原文】

孔子言曰："五变入臼，米出甲，谓硙之为粝米也，舂之则粺米也，皞之则凿米也，舀之则毁米也，又鸡择之，白易白差之，则为晶米。"［春秋纬说题辞古微书引］

【释义】

孔子说："在臼中有五种变化，米去掉外面的皮，用石磨磨的叫粝米，放在石臼里舂的叫粺米，使它呈现白色叫凿米，用舀去掉皮叫毁米，又经过鸡鹊的挑选，仔细加工，叫作晶米。"

【原文】

轴孔子卒①，以所受黄玉葬鲁城北门。［春秋纬说题辞水经注卷二十五引］

【注释】

①御览八百四无卒及所二字。

【释义】

孔子去世后，用国君所赠予的黄玉安葬在鲁国都城的北门。

【原文】

孔①子母徵在游大冢②之陂，睡梦黑③帝使请与己交。语曰："女乳必于空桑之中，觉则若感，生丘于空桑之中。"［春秋纬演孔图艺文类聚八十八引］

【注释】

①罗泌路史前纪卷三引作：徵在游于大冢，破梦黑帝谓己："汝产必于空桑。"

②事类赋注二十五又御览九百五十五引与此同，三百六十一引冢作泽。

③玉函山房斡佚书作：黑帝使请己已往，梦交语曰女乳云云。

【释义】

孔子的母亲颜徵在大冢的山坡游玩，睡着了，梦见黑帝请求与自己相交，说："你生子一定会在空桑之中，如果有感觉，会在空桑之中产下丘。"

【原文】

孔子母徵在梦感黑帝而生，故曰元圣。[春秋纬演孔图后汉书班固传注引]

【释义】

孔子的母亲颜徵在梦中梦到黑帝，因而生下孔子，所以称孔子为元圣。

【原文】

首类尼丘，故名。[春秋纬演孔图古微书引]

【释义】

孔子的头部很像丘，四方高，中间低，所以叫丘。

【原文】

孔①子之智有文曰："制作定，世符运。"[春秋纬演孔图白孔六帖卷三十引]

【注释】

①御览三百七十一引作孔訾文日。

【释义】

孔子的胸部有文字:"制作定,世符运。"

【原文】

孔子长十尺,大九围,坐如蹲龙,立如牵牛,就①之如昴,望之如斗。[春秋纬演孔图御览三百七十七引]

【注释】

①御览三百九十三引无下二句。

【释义】

孔子身高十尺,腰围将近十,坐着如同蹲龙,站立如同牵牛,靠近像昴星,望过去像斗。

【原文】

圣人不空生,必有所制,以显天心,丘为木铎,制天下法。[春秋纬演孔图礼记中庸疏引]

【释义】

圣人不会白白降生,一定会有所作为,以显示上天的用心,孔子作为木铎,制定天下的规则。

【原文】

玄丘制命,帝卯行也[春秋纬演孔图文选班孟坚典引注引]

【释义】

孔子制定制度,汉朝皇帝施行。

【原文】

趋作法,孔圣没,周姬亡,彗东出,秦政起,胡破术,书记散,孔不绝,(此鲁端门血书,十三年冬,有星勃东方,说题曰:麟得之月,天当有血书端门,子夏至期往视,逢一郎,言门有血书,往写之。)血蚩,鸟化为帛,鸟消书出,署曰演孔图。[春秋纬演孔图艺文类聚九十八引]

【释义】

趋向作法,孔子没了,周室姬昌死了,彗星出没于东方,秦国开始崛起,胡人破坏了方法,书籍散失了,演孔图不会失传了。(这就是端门血书。十三年冬,有彗星出没于东方,上题有:得到麒麟的当月,将有血书降于鲁门上。子夏到了那时前去看望,遇到一年轻男子说:鲁门上有血书,往上面写字)就化成了帛消逝了,一会儿,书出现了,书名写着:演孔图。

【原文】

孔子论经,有乌化为书,孔子奉以告天,赤爵集①书上化为黄玉,刻曰:孔提命作,应法②为制。[春秋纬演孔图御览八百四又九百十四引]

【注释】

①水经泗水注引集作衔。

②艺文类聚九十九引法下作为制,赤雀集。

【释义】

孔子谈论经书,有鸟化作书,孔子向天呈奉禀告,红色的鸟落到书上,化作了黄玉,上面刻着:孔子亲自受命订立规则,这就是汉朝的国运。

【原文】

孔子曰:丘作春秋,天授演孔图,中有大玉,刻一版曰:璇玑一低一昂。是七期验败毁诚之徵也。[春秋纬演孔图御览六百六引]

【释义】

孔子说:我编订《春秋》,上天授予演孔图。其中有一块大玉,上面刻有:璇星和玑星,一低一高,这是人过世七期时,应验失败、诽谤真心的征兆。

【原文】

孔子修《春秋》,九月而成,卜之,得阳豫之卦。[春秋纬演孔图仪礼士冠礼疏引]

【释义】

孔子编撰《春秋》,历经九月才完成,用卜占之,得到了阳豫卦。

【原文】

孔子欲作《春秋》,卜,得阳豫之卦。[春秋纬演孔图《公羊传·隐公元年》疏引《春秋》说,今从玉函山房辑佚书收入此篇]

【释义】

孔子打算编撰《春秋》,占卜,得到了阳豫卦。

《公羊传》书影

【原文】

哀十四年春,西狩获麟,作《春秋》,九月书成,以其春作秋成,故云春秋也。[《春秋纬演孔图》《公羊传·隐公元年》疏引《春秋》说,今从玉函山房辑佚书收入此篇]

【释义】

鲁哀公十四年春,西去打猎,捕获了麒麟。孔子编撰《春秋》,历经九个月才完成,因为书从春天开始编撰,到秋天才完成,所以称作《春秋》。

【原文】

《春秋》,设三科九旨。[《春秋纬演孔图》《公羊传(隐公元年)疏》引《春秋说》,今从玉函山房辑佚书收入此篇]

【释义】

《春秋》的写法、笔法,包括了三个科段,九种意思。

【原文】

据周史,立新经。[《春秋纬演孔图》《公羊传(隐公元年)疏》引《春秋说》,今从王函山房辑佚书收入此篇]

【释义】

根据周的历史,编订了新的经书。

【原文】

始于春,终于秋,故曰《春狄》。[《春秋纬演孔图》《公羊传(隐公元年)疏》,引《春秋说》,今从玉函山房辑佚书收入此篇]

【释义】

(编撰整理)开始于春天,而在秋天完成,所以叫《春秋》。

【原文】

伏羲作八卦,合而演其文,读而出其神,作《春秋》以改乱制。[春秋纬演孔图公羊传隐公元年疏引春秋说,今从玉函山房辑佚书收入此篇]

【释义】

伏羲作八卦,孔子加以组合推演,悟出其中的神妙,(从而)编撰了《春秋》,以改正(当时的)混乱的制度。

【原文】

丘揽史记,援引古图,推集天变,为汉帝制治,陈叙图录。[春秋纬演孔图公羊传

隐公元年疏引春秋说,今从玉函山房辑佚书收入此篇〕

【释义】

孔子收集史书记载,援引古时图文,整理推演天时变化,为汉帝立下制度法纪,并讲解评议(制度法纪)。

【原文】

丘水精,治法为赤制功。〔春秋纬演孔图公羊传隐公元年疏引春秋说,今从玉函山房辑佚书收入此篇〕

【释义】

孔子从水精星悟出了汉朝国运的定制。

【原文】

昭定哀为所见之世,文宣成襄为所闻之世,隐桓庄闵僖为所传闻之世。〔春秋纬演孔图公羊传隐公元年疏引春秋纬三句并无之世二字公羊传序疏引演孔图云文宣成襄为所闻之世三之世字据补,今从玉函山房辑佚书收入此篇〕

【释义】

昭公、定公、哀公时,是见到的时代;文王、宣王、成王、襄王时,是听说的时代;隐公、桓公、庄公、闵公、僖公时,则是传闻中的时代。

【原文】

麟出周亡,故立《春秋》制素王,授当兴也。〔春秋纬演孔图文选班孟坚幽通赋注引春秋纬,今从玉函山房辑佚书收入此篇〕

【释义】

麒麟出现,周朝灭亡了,所以立了《春秋》的定制,这(指《春秋》制)是素王授予的,现在应当兴盛了。

【原文】

孔子曰:"丘援律而吹命,阴得羽之宫。"[春秋纬演孔图御览十六引]

【释义】

孔子说:"我遵从音律而吹奏,使用阴的吹奏法,得到了羽声的宫调。"

【原文】

孔子作法五经,运之天地,稽之图象,质于三王,施于四海。[春秋纬演孔图初学记卷十六又御览六百八引]

【释义】

孔子删定五经,在天地中运行,以图像来考核,问明在三王那里问明辨清,在四海施行。

【原文】

孔子曰:"丘作《春秋》,始于元,终于麟①,王道成也。"[春秋纬元命文选班孟坚答宾戏注引]

【注释】

①文选骏子歆移书让太常注引无始于元终于麟六字及也字。

【释义】

孔子说："我删定《春秋》,始于太初,完成于麒麟出现时,以仁义统治天下的政策实现了。"

【原文】

孔子曰:"扶桑者,日所出,房所立,其耀盛。苍神用事,精感姜原,卦得震,震者动而光,故知周苍,代殷者,为姬昌。生于岐,立于丰,人形龙颜长大。精翼日,衣青光,迁造西,十刻消。"[春秋纬元命苞文选沈休文齐故安陆昭王碑注引无生于岐立于丰二句及迁造西十刻消二句○御览四引自伐殷者已下互参补订]

【释义】

孔子说:"扶桑,在太阳出来的地方,房子建起来,充满了阳光。苍神发挥力量运转,精气触动姜原,卜卦为震卦。震者,运动而光亮,由此而知,周苍,取代殷朝的人,乃是姬昌。他在丰成长,身材高大,长成人的样子龙的面貌。以太阳的精华为羽翼,以木神的青光为衣服,西进发纣,十刻的时间就消灭了纣。"

【原文】

孔子为治《春秋》之故,退修殷之故历,使其数可传于后。[春秋命历序晋书律历志引]

【释义】

孔子因整理编撰《春秋》的原因,改用以前的殷历纪年,使殷得以传到了后代。

【原文】

孔子年七十岁,知图书,作春秋。[春秋揆命篇公羊传哀公十四年疏引]

【释义】

孔子七十岁了，开始遍览图书，编撰《春秋》。

【原文】

定天下者，魏公子①桓。［孔子玉版三国志魏志文帝纪注引］

【注释】

①《三国志·魏志·文帝纪》注引：《春秋玉版识》曰："代赤眉者，魏公子。"

【释义】

平定天下的人，是魏国公子桓。

【原文】

孔子受端门之命，制《春秋》之义，使子夏等十四人求周史记，得百二十国宝书，九月经立。［闵因叙公羊传隐公元年疏引○纬擒收入春秋说题辞天中记云感精符考异邮说题辞皆有此文］

【释义】

孔子受周王命令，开始整理《春秋》，于是派子夏等十四人，在周求索记载历史的书籍，一共得到了一百二十种，花了九个月的时间，《春秋》才编撰完毕。

【原文】

仲尼曰："吾闻尧率舜等游首山，观河渚，有五老游河渚。一老曰：'河图将来告帝期。'二老曰：'河图将来告帝谋。'三老曰：'河图将来告帝书。'四老曰：'河图将来告帝图。'五老曰：'河图将来告帝笠②。'龙衔③玉苞，金泥玉检封盛书.五老飞马流星，上入昴。"[论语比考谶御览五引论语识今从玉函山房辑佚书收入此篇]

【注释】

①《御览》八十一引《论语撰考谶》曰：尧舜等升首山，观河渚，有五老游于河渚，相谓曰：'河图将来告帝期。'五老流星，上入昴，有须赤龙负玉苞舒图出，尧与大舜等共发，曰："帝当枢百则禅虞。"尧嘻然叹曰："咨尔舜，天之历数，在尔躬。"

②"笠"一作"符"。

③《文选·宣德皇后令》注引作：龙衔玉苞，刻版题命可卷，金泥玉检封书成，知我者重瞳黄姚，视五老飞为流星，上入昴。

【释义】

孔子说："我听说，尧带领舜同游首山，观看河道，有五个老人在河道边游玩。第一位老人说，河图会来告诉尧帝时间；第二位老人说，河图会来告诉尧帝计策；第三位老人说，河图会来告诉尧帝计划；第四位老人说，河图会来告诉尧地图；第五位老人说，河图会来告诉尧帝祥瑞。龙含着玉色的花苞，金泥和玉石封成洛书。然后，五位老人飞马流星，飞上了二十八宿中的昴星。"

【原文】

子路感雷精而生，尚刚好勇，亲涉卫难，结缨而死，孔子闻而覆醢，每闻雷鸣乃中心恻怛。[论语比考谶天中记卷二引论语说○今从古微书收入此篇]

【释义】

子路是感应雷的精气而出生的，他喜欢刚强勇敢，主动和卫国经历战乱，最后结缨而死。孔子听到悲痛得推翻了桌上的食物，以后每每听到雷鸣就心中伤心不已。

【原文】

水名盗泉,仲尼不漱。注曰:"夫子教于洙泗之间,今于城北二水之中,即夫子领徒之所也。"[论语比考谶御览六十三引〇艺文类聚卷九后汉书烈女传章怀太子注引同作比考识〇御览七十引作撰考识]

【释义】

因泉水名叫"盗泉",孔子不喝。注释说:孔子在洙泗二水之间教书,现今城北的二水之间,就是孔子教书育人的地方。

【原文】

孔子读《易》,韦编三绝,铁擿三折,漆书三灭。[论语比考纬天中记引]

【释义】

孔子读《易经》,读得系竹简的熟牛皮绳都断了三次,装订竹简的铁针都坏了三次,竹简上的漆都掉了三次。

【原文】

叔孙武叔毁孔子,譬若尧民。[论语比考纬御览八百二十二引]

【释义】

叔孙武叔诋毁孔子,像尧时期的民众(唱歌)一样。

【原文】

叔梁纥与徵在祷尼丘山,感黑龙之精以生仲尼。[论语撰考识礼记檀弓疏引]

【释义】

叔梁纥与徵在祷尼丘山,因受黑龙的精气,而生下了孔子。

【原文】

子①夏曰:"仲尼为素王,颜渊为司徒,子路②为司空。"[论语摘辅象北堂书钞卷五十二引]

【注释】

①《御览》二百七引:无"子夏曰"三字。

②《御览》百七引:子路以下无。

【释义】

子夏说:"孔子是素王,颜渊为司徒,子路是司空。"

【原文】

孔子胸应矩,是谓仪古。[论语摘辅象御览三百七十一引]

【释义】

孔子的胸部长得方方正正,很中规矩,这就叫作"古人的风仪"。

【原文】

故子欲居九夷,从凤嬉。[论语摘衰圣初学记卷三十引○御览九百十五引作论语摘襄圣]

【释义】

所以孔子打算居住在九夷,跟凤凰嬉戏。

【原文】

子夏六①十四人共撰仲尼微言,以当素王。[论语崇爵识文选曹颜远思友人诗注引又刘歆移书让太常博士注引]

【注释】

①《文选》曹颜远《思友人诗》注引:无六十四人,四字撰一作操。刘歆《移书让太常博士》注:蔡伯喈郭有道碑注引:她有之。《曹子建王仲宣诔》注作六十人。

【释义】

子夏等六十四人一起撰写《仲尼微言》,以使之与孔子素王的称号相当。

【原文】

自卫反鲁,删诗书,修春秋。[论语识文选刘歆移书让太常博士注引]

【释义】

(孔子)从卫国回到鲁国后,(开始)删改《诗经》《尚书》,撰著《春秋》。

【原文】

仲尼居乡党,卷怀道美。[论语识文选沈休文齐故安陆昭王碑文注引]

【释义】

孔子在乡里居住,心中也怀着大道和美德。

【原文】

河授图,天下归心。[素王受命识文选短歌行注引]

【释义】

河水把图授给孔子,天下的人心就归向他了。

【原文】

孔子海口,言①若含泽。[孝经纬援神契御览三百六十七引]

【注释】

①《艺文类聚》十七引无"言若"二字。古微书收入钩命诀。

【释义】

孔子的嘴巴很大,说话的时候,口中很是润泽。

【原文】

丘为制法主,黑绿不代苍黄,言孔子黑龙之精,不合代周家木德之苍也。[孝经纬援神契礼记中庸疏引]

【释义】

孔子为人制作神主,不以黑色绿色代替苍色黄色,说孔子是黑龙之精,不应取代周朝天子木德的苍色。

【原文】

圣人吹律有姓。[孝经纬援神契御览十六引]

孔子家语通解

孔子言行录

【释义】

圣人通过吹律管（听声音），来定姓氏。

【原文】

丘立制命，帝卯行。［孝经纬援神契隶释史晨祠孔庙碑引］

【释义】

孔子立好定制，卯帝（汉朝的刘姓皇帝）（按之）施行。

【原文】

孔子制我做《孝经》，使七十二子向北辰磬折，使曾子抱《河》《洛》，事北向。孔子摺缥笔，衣绛单衣，向北辰而拜。［孝经纬援神契事类赋十五注引］

【释义】

孔子著《孝经》，让七十二个弟子面向北极星的方向弯腰恭敬地站立，令曾子抱着《河图》《洛书》向北行仪。孔子则斋戒，发际插一支缥笔，身着绛色单衣，向北极星方向而拜。

【原文】

麟，中央也，轩辕大角兽也。孔子备《春秋》①修礼以致其子，故麟来为孔子瑞。［孝经纬援神契古微书引］

【注释】

①《玉函山房辑佚书》引"秋"下有"者"字。

【释义】

麟是中央轩辕的长着大角的瑞兽，孔子撰著《春秋》完备，举行礼仪活动招致麟的儿子，所以麟来临为孔子的符瑞。

【原文】

仲尼斗唇。[孝经纬钩命诀白孔六帖卷三十一引]

【释义】

仲尼长着(一双厚厚的)像斗一样的嘴唇。

【原文】

仲尼舌理七重,陈机授受。[春秋纬钩命诀御览三百六]

【释义】

孔子的舌有七重纹理,(善于)陈述机宜,教授知识。

【原文】

仲尼虎掌,是谓威射。[孝经钩命诀御览三百七十引]

【释义】

孔子有着老虎一般的手掌,因此,他臂力非凡,善于射箭。

【原文】

仲尼龟脊。[孝经纬钩命诀御览三百七十一引]

【释义】

孔子有着乌龟一样背脊。

【原文】

辅喉。[孝经纬钩命诀御览三百六十八引]

【释义】

粗壮的喉咙。

【原文】

夫子骈齿,象钩星也。[孝经纬钩命诀御览三百六十八引]

【释义】

孔子的牙齿细小而整齐,像钩星一样。

【原文】

孔子在庶,德无所施,功无所就,志在《春秋》,行在《孝经》。[孝经纬钩命诀公羊传序疏引]

【释义】

孔子是平民的时候,德行无所施为,功德无所成就,而心在《春秋》上,行在《孝经》里。

【原文】

孔子云:"欲观我褒贬诸侯之志在《春秋》,崇人伦之行在《孝经》。"[孝经纬钩命

诀孝经注疏序引孝经纬今从玉函山房辑佚书收入此篇]

【释义】

孔子说:"要看我对诸侯的褒贬,就看《春秋》,要看我所推崇的人伦之道,就看《孝经》。"

【原文】

孔子曰:"《春秋》属商,《孝经》属参。"[孝经纬钩命诀公羊传隐公元年疏引孝经说今从玉函山房辑佚书收入此篇]

【释义】

孔子说:"《春秋》属于商星,《孝经》属于参星。"(商、参是星座名,二星在空中交替出没。)

【原文】

丘乃授帝图,掇秘文。[孝经纬钩命诀文选颜延年三月三日曲水诗序注引]

【释义】

孔子于是就授予帝河图,并加上秘文。

【原文】

丘以匹夫徒步,以制正法。[孝经纬钩命诀公羊传哀公十四年疏引孝经说今从玉函山房辑佚书收入此篇]

【释义】

孔子以匹夫徒步的平民的身份,来制定、修正法纪。

【原文】

曾子撰斯(孝经)问曰:"孝文乎? 驳不同何?"子曰:"吾作《孝经》,以素王无爵禄之赏,斧钺之诛,与先王以托权,目至德要道以题行,首仲尼以立情性,言子曰以开号,列曾子示撰补,《书》《诗》以合谋。"[孝经纬钩命诀御览六百十引]

【释义】

曾子在写《孝经》的时候问:"《孝经》要修饰吗? 批驳不同的观念吗?"孔子说:"我作《孝经》,是因为素王没有爵禄之类的奖赏,没有刀斧的杀伐。托先王授权与我,记录最美好的品德和最精要的道理,以记载德行。首要的,我以人的本性为基础,以孔子说开篇,加上曾子。表明撰补者,合《尚书》《诗经》两书写法谋篇布局。"

【原文】

《春秋》二尺四寸书之,《孝经》一尺二寸书之。[孝经纬钩诀左氏传序疏引○疏云郑注论语以钩命诀云]

【释义】

《春秋》是用二尺四寸的竹简书写的,《孝经》是用一尺二寸的竹简书写的。